Der Beirat für Stadtgestaltung der Stadt Regensburg

Regensburger Beiträge zum Staats- und Verwaltungsrecht

Herausgegeben von Gerrit Manssen

Band 3

PETER LANG
Frankfurt am Main · Berlin · Bern · Bruxelles · New York · Oxford · Wien

André Zorger

Der Beirat für Stadtgestaltung der Stadt Regensburg

Eine Untersuchung zur baurechtlichen und kommunalrechtlichen Zulässigkeit

PETER LANG
Europäischer Verlag der Wissenschaften

Bibliografische Information Der Deutschen Bibliothek
Die Deutsche Bibliothek verzeichnet diese Publikation in der Deutschen Nationalbibliografie; detaillierte bibliografische Daten sind im Internet über <http://dnb.ddb.de> abrufbar.

Zugl.: Regensburg, Univ., Diss., 2005

D 355
ISSN 1860-319X
ISBN 3-631-54319-0

www.peterlang.de

Für Birgit

Vorwort

Die vorliegende Untersuchung wurde von der Juristischen Fakultät der Universität Regensburg im Wintersemester 2004/2005 als Dissertation angenommen.
Ich möchte mich herzlich bei Herrn Prof. Dr. Gerrit Manssen für die wissenschaftliche Betreuung bedanken. Mein Dank gilt auch Herrn Prof. Dr. Rainer Arnold für die zügige Anfertigung des Zweitgutachtens und dem Leiter des Bauordnungsamtes der Stadt Regensburg, Herrn Maximilian Raab, ohne dessen Mithilfe diese Arbeit nicht möglich gewesen wäre.
Besonders danke ich meinen Eltern für Unterstützung und Förderung und meiner Frau Birgit für Ihre wertvollen Anregungen.

Regensburg, im September 2005

André Zorger

Inhaltsübersicht

Abkürzungsverzeichnis ... 17

Inhaltsverzeichnis

Abkürzungsverzeichnis

a. A.	anderer Ansicht
Abs.	Absatz
AöR	Archiv des öffentlichen Rechts
AMG	Arzneimittelgesetz
Art.	Artikel
BauGB	Baugesetzbuch
BauR	Zeitschrift für das gesamte öffentliche und zivile Baurecht
BauNVO	Baunutzungsverordnung
BayBO	Bayerische Bauordnung
BayEUG	Bayerisches Gesetz über Erziehungs- und Unterrichtswesen
BayGO	Gemeindeordnung für den Freistaat Bayern
BayGVBl.	Bayerisches Gesetz- und Verordnungsblatt
BayKWBG	Bayerisches Gesetz über kommunale Wahlbeamte
BayLKrO	Landkreisordnung für den Freistaat Bayern
BayNatSchG	Bayerisches Naturschutzgesetz
BayVBl.	Bayerische Verwaltungsblätter
BayVerfGH	Bayerischer Verfassungsgerichtshof
BayVGH	Bayerischer Verwaltungsgerichtshof
BayVwVfG	Bayerisches Verwaltungsverfahrensgesetz

BBauBl.	Bundesbaublatt
Bd.	Band
BGBl.	Bundesgesetzblatt
BGH	Bundesgerichtshof
BImSchG	Bundesimmissionsschutzgesetz
BNatSchG	Bundesnaturschutzgesetz
BranGO	Gemeindeordnung für das Land Brandenburg
BRD	Bundesrepublik Deutschland
BSHG	Bundessozialhilfegesetz
BV	Verfassung des Freistaates Bayern
BVerfG	Bundesverfassungsgericht
BVerfGE	Entscheidungen des Bundesverfassungsgerichts, amtliche Sammlung
BVerwG	Bundesverwaltungsgericht, amtliche Sammlung
BVerwGE	Entscheidungen des Bundesverwaltungsgerichts, amtliche Sammlung
BWGemO	Gemeindeordnung für Baden-Württemberg
DÖV	Die Öffentliche Verwaltung
DVBl.	Deutsche Verwaltungsblätter
Erl.	Erläuterung
ff.	Folgende
Fn.	Fußnote

FSt	Die Fundstelle (Zeitschrift)
GG	Grundgesetz
BayGLKrWG	Bayerisches Gemeinde- und Landkreiswahlgesetz
GO NW	Gemeindeordnung für das Land Nordrhein-Westfalen
GO LSA	Gemeindeordnung für das Land Sachsen-Anhalt
Halbs.	Halbsatz
HandwO	Gesetz zur Ordnung des Handwerks (Handwerksordnung)
HdbStR	Handbuch des Staatsrechts der Bundesrepublik Deutschland
HdbKWP	Handbuch der kommunalen Wissenschaft und Praxis
HGO	Hessische Gemeindeordnung
HKWG	Hessisches Kommunalwahlgesetz
Hrsg.	Herausgeber
i. V.	in Verbindung
JZ	Juristenzeitung
KV M-V	Kommunalverfassung für das Land Mecklenburg-Vorpommern
KWG LSA	Kommunalwahlgesetz für das Land Sachsen-Anhalt
LT-Drs.	Landtagsdrucksache
MABl.	Ministerialamtsblatt
NGO	Niedersächsische Gemeindeordnung
NKWO	Niedersächsische Kommunalwahlordnung

NJW	Neue Juristische Wochenzeitschrift
m. w. N.	mit weiteren Nachweisen
NWVBl.	Nordrhein-Westfälische Verwaltungsblätter
NVwZ	Neue Verwaltungszeitschrift
NVwZ-RR	Neue Verwaltungszeitschrift - Rechtssprechungsreport
OWiG	Gesetz über Ordnungswidrigkeiten
RGBl.	Reichsgesetzblatt
RhPfGemO	Gemeindeordnung für Rheinland-Pfalz
RhPfKWG	Kommunalwahlgesetz für Rheinland-Pfalz
Rn.	Randnummer
S.	Seite
SaarlKSVG	Saarländisches Kommunalselbstverwaltungsgesetz
SächsGemO	Gemeindeordnung für den Freistaat Sachsen
SächsKomWG	Gesetz über die Kommunalwahl im Freistaat Sachsen
SchlHGO	Gemeindeordnung für Schleswig-Holstein
SGB	Sozialgesetzbuch
SKV	Staats- und Kommunalverwaltung, Zeitschrift (ab Jahrgang 1977 Verwaltungsrundschau).
StVG	Straßenverkehrsgesetz
ThürKO	Thüringer Gemeinde- und Landkreisordnung
ThürKWG	Thüringer Kommunalwahlgesetz
VBlBW	Verwaltungsblätter für Baden-Württemberg

VerfGH	Entscheidung des Bayerischen Verfassungsgerichtshofs (in seiner Entscheidungssammlung)
VerwArch	Verwaltungsarchiv
VGH n. F.	Entscheidung des Bayerischen Verwaltungsgerichtshofs (in seiner Entscheidungssammlung), neue Folge
vgl.	Vergleiche
VR	Verwaltungsrundschau
VwVfG	Verwaltungsverfahrensgesetz (des Bundes)
ZBR	Zeitschrift für Beamtenrecht
Ziff.	Ziffer

Literaturverzeichnis

Armin von, Hans Herbert — Möglichkeiten unmittelbarer Demokratie auf Gemeindeebene, in: DÖV 1990, S. 85-97.

Arndt, Wolfgang / **Rudolf**, Walter — Öffentliches Recht, 14. Auflage, München 2003.

Badura, Peter / **Huber**, Michael — Die Staats- und Verwaltungsorganisation des Freistaates Bayern, in: BayVBl. 1989, S. 769-791.

Baedeker, Hans-Jürgen — Die Organisationsgewalt im Bund und der Vorbehalt des Gesetzes, juristische Dissertation, Köln 1969.

Battis, Ulrich / **Krautzberger**, Michael / **Löhr**, Rolf-Peter — Baugesetzbuch — BauGB, 8. Auflage, München 2002.

Bethge, Herbert — Parlamentsvorbehalt und Rechtssatzvorbehalt für die Kommunalverwaltung, in: NVwZ 1983, S. 577-580.

Böckenförde, Ernst-Wolfgang — Die Organisationsgewalt im Bereich der Regierung, in: Schriften zum Öffentlichen Recht, Band 18, Berlin 1964.

Boeddinghaus, Gerhard — Probleme mit der Gestaltung des Ortsbilds nach den bundesrechtlichen und landesrechtlichen Vorschriften, in: BauR 2001, S. 1675-1684. (zitiert als „*Boeddinghaus*, Gestaltung des Ortsbilds")

Boom van den, Hans-Ludwig — Der Sachverständige im Denkmalschutz, unter besonderer Berücksichtigung des hamburgischen Rechts. Zugleich ein Beitrag zur Überprüfbarkeit unbestimmter Rechtsbegriffe, juristische Dissertation, Hamburg 1972.

Braun, Klaus — Kommentar zur Verfassung des Landes Baden-Württemberg, München 1984.

Brohm, Winfried — Sachverständige und Politik, in: Festschrift für Ernst Forsthoff zum 70. Geburtstag, München 1972, S. 37-75.

Sachverständige Beratung des Staates, in: Isensee, Josef / Kirchhof, Paul (Hrsg.), HdbStR, Bd. II, Heidelberg 1987, § 36.

Brügelmann, Hermann — Baugesetzbuch Kommentar, Loseblattsammlung, Stand 53. Ergänzungslieferung, Stuttgart Oktober 2003.

Bull, Peter — Allgemeines Verwaltungsrecht, 6. Auflage, Heidelberg 2000.

Burgi, Martin — Funktionale Privatisierung und Verwaltungshilfe, juristische Habilitationsschrift, Konstanz 1998.

Burmeister, Günther C. — Herkunft, Inhalt und Stellung des institutionellen Gesetzesvorbehalts, Dissertation, Regensburg 1991.

Burmeister, Joachim — Verfassungstheoretische Neukonzeption der kommunalen Selbstverwaltung, in: Studien zum öffentlichen Recht und zur Verwaltungslehre, Band 19, München 1977.

Bussalb, Jean-Pierre — Gilt der Vorbehalt des Gesetzes auch für die Rechtssetzungsbefugnis der Gemeinden?, juristische Dissertation, Jena 2001.

Chotjewitz, Iwan — Die Organisationsgewalt nach den Verfassungen der deutschen Bundesländer, juristische Dissertation, Freiburg 1994.

Dahlbokum, Heinz — Die Rechtmäßigkeit der Bildung so genannter Verwaltungskommissionen oder Verwaltungsbeiräte bei Gemeinden in Nordrhein-Westfalen, in: SKV 1974, S. 201-204.

(zitiert als „*Dahlbokum*, Verwaltungskommissionen").

Dagtoglou, Prodromos — Kollegialorgane und Kollegialakte der Verwaltung; juristische Dissertation, Heidelberg 1960.

Der Private in der Verwaltung als Fachmann und Interessenvertreter, juristische Habilitationsschrift, Heidelberg 1964.
(zitiert als „*Dagtoglou*, Der Private in der Verwaltung")

Di Fabio, Udo — Verwaltungsentscheidung durch externen Sachverstand, am Beispiel des arzneimittelrechtlichen Zulassungs- und Überwachungsverfahrens, in: VerwArch 1990, S. 193-227.

Dreier, Horst — Grundgesetz Kommentar, Bd. 2, Art. 20-82, Tübingen 1998.
(zitiert als „*Dreier*, GG, Bd. 2")

Duden Band 10 — Bedeutungswörterbuch, 2. Auflage, Mannheim, Leipzig, Wien, Zürich 1985.

Ebsen, Ingwer — Bürgerbeteiligung durch die Gemeindevertretung und repräsentative Demokratie, in: DVBl. 1984, S. 1107-1113.

Eggers, Jan — Die Rechtsstellung von Ausschüssen, Beiräten und anderen kollegialen Einrichtungen im Bereich der vollziehenden Gewalt, juristische Dissertation, Clausthal Zellerfeld 1969.

Ehlers, Dirk — Die Grenzen der Mitbestimmung in öffentlichen Unternehmen, in: JZ 1987, S. 218-227.

Eickmeier, Jens — Die Haftung des gerichtlichen Sachverständigen für Vermögensschäden, juristische Dissertation, Hamburg 1993.

Engelhardt, Reiner	Die Mitwirkung des Bürgers in der Verwaltung baden-württembergischer Großstädte, juristische Dissertation, Tübingen 1966.
Engelhardt, Dieter / **Brenner**, Walter / **Fischer-Hüftle**, Peter	Naturschutzrecht in Bayern, Kommentar zum Bayerischen Naturschutzgesetz, Loseblattsammlung, Stand 20. Ergänzungslieferung, München Dezember 2002.
Engelmann, Gerhard	Der baurechtliche Verunstaltungsbegriff bei den Anlagen der Außenwerbung, juristische Dissertation Erlangen-Nürnberg 1986.
Erbguth, Wilfried	Die Zulässigkeit der funktionalen Privatisierung im Genehmigungsrecht, in: UPR 1995 S. 369-378.
Erbguth, Wilfried / **Paßlick**, Hermann	Sitzungsöffentlichkeit und Besetzung von gesetzlich nicht vorgesehenen kommunalen (Unter)-Gremien — Rechtsfragen, in: NWVBl. 1991, S. 37-45. (zitiert als „*Erbguth/Paßlick*, Kommunale (Unter-) Gremien“)
Erichsen, Hans-Uwe / **Ehlers**, Dirk	Allgemeines Verwaltungsrecht, 12. Auflage, Berlin 2002.
Erlenkämper, Friedel	Entwicklungen im Kommunalrecht, in: NVwZ 1996, S. 534-549.
Ernst, Werner / **Zinkahn,** Willy / **Bielenberg,** Walter / **Krautzberger,** Michael	Kommentar zum Baugesetzbuch, Loseblattsammlung, Stand 71. Ergänzungslieferung, München Mai 2003. (zitiert als „*Ernst/Zinkahn/Bielenberg*, BauGB“)
Fechtrup, Hermann	Der sachkundige Bürger im Gemeinderatsausschuss, juristische Dissertation, Stuttgart 1957.

Forsthoff, Ernst | Lehrbuch des Verwaltungsrecht, Erster Band, Allgemeiner Teil, 10. Auflage, München 1973. (zitiert als „*Forsthoff*, Verwaltungsrecht, Bd. 1")

Gassner, Erich / **Bendomir-Kahlo**, Gabriele / **Schmidt-Räntsch**, Annette / **Schmidt-Räntsch**, Jürgen | Bundesnaturschutzgesetz, Kommentar, 2. Auflage, München 2003.

Gebhardt, Christian | Direkte Demokratie im parlamentarischen System - Bürgerbegehren und Bürgerentscheid in Bayern, Würzburger Rechtswissenschaftliche Schriften, Band 22, Dissertation Würzburg 2000. (zitiert als „*Gebhardt,* Direkte Demokratie im parlamentarischen System").

Gelzer, Konrad / **Bracher**, Christian-Dietrich / **Reidt**, Olaf | Bauplanungsrecht, 6. Auflage, Köln 2001.

Gern, Alfons | Deutsches Kommunalrecht, Baden-Baden 1994.

Zur Zulässigkeit von kommunalen Beiräten, Unterausschüssen, Kommissionen und Komitees, in: VBlBW 1993, S. 127-129. (zitiert als „*Gern*, Zur Zulässigkeit von kommunalen Beiräten")

Giehl, Friedrich | Verwaltungsverfahrensrecht in Bayern, Kommentar zum BayVwVfG und zum BayVwZVG, Loseblattsammlung, Stand 20. Ergänzungslieferung, München August 2002. (zitiert als „*Giehl*, BayVwVfG").

Grasser, Walter | Kein Beratungsrecht Dritter in Gemeinderatssitzungen, in: BayVBl. 1989, S. 225-229.

Groß, Thomas	Das Kollegialprinzip in der Verwaltungsorganisation, Habilitationsschrift, Tübingen 1999.
Held, Friedrich-Wilh. / **Becker**, Ernst / **Decker**, Heinrich / **Kirchhof**, Roland / **Krämer**, Franz / **Wansleben**, Rudolf	Kommunalverfassungsrecht Nordrhein-Westfalen Loseblattsammlung, Stand 3. Ergänzungslieferung, Wiesbaden Dez. 1995.
Hendler, Reinhard	Die Bürgerschaftliche Mitwirkung an der städtebaulichen Planung, juristische Dissertation, Göttingen 1977.
	Zu den Vorzügen und Nachteilen verstärkter Bürgerbeteiligung auf kommunaler Ebene, in: Der Landkreis 1995, S. 321-325.
Herbert, Alexander	Beratung in der Gemeinde, in: NVwZ 1995, S. 1056-1061.
Hölzl, Josef / **Hien**, Eckart / **Huber**, Thomas	Gemeindeordnung mit Verwaltungsgemeinschaftsordnung, Landkreisordnung und Bezirksordnung für den Freistaat Bayern Kommentar, Loseblattsammlung, Stand 30. Ergänzungslieferung, München, Berlin Juli 2002 (zitiert als „*Hölzl/Hien*, BayGO“)
Hoppe, Werner / **Bleicher**, Herbert	Rechtsprobleme bei der Verfahrensprivatisierung von Standortauswahlverfahren im Abfallrecht, in: NVwZ 1996, S. 421-424.
Hüffer, Rolf	Verunstaltungsverbot und Einfügungsverbot, in: BayVBl. 1984, S. 12-13.
Hüllen, Georg	Rechtsschutzprobleme beim Bürgerbegehren, juristische Dissertation, Würzburg 1999.
Isensee, Josef / **Kirchhof**, Paul	Handbuch des Staatsrechts der Bundesrepublik Deutschland, Bd. II und Bd. III, Heidelberg 1987, 1988.

Jäde, Henning / **Dirnberger**, Franz / **Weiß**, Josef — Baugesetzbuch Baunutzungsverordnung Kommentar, 3. Auflage, Stuttgart, München 2002.

Jäde, Henning / **Dirnberger**, Franz / **Bauer**, Karl / **Weiß**, Josef — Die neue Bayerische Bauordnung, Kommentar mit Durchführungsvorschriften und Materialien, Band 1, Loseblattsammlung, Stand 26. Ergänzungslieferung, Stuttgart, München April 2003.

Jäde, Henning — Verunstaltungsverbot und Einfügungsverbot, in: BayVBl. 1984, S. 10-12.

Jarass, Hans D. / **Pieroth**, Bodo — Grundgesetz für die Bundesrepublik Deutschland Kommentar, 6. Auflage, München 2002. (zitiert als „*Jarass/Pieroth*, GG")

Knack, Hans Joachim — Verwaltungsverfahrensgesetz, Kommentar, 8. Auflage, Köln 2003.

Knemeyer, Franz-Ludwig — Die bayerischen Gemeindeordnungen 1808-1945, Köln 1994.

Bürgerbeteiligung und Kommunalpolitik: eine Einführung in die Mitwirkungsrechte von Bürgern auf kommunaler Ebene, Geschichte und Staat Bd. 307, München 1995.

Bürgerbegehren und Bürgerentscheid, in: BayVBl. 1996, S. 545-548.

Bayerisches Kommunalrecht, 10. Auflage, Stuttgart 2000.

Bürgermeister und Gemeinderat, in Festschrift 75 Jahre Bayerischer Gemeindetag, Herausgeber Franz-Ludwig Knemeyer, München 1987.

Koch, Hans / **Molodovsky**, Paul / **Rahm**, Wolfdietrich / **Famers**, Gabriele — Bayerische Bauordnung Kommentar, Loseblattsammlung, Stand 64. Ergänzungslieferung, München Februar 2002.

Körner, Hans — Ausschüsse, Kommissionen und Deputationen, in: Püttner, HdKWP, Bd. 2, Berlin 1982, S. 129-144.

Kopp, Ferdinand / **Ramsauer**, Ulrich — Verwaltungsverfahrensgesetz, 8. Auflage, München 2003.

Kottenberg, Kurt / **Rehn**, Erich — Gemeindeordnung für das Land Nordrhein-Westfalen, 10. Auflage, Loseblattsammlung, Stand 15. Ergänzungslieferung, Siegburg August 1992.

Kraatz, Friederike — Parlamentsvorbehalt im Gentechnikrecht, juristische Dissertation, Freiburg, 1993.

Kretschmer, Ernst — Nochmals: Der „gebildete Durchschnittsmensch“, in: DVBl. 1970, S. 55-57.

Krieger, Roland / **Bromberger**, Karl-H. / **Eichert**, Christof / **Wagner**, Erwin — Gemeindeordnung für den Freistaat Sachsen, Textausgabe mit Erläuterungen, 2. Auflage, Dresden 1994.

Kunze, Richard / **Schmid**, Carl / **Rehm**, Franz-Karl — Gemeindeordnung für Baden-Württemberg, Kommentar, Loseblattsammlung, 3. Auflage, Stand 2. Ergänzungslieferung, Stuttgart 1972.

Linhart, Helmut — Die Geschäftsordnungen der Kollegialorgane der kommunalen Gebietskörperschaften in Bayern — Wesen, Rechtsnatur und Funktionen, juristische Dissertation, München 1969.

Lissack, Gernot — Bayerisches Kommunalrecht, 2. Auflage, München 2001.

Loebell v., Friedrich Wilhelm — Gemeindeordnung für das Land Nordrhein-Westfalen, Kommentar, Loseblattsammlung, Stand 9. Ergänzungslieferung, Wiesbaden 1991.

Löffler, Klaus — Parlamentsvorbehalt im Kernenergierecht, Baden-Baden 1985.

Löwer, Wolfgang — Zur Problematik der Bildung von „Unterausschüssen“ auf der gemeindlichen Ebene, in: SKV 1975, S. 35-39.

Lukas, Rudolf — Die Mehrfachtätigkeit von Sachverständigen unter besonderer Berücksichtigung der Gutachtertätigkeit im atomrechtlichen Verwaltungsverfahren, Rechtsgutachten, Köln 1971.

Madejczyk, Otto — Das Selbstverwaltungsrecht der bayerischen kreisangehörigen Gemeinden, Diplomarbeit München, 1995.

Maier, Günter — Bauordnungsrechtliche Anforderungen an die Gestaltung von Bauwerken, in: BayVBl. 1980, S. 5ff.
(zitiert als „*Maier*, Bauordnungsrechtliche Anforderungen“)

Mangoldt von, Hermann / **Klein**, Friedrich / **Starck**, Christian — Das Bonner Grundgesetz, Kommentar, Band 1 Artikel 1 bis 19, 4. Auflage, München 1999.
(zitiert als „*v. Mangoldt/Klein/Starck*, GG I“)

Das Bonner Grundgesetz, Kommentar, Band 2 Artikel 20 bis 78, 4. Auflage, München 2000.
(zitiert als „*v. Mangoldt/Klein/Starck*, GG II“)

Manssen, Gerrit — Stadtgestaltung durch örtliche Bauvorschriften, juristische Dissertation, Regensburg 1990.

Ortsbildschutz im unbeplanten Innenbereich, in: NWVBl.. 1992, S. 381-384.
(zitiert als „Manssen, Ortsbildschutz“)

Der Funktionsvorbehalt des Art. 33 Abs. 4 GG, in: ZBR 1999, S. 253-257.

Masson, Christoph / **Samper**, Rudolf — Bayerische Kommunalgesetze, Kommentar, Loseblattsammlung, Stand 80. Ergänzungslieferung, München März 2003.

Maurer, Hartmut — Allgemeines Verwaltungsrecht; 14. Auflage, München 2002.

Meder, Theodor — Die Verfassung des Freistaates Bayern, Handkommentar, 4. Auflage, Stuttgart 1992.

Meyn, Karl-Ulrich — Gesetzesvorbehalt und Rechtssetzungsbefugnis der Gemeinden, Göttingen 1977.

Mick, Otmar — Instrumentarium und Grenzen öffentlicher Bau- und Stadtgestaltung im Kultur- und Rechtsstaat, juristische Dissertation, Trier 1990.

Rechtliche Möglichkeiten ästhetischer Bau- und Stadtgestaltung im unverplanten Innenbereich, in: DÖV 1991, S. 623-629.

Model, Otto / **Müller**, Klaus — Grundgesetz für die Bundesrepublik Deutschland, Taschenkommentar für Studium und Praxis, 11. Auflage, München 1996.
(zitiert als „*Model/Müller*, GG")

Moench, Christoph — Die Entwicklung des Denkmalschutzrechts, in: NVwZ 1988, S. 304-316.

Münch von, Ingo / **Kunig**, Philip — Grundgesetz-Kommentar Band 2, Art. 20 bis Art. 69, 5. Auflage, München 2001.
(zitiert als „*von Münch/Kunig*: GGK II")

Mutius von, Albert — Das Selbstverwaltungsrecht der Gemeinden und Gemeindeverbände, in: Jura 1982, S. 28-40.

Nagl, Franz — Der Salzburger Gestaltungsbeirat — ein Instrument der Stadtgestaltung, Dissertation der technischen Wissenschaften, Wien 1989.

Nawiasky, Hans / **Leusser**, Klaus / **Schweiger**, Karl / **Zacher**, Hans — Die Verfassung des Freistaates Bayern, Kommentar, Loseblattsammlung, Stand 12. Ergänzungslieferung, München Juni 2003.

Obermayer, Klaus — Kommentar zum Verwaltungsverfahrensgesetz, 3. Auflage, Neuwied und Kriftel 1999.
(zitiert als „*Obermayer*, VwfG")

Ossenbühl, Fritz — Vorrang und Vorbehalt des Gesetzes, in: Isensee, Josef / Kirchhof, Paul (Hrsg.), HdbStR, Bd. III, Heidelberg 1988.
(zitiert als „*Ossenbühl* in: HdbStR, Bd. III")

Pagenkopf, Hans — Kommunalrecht, Bd. 1, Verfassungsrecht, 2. Auflage, Köln 1975.

Peine, Franz-Joseph — Verfahrensprivatisierung in der Verkehrswegeplanung, in: Hoffmann-Riem, Wolfgang / Schneider, Jens-Peter: Verfahrensprivatisierung im Umweltrecht, Baden-Baden 1966, S. 95-112.
(zitiert als „*Peine*, Verfahrensprivatisierung in der Verkehrswegeplanung")

Grenzen der Privatisierung — verwaltungsrechtliche Aspekte, in: DÖV 1997, S. 353-364.
(zitiert als „*Peine*, Grenzen der Privatisierung")

Pichura, Wolfgang — Anmerkungen zu einem Aufsatz von Rödl, in: BayVBl. 1996, S. 529-529.

Pieroth, Bodo / **Schlink**, Bernhard — Grundrechte, Staatsrecht II, 19. Auflage, Heidelberg 2003.

Prandl, Josef / **Zimmermann**, Hans / **Büchner**, Hermann — Kommunalrecht in Bayern, Kommentar zur Gemeindeordnung, Verwaltungsgemeinschaftsordnung, Landkreisordnung und Bezirksordnung, mit ergänzenden Vorschriften, Loseblattsammlung, Stand 89. Ergänzungslieferung, Kronach März 2002.
(zitiert „*Prandl/Zimmermann/Büchner*, BayGO")

Pünder, Hermann — Rechtswissenschaftliche Forschung im Wandel der Zeiten – Am Beispiel zweier Dissertationen zur Mitwirkung sachkundiger Bürger und Einwohner in gemeindlichen Ausschüssen, in: DVBl. 2002, S. 381-385.

Püttner, Günter / **Jacoby**, Peter | Formen und Arten der Bürgermitwirkung in Gemeinden und Kreisen, in: HdKWP, Bd. 2, Berlin 1982, S. 26-36.

Schäfer, Thomas | Auswirkungen erweiterter Bürgerbeteiligung auf die hessische Gemeindeverfassung, juristische Dissertation, Marburg 1999. (zitiert als „*Schäfer*, Auswirkungen erweiterter Bürgerbeteiligung")

Schefold, Dian / **Neumann**, Maja: | Entwicklungstendenzen der Kommunalverfassungen in Deutschland, Demokratisierung und Dezentralisierung, Stadtforschung Aktuell Band 56, Basel 1996.

Schleberger, Erwin | Die Kommunalverfassungssysteme im Überblick, in: Püttner, HdKWP, Band 2, 2. Auflage, Berlin 1981, S. 197-208.

Schlempp, Hans / **Schlempp**, Dieter | Kommentar zur Hessischen Gemeindeordnung, Loseblattsammlung, Stand 19. Ergänzungslieferung, Wiesbaden Februar 1993.

Schlichter, Otto / **Stich**, Rudolf / **Driehaus**, Hans-Joachim / **Paetow**, Stefan | Berliner Kommentar zum Baugesetzbuch, Loseblattsammlung, 3. Auflage, Stand 2. Ergänzungslieferung, Köln August 2003.

Schmidt-Aßmann, Eberhard | Verwaltungsorganisation zwischen parlamentarischer Steuerung und exekutivischer Organisationsgewalt, in: Festschrift für Hans-Peter Ipsen, Tübingen 1977.

Schmidt-Bleibtreu, Bruno / **Klein**, Franz | Kommentar zum Grundgesetz, 9. Auflage, limitierte Jubiläumsausgabe, Neuwied und Kriftel 1999. (zitiert als „*Schmidt-Bleibtreu/Klein*, GG")

Schmidt-Jortzig, Edzard — Kommunale Organisationshoheit: Staatliche Organisationsgewalt und körperschaftliche Selbstverwaltung, juristische Habilitationsschrift, Göttingen 1979.

Kommunalrecht, Stuttgart 1982.

Gemeinde- und Kreisaufgaben, in: DÖV 1993 S. 973-984.

Schmidt-Tophoff, Alfons — Ist § 1 der Baugestaltungsverordnung nur mit Einschränkungen rechtsgültig?, in: BBauBl. 1957, S. 232-234.

Schmitt Glaeser, Walter / **Horn**, Hans-Detlef — Die Novelle zum Kommunalrecht 1992, in: BayVBl. 1993, S. 1-10.

Schoch, Friedrich — Zur Situation der kommunalen Selbstverwaltung nach der Rastede-Entscheidung des Bundesverfassungsgerichts, in: VerwArch 81 (1990), S. 18-54.

Rechtsfragen der Privatisierung von Abwasserbeseitigung und Abfallentsorgung, in: DVBl. 1994, S. 1-12.

Privatisierung von Verwaltungsaufgaben, in: DVBl. 1994, S. 962-977.

Schreiber, Oliver — Zur Frage der Organstellung der gemeindlichen Ausschüsse in Bayern, in: BayVBl. 2000, S. 129-137.

Schröder, Meinhard — Grundlagen und Anwendungsbereich des Parlamentsrechts, juristische Habilitationsschrift, Bonn 1977.

Schwan, Eggert — Zuständigkeitsregelungen und Vorbehalt des Gesetzes, juristische Dissertation, Berlin 1971.

Schwarzer, Herbert / **König**, Helmut
Bayerische Bauordnung Kommentar; 3. Auflage, München 2000.
(zitiert als „*Schwarzer/König*, BayBO“)

Schweiger, Karl
Der „Gebildete Durchschnittsmensch“ und der unbestimmte Rechtsbegriff, in: DVBl. 1968, S. 481-490.

Seidel, Achim
Privater Sachverstand und staatliche Garantenstellung im Verwaltungsrecht, juristische Dissertation, München 2000.
(zitiert als „*Seidel*, Privater Sachverstand“)

Simon, Alfons / **Busse**, Jürgen
Kommentar zur Bayerischen Bauordnung 1998, Band I, Loseblattsammlung, Stand 74. Ergänzungslieferung, München Juni 2003.
(zitiert als „*Simon/Busse*, BayBO 1998“)

Skouris, Wassilios
Grundfragen des Sachverständigenbeweises im Verwaltungsverfahren und im Verwaltungsprozess, in: AöR 107 (1982), S. 215-258.

Sodan, Helge
Kollegiale Funktionsträger als Verfassungsproblem, juristische Dissertation, Berlin 1986.

Stadt Regensburg
Regensburg, Wegweiser zu Denkmalschutz und Denkmalpflege; Regensburg 1999.

Planungs- und Baureferat: Gestaltungsbeirat, Ein Zwischenbericht 1998-2001, aus der Reihe „Regensburg plant & baut“, Regensburg 2002.

Planungs- und Baureferat: Gestaltungsbeirat, Werkbericht 2002-2004, aus der Reihe „Regensburg plant & baut“, Regensburg 2004.

Stadtrecht Regensburg, Loseblattsammlung, Stand 7. Ergänzungslieferung, Regensburg Juni 2003.

Stelkens, Paul / **Bonk**, Heinz-Joachim / **Sachs**, Michael — Verwaltungsverfahrensgesetz Kommentar, 6. Auflage, München 2001.
(zitiert als „*Stelkens/Bonk/Sachs,* VwfG")

Steiner, Udo — Öffentliche Verwaltung durch Private, juristische Habilitationsschrift, Erlangen-Nürnberg 1975.

Stern, Klaus — Das Staatsrecht der Bundesrepublik Deutschland, Band I, Grundbegriffe und Grundlagen des Staatsrecht, Strukturprinzipien der Verfassung, 2. Auflage, München 1984.
(zitiert als „*Stern*, Das Staatsrecht der BRD")

Stober, Rolf — Kommunalrecht in der Bundesrepublik Deutschland, 2. Auflage, Stuttgart 1992.
(zitiert als „*Stober*, Kommunalrecht in der BRD")

Der öffentlich bestellte Sachverständige zwischen beruflicher Bindung und Deregulierung, Köln 1991.

Streinz, Rudolf — Die Rechtsstellung der Mitglieder kommunaler Ausschüsse in Bayern, in: BayVBl. 1983, S. 705-711 und S. 744-748.

Thiele, Robert — Niedersächsische Gemeindeordnung, 6. Auflage, Hannover 2002.
(zitiert als „*Thiele*, NGO")

Troidl, Thomas — Kommunale Beiräte, in BayVBl. 2004, S. 321-329.

Troßmann, Hans — Parlamentsrecht des Deutschen Bundestages, München 1977.

Tyska, Hans-Joachim — Zur Problematik von gemeindlichen „Unterausschüssen": Zulässigkeit, Inkompatibilität, Ausschließungsgründe, in: VR 1987, S. 73-75.
(zitiert als „*Tyska*, Zur Problematik von gemeindlichen ››Unterausschüssen‹‹")

Ule, Carl Hermann / **Laubinger**, Hans-Werner — Verwaltungsverfahrensrecht, 4. Auflage, Köln 1995.

Umbach, Dieter / **Clemens**, Thomas — Grundgesetz, Mitarbeiterkommentar und Handbuch, Band I, Art. 1-37, Heidelberg 2002. (zitiert als „*Umbach/Clemens,* GG I“)

Unger, Ulrich — Die Einsetzung von Sachverständigengremien im Bereich des Bundes, juristische Dissertation, München 1971.

Vieweg, Klaus — Atomrecht und technische Normung, juristische Dissertation, Münster 1981.

Vomhof, Martin — Rechtsprobleme der Einbindung von sachverständigen Gremien in das Umwelt- und Technikrecht, juristische Dissertation, Trier 2000.

Waechter, Kay — Kommunalrecht, 2. Auflage, 1995, Köln, Berlin, Bonn, München 1995.

Watzke, Hans-Georg — Die Baugestaltung als Aufgabe der Baupolizei, juristische Dissertation, Münster 1972.

Widtmann, Julius / **Grasser**, Walter — Bayerische Gemeindeordnung, Kommentar, Loseblattsammlung, Stand 13. Ergänzungslieferung, München Januar 2003. (zitiert als „*Widtmann/Grasser*, BayGO“)

Willamowski, Gerd Lothar — Zur Verteilung der innergemeindlichen Organisationsgewalt in Nordrhein-Westfalen, Bochum 1983.

Witte-Wegmann, Gertrud — Zur rechtlichen Zulässigkeit von Beiräten auf kommunaler Ebene, in: Kommunalpolitische Blätter 1981, S. 732-734.

Wohlfahrth, Jürgen — Zur Unzulässigkeit gesetzlich nicht geregelter Bürgerbeteiligung auf Gemeindeebene, in: VR 1983, S. 181-183.

Der Ausländerbeirat in der neuen saarländischen Gemeindeverfassung, VR 1990, S. 306-312.

Wolff, Hans Joachim — Verwaltungsrecht, Band 1, 11. Auflage, München 1999.

Wolff, Wilfried — Allgemeines Verwaltungsrecht, 2. Auflage, Baden-Baden 1991.

Wurzel, Gabriele — Usurpation parlamentarischer Kompetenzen durch Stadt- und Gemeinderäte, in: BayVBl. 1986, S. 417-427.

Ziegler, Josef — Bürgerbeteiligung in der kommunalen Selbstverwaltung, juristische Dissertation, Würzburg 1974. (zitiert als „*Ziegler*, Bürgerbeteiligung“)

A. Einführung und Darstellung des Beirates für Stadtgestaltung

I. Einführung in die Thematik

1. Hintergrund der Untersuchung

In vielen Städten ist es üblich geworden, gesetzlich nicht geregelte Gremien ins Leben zu rufen. Es finden sich Beiräte, Kommissionen, Unterausschüsse und andere kollegial organisierte Einrichtungen, die dem Gemeinderat und seinen Ausschüssen, dem Oberbürgermeister sowie der Verwaltung zur Seite gestellt sind. Die Betätigungsmöglichkeiten gesetzlich nicht geregelter Gremien sind breit gefächert. Es bestehen zwischen den Gremien hinsichtlich der Zielrichtung, des Aufgabenbereichs und der internen Ausgestaltung, insbesondere der Zusammensetzung, wesentliche Unterschiede. Die juristische Diskussion über die Zulässigkeit solcher Organisationsformen entfacht sich vor allem bei der Einrichtung von Ausländerbeiräten.[1]

Als Anknüpfungspunkt der vorliegenden Untersuchung dient ein Gremium der Stadt Regensburg, welches seit seiner Errichtung umstritten ist. Im Jahr 1998 wurde in Regensburg ein Beirat für Stadtgestaltung der Stadt Regensburg, kurz Gestaltungsbeirat[2], eingerichtet. Der verfolgte Zweck erschließt sich aus § 1 der Geschäftsordnung des Beirates[3]:

> *„Zielsetzung bei der Errichtung des Gestaltungsbeirates ist es, zu der Verbesserung des Stadtbildes beizutragen, die architektonische Qualität auf einem hohen Standard zu sichern sowie städtebauliche und architektonische Fehlentwicklungen zu verhindern. Zusätzlich werden positive Auswirkungen auf ein intensiveres und besseres Architekturbewusstsein bei allen an der Stadtgestaltung Beteiligten erwartet."*

---

[1] Vgl. nur *Schink,* Die Mitwirkung von Ausländern an der kommunalpolitischen Willensbildung unterhalb des Wahlrechts in Nordrhein-Westfalen, VR 1988, S. 269 ff.; *Püttner/Jacoby*, Formen und Arten der Bürgermitwirkung in Gemeinden und Kreisen, in: *Püttner,* HdbKWP, Bd. 2, S. 26 (34 f.); *Wohlfarth*, Der Ausländerbeirat in der neuen saarländischen Gemeindeverfassung, VR 1990, S. 306 ff.

[2] Diese Bezeichnung wird auch von der Stadt Regensburg verwendet, vgl. Geschäftsordnung des Beirates für Stadtgestaltung der Stadt Regensburg vom 30.04.1998, Quelle: Zwischenbericht des Gestaltungsbeirates 1998-2001, S. 51 f.

[3] Geschäftsordnung des Beirates für Stadtgestaltung der Stadt Regensburg vom 30.04.1998, Quelle: Zwischenbericht des Gestaltungsbeirates 1998-2001, S. 51 f.

Diese Arbeit beschäftigt sich nicht mit der Umsetzung der gesteckten Ziele. Als juristische Untersuchung ist sie nicht geeignet, ein Urteil über den Einfluss des Gestaltungsbeirates auf die Qualität der Gestaltung der realisierten Vorhaben zu fällen. Darüber soll der *für Fragen der Ortsbildgestaltung aufgeschlossene Betrachter*[4] und *der gebildete Durchschnittsbetrachter*[5] sowie der betrachtende Passant befinden.

Eine Erwartung hat sich mit der Errichtung des Gestaltungsbeirates jedenfalls erfüllt. Das intensivere Architekturbewusstsein zeigt sich in den zum Teil sehr lebhaften Diskussionen um einzelne städtebauliche Vorhaben. Ein Mitglied des Gestaltungsbeirates sprach anlässlich einer Podiumsdiskussion im Jahr 2001 von einem gerade zu „*beängstigenden Interesse*" der Öffentlichkeit, als er auf die hohe Zahl von Teilnehmern angesprochen wurde.[6] Dabei werden nicht nur positive Stimmen laut, sondern der Gestaltungsbeirat steht immer wieder in der Kritik von Bauherrn, Architekten und der Öffentlichkeit. Ein Bauherr resümiert die Zusammenarbeit mit dem Gestaltungsbeirat mit den Worten: „*Bei uns hat die Auseinandersetzung ein Trauma hinterlassen*".[7] Zweifel gibt es auch auf Seiten der Bürger. „*Woher nimmt der Beirat sein Recht?*" titelt der Leserbrief einer Regensburgerin, die sich gegen ein vom Gestaltungsbeirat befürwortetes Projekt wehrt.[8] Ein Unternehmer bemängelt, dass die Gutachter die wirtschaftlichen Bedingungen zu wenig berücksichtigen.[9]

Vor diesem Hintergrund ist die vorliegende Arbeit entstanden. Sie soll einen Beitrag zur Diskussion über die Zulässigkeit gesetzlich nicht geregelter Gremien auf Gemeindeebene leisten.

2. Untersuchungsgegenstand

Die Zulässigkeit gesetzlich nicht geregelter Gremien auf Gemeindeebene wird am Beispiel des Beirates für Stadtgestaltung der Stadt Regensburg untersucht. Dieser Beirat wirft mangels formell-gesetzlicher Grund-

---

[4] Für den Fall, dass diese Kunstfigur Wirklichkeit wäre, vgl. *BVerwG*, Urteil vom 18.02.1983, BVerwGE 67, 23 (33); *BVerwG*, Urteil vom 11.05.2000, BauR 2000, S. 1848 (1850).

[5] Auch für den Fall, dass diese Kunstfigur Wirklichkeit wäre, vgl. *OVG Münster*, Urteil vom 12.09.1960, DÖV 1961, S. 629 (630); *OVG Münster*, Urteil vom 06.02.1992, NVwZ 1993, S. 89.

[6] Mittelbayerische Zeitung vom 21.09.2001.

[7] Mittelbayerische Zeitung vom 21.09.2001.

[8] Mittelbayerische Zeitung vom 26.09.2001.

[9] Mittelbayerische Zeitung vom 17.09.2004.

lage eine Reihe von rechtlichen Fragen auf. Zu nennen sind etwa seine besondere Zusammensetzung aus fünf ortsfremden Sachverständigen sowie seine exponierte Stellung im baurechtlichen Verfahren. Vergleichbare Fragen stellen sich auch bei anderen gesetzlich nicht geregelten Gremien auf gemeindlicher Ebene. Die konkrete Prüfung des Gestaltungsbeirates wird daher in eine allgemeine Darstellung der Rechtsprobleme von gesetzlich nicht geregelten Gremien auf Gemeindeebene eingebettet. Dabei liegt der Schwerpunkt in der Behandlung von kollegial eingerichteten Gremien. Kollegialgremien bestehen aus mehreren gleichberechtigten Personen, die ihren Willen nach Beratung durch Abstimmung ermitteln.[10] Gleichwohl wird auch die Beteiligung von einzelnen Personen ohne Mandat angesprochen, also von Personen, die nicht Gemeinderatsmitglieder oder gewählter Bürgermeister in der Gemeinde sind. Schließlich impliziert die Beteiligung von Gremien eine Beteiligung mehrerer Einzelpersonen. Ein Gremium ist, unbeschadet der höheren organisatorischen Qualität, immer auch ein Zusammenschluss einzelner Personen.

Die Arbeit beschränkt sich bewusst auf die gemeindlichen Gremien in den Flächenstaaten, um eine Ausuferung der Untersuchung zu vermeiden. Es muss hier der Hinweis genügen, dass auch auf anderen Organisationsebenen, insbesondere auf Bundesebene, die Relevanz gesetzlich nicht geregelter Gremien in den letzten Jahren sprunghaft gestiegen ist.[11]

3. Gang der Untersuchung

Einleitend wird die Tätigkeit des Gestaltungsbeirates anhand seiner Geschäftsordnung beschrieben. Ausgehend von dieser Geschäftsordnung werden die mit dem Gestaltungsbeirat zusammenhängenden Probleme rechtlich untersucht.

Wegen der besonderen Zusammensetzung des Gestaltungsbeirates, der nur aus ortsfremden Sachverständigen gebildet wird, soll das Augenmerk der Untersuchung auf Gremien gelegt werden, die unter der Beteiligung von Personen ohne Mandat tätig sind. Auch sind die Mitglieder in anderen gesetzlich nicht geregelten Gremien häufig nicht Gemeinde-

---

[10] Vgl. *Eggers*, Die Rechtsstellung von Ausschüssen, Beiräten und anderen kollegialen Einrichtungen im Bereich der vollziehenden Gewalt, S. 14.

[11] Ausführlich zur Bildung von Gremien auf Bundesebene, siehe Dissertation von *Unger*, Die Einsetzung von Sachverständigengremien im Bereich des Bundes.

ratsmitglieder, sondern Personen, die nicht gewählt wurden, mithin Personen ohne Mandat.

Begonnen wird mit einer Übersicht über die bestehenden Beteiligungsmöglichkeiten von Personen ohne Mandat in den Gemeindeverfassungen der Flächenstaaten gegeben. Danach wird untersucht, inwieweit die bayerischen Gemeinden Personen ohne Mandat Beteiligungsmöglichkeiten einräumen können, über welche die Bayerische Gemeindeordnung schweigt. Voraussetzung dafür wäre eine ausreichende Legitimation für ein entsprechendes organisatorisches Handeln der Gemeinde.

Die Gemeinde hat als Selbstverwaltungskörperschaft das Recht, ihre Verwaltung eigenständig zu organisieren. Es liegt nahe, die Legitimation für die Beteiligung von einzelnen Personen ohne Mandat und die Bildung von gesetzlich nicht geregelten Gremien in der Organisationshoheit der Gemeinde zu suchen. Die Organisationshoheit der Gemeinde wird von mehreren Gesetzesvorbehalten begrenzt. Neben dem allgemeinen Gesetzesvorbehalt einschließlich des Parlamentsvorbehalts ist der Gesetzesvorbehalt des Art. 28 Abs. 2 GG („*im Rahmen der Gesetze*") von besonderer Bedeutung. Daher wird zunächst der Schwerpunkt auf die kommunalrechtliche Seite des Untersuchungsgegenstandes gelegt, insbesondere, welche Vorgaben sich aus der Bayerischen Gemeindeordnung für die Bildung von gesetzlich nicht geregelten Gremien ergeben.

Neben ihrer besonderen Stellung als Selbstverwaltungsköperschaft handelt die Gemeinde auch als Verwaltungsbehörde.[12] In dieser Funktion lässt sich eine andere mögliche Legitimation für die Beteiligung von Personen ohne Mandat erkennen. So hat jedes verwaltende Subjekt das Recht, sich bei einem kognitiven Defizit sachverständigen Rates zu bedienen. In Einzelfällen kann dieses Recht zu einer Pflicht erwachsen. Daher wird in einem weiteren Schritt die Gemeinde in ihrer Funktion als Verwaltungsbehörde betrachtet, die das Recht hat, sachverständigen Rat einzuholen. Dabei werden die Anforderungen aufgezeigt, die allgemein an die Heranziehung von Sachverständigen gestellt werden.

Die Stadt Regensburg als Bauaufsichtsbehörde schaltet den Gestaltungsbeirat in das Baugenehmigungsverfahren ein. Der Gestaltungsbeirat hat nach § 1 der Geschäftsordnung des Beirates die Aufgabe, die ihm vorgelegten Vorhaben im Hinblick auf städtebauliche, architektonische und gestalterische Qualität zu überprüfen und zu beurteilen. Als Rechtsgrundlage ist daher auch an Art. 60 Abs. 4 BayBO zu denken, der den

---

[12] Zum Begriff der „*Behörde*" vgl. *Widtmann/Grasser*, BayGO, Art. 29 Rn. 15.

Bauaufsichtsbehörden das Recht einräumt, zur Erfüllung ihrer Aufgaben und Befugnisse Sachverständige und sachverständige Stellen heranzuziehen. Der Gestaltungsbeirat kann auf Grundlage dieser Vorschrift allerdings nur im Rahmen der Befugnisse und Aufgaben der Bauaufsichtsbehörde tätig werden. So kann die Behörde die Schlussfolgerungen, die der Gestaltungsbeirat in seinem Gutachten formuliert, als eigene Anforderungen nur übernehmen, wenn dafür eine ausreichende Rechtsgrundlage vorhanden ist.[13]. Daher wird im Rahmen der Prüfung von Art. 60 Abs. 4 BayBO zunächst untersucht, welche gestalterischen Vorschriften nach Bundes- und Landesrecht bestehen und insbesondere welcher Maßstab für die Beurteilung der gestalterischer Anforderungen heranzuziehen ist. Ausgehend von diesem Überblick wird geprüft, ob durch Art. 60 Abs. 4 BayBO die Heranziehung des Gestaltungsbeirates bei gestalterischen Fragen gedeckt ist.

Daneben tauchen bei der Diskussion über die Zulässigkeit gesetzlich nicht geregelten Gremien weitere Gesichtspunkte, insbesondere rechtspolitische Erwägungen auf. Diese Aspekte sind in dem Kapitel H. zusammengefasst.

Am Ende der Arbeit findet sich im Kapitel I. eine Zusammenfassung in der Form von Thesen, die mit Änderungsvorschlägen für den rechtlichen Rahmen der Tätigkeit des Gestaltungsbeirates verbunden sind.

---

[13] Vgl. *Franz* in: *Simon/Busse*, BayBO 1998, Art. 60, Rn. 215; *Koch/Molodovsky/Rahm*, BayBO, Art. 60 Ziff. 9.5.

II. Der Beirat für Stadtgestaltung der Stadt Regensburg

1. Die Gemeinde als untere Bauaufsichtsbehörde

Die Aufgaben der Bauaufsichtsbehörde sind nach Art. 60 Abs. 1 BayBO Staatsaufgaben. Als untere Bauaufsichtsbehörde dienen nach Art. 59 Abs. 1 BayBO die Kreisverwaltungsbehörden. Die Kreisverwaltungsbehörden sind die Landratsämter als Staatsbehörde nach Art. 37 Abs. 1 S. 2 LKrO und die kreisfreien Gemeinden, die gemäß Art. 9 Abs. 1 S. 1 und Art. 8 BayGO im übertragenen Wirkungskreis tätig werden.

Die Zuständigkeitsverteilung der bauaufsichtlichen Aufgaben innerhalb der Gemeinden, welche die Bauaufsicht im übertragenen Wirkungskreis erfüllen, richtet sich nach den Bestimmungen der Bayerischen Gemeindeordnung. Nach Art. 29 BayGO ist der Gemeinderat oder an dessen Stelle ein beschließender Ausschuss zuständig, soweit nicht die Aufgabe nach Art. 37 BayGO in den eigenen Zuständigkeitsbereich des ersten Bürgermeisters, der in kreisfreien Gemeinden nach Art. 34 Abs. 1 S. 2 BayGO die Amtsbezeichnung Oberbürgermeister führt, fällt. Der Oberbürgermeister ist bei laufenden Angelegenheiten zuständig oder bei Angelegenheiten, die der Gemeinderat ihm in der Geschäftsordnung zur selbständigen Erledigung übertragen hat. Einzelne seiner Befugnisse kann der Oberbürgermeister nach Art. 39 Abs. 2 BayGO im Rahmen der Geschäftsverteilung auf weitere Bürgermeister, nach deren Anhörung auch einem Gemeinderatsmitglied einschließlich der berufsmäßigen Gemeinderatsmitglieder und in Angelegenheiten der laufenden Verwaltung einem Gemeindebediensteten, übertragen.[14]

Nach § 11 Nr. 5 Ziffer a der Geschäftordnung für den Stadtrat der Stadt Regensburg[15] ist der Oberbürgermeister für die Entscheidung über Anträge auf Errichtung, Änderung, Nutzungsänderung, Abbruch oder Beseitigung von baulichen Anlagen zuständig, soweit sich die Vorhaben nicht erheblich auf das Straßenbild oder die Struktur der Altstadt oder auf die bauliche Entwicklung der Stadt auswirken.

Die Stadt Regensburg schaltet den Gestaltungsbeirat in dieser Tätigkeit als Bauaufsichtsbehörde, nicht als Planungsbehörde, ein.

---

[14] Vgl. dazu auch *BayVGH*, Beschluss vom 01.09.1989, BayVBl. 1990, S. 211 (212).
[15] Geschäftsordnung für den Stadtrat der Stadt Regensburg vom 25.02.1993.

2. Hintergrund der Errichtung und Aufgabe des Beirates für Stadtgestaltung

a. Errichtung und Aufgabe

Seine Grundlage findet der Gestaltungsbeirat in der Geschäftsordnung des Beirates für Stadtgestaltung der Stadt Regensburg vom 03.03.1998. Diese wurde in öffentlicher Sitzung am 17.03.1998 von dem Stadtplanungsausschuss einstimmig angenommen und fand am 30.04.1998 die Zustimmung des Stadtrates der Stadt Regensburg. Organisatorisch ist der Beirat nach § 3 seiner Geschäftsordnung dem Bauordnungsamt zugeordnet, bei dem sich seine Geschäftsstelle befindet.

Laut Vorbemerkung zu der Geschäftsordnung des Beirates für Stadtgestaltung verfolgt die Errichtung des Beirates die Zielsetzung, *„zu der Verbesserung des Stadtbildes beizutragen, die architektonische Qualität auf einem hohen Standard zu sichern sowie städtebauliche und architektonische Fehlentwicklungen zu verhindern"*.[16] Demzufolge hat er nach § 1 Geschäftsordnung des Beirates die Aufgabe, die ihm vorgelegten Vorhaben im Hinblick auf städtebauliche, architektonische und gestalterische Qualitäten zu überprüfen und zu beurteilen. Gegebenenfalls benennt er Hinweise und Kriterien zur Erreichung dieses Ziels.

Trotz seines Namens erstreckt sich die Tätigkeit des Beirates für *Stadt*gestaltung der Stadt Regensburg vor allem auf die Beurteilung einzelner Bauwerke im Rahmen ihres Genehmigungsverfahrens. Zwar unterscheiden sich die Begriffe Bau- und Stadtgestaltung durch ihr Bezugsobjekt.[17] Die Baugestaltung ist die Architektur des einzelnen Bauwerkes, die Stadtgestaltung bezieht sich auf die Summe der Bauwerke in dem Raumgebilde Stadt. Jedoch überschneiden sich beide Bereiche, da die Gestaltung eines einzelnen Bauwerkes Auswirkungen auf das Stadtbild haben kann, welches sich aus einer Vielzahl einzelner Bauwerke zusammensetzt. Dementsprechend ist der Gestaltungsbeirat für alle Vorhaben zuständig, die aufgrund ihrer Größenordnung und Bedeutung für das Stadtbild prägend in Erscheinung treten. Ferner liegt es im Ermessen der Stadt, das Gremium für die Beurteilung von sonstigen Vorhaben

[16] Geschäftsordnung des Beirates für Stadtgestaltung der Stadt Regensburg vom 30.04.1998, Quelle: Zwischenbericht des Gestaltungsbeirates 1998-2001, S. 51 f.

[17] *Mick*, Rechtliche Möglichkeiten ästhetischer Bau- und Stadtgestaltung im unverplanten Innenbereich, DÖV 1991, S. 623.

heranzuziehen, die von Bedeutung für das Stadtbild sind.[18] Man könnte daher auch von einem Beirat für die Bau- und Stadtgestaltung sprechen.

b. Entstehungsgeschichte

Bemerkenswerterweise kam die Idee für einen Gestaltungsbeirat aus den Reihen der Architekten, insbesondere aus dem Architekturkreis Regensburg e.V., obwohl sie sich mit der Einführung des Gestaltungsbeirates einer neuen „Kontrollinstanz" unterwerfen müssen. Als Anknüpfungspunkt für die Bildung eines Gremiums mit baugestalterischen Ambitionen dienten die Erfahrungen mit der Tätigkeit des Gestaltungsbeirates der Stadt Linz und auch der Stadt Salzburg.[19] Die Vorbildwirkung der österreichischen Gremien führte dazu, dass der Beirat für Stadtgestaltung der Stadt Regensburg in seiner Zusammensetzung und Funktion dem Gestaltungsbeirat der Stadt Linz weitgehend nachempfunden wurde.[20]

c. Verwandte Gremien

In den Städten Lübeck, Passau und Halle wurden Gestaltungsbeiräte eingerichtet, die sich an dem Beirat für Stadtgestaltung der Stadt Regensburg orientieren.[21] In anderen deutschen Städten existieren zwar ähnliche, aber im Einzelnen nicht unbedingt vergleichbare Gremien, die sich mit gestalterischen Aspekten von Bauvorhaben befassen. Dazu zählen etwa die Baukunstkommission in Nürnberg, die Stadtgestaltungskommission in München sowie der Beirat für Stadtgestaltung der Stadt Kiel. Der maßgebliche Unterschied zwischen dem Beirat für Stadtgestaltung der Stadt Regensburg und diesen Gremien ist dessen Zusammensetzung, die keine Beteiligung von Gemeinderatsmitgliedern oder Gemeindeangehörigen vorsieht. Der Beirat für Stadtgestaltung der Stadt Kiel hat zwar nach § 3 der Satzung für den Beirat für Stadtgestaltung der Stadt Kiel[22] eine ähnliche Zusammensetzung, da neben dem Stadtrat für

---

[18] § 4 Abs. 1 und 2 Geschäftsordnung des Beirates für Stadtgestaltung der Stadt Regensburg vom 30.04.1998, Quelle: Zwischenbericht des Gestaltungsbeirates 1998-2001, S. 51 f.

[19] Ausführlich zur Tätigkeit des Gestaltungsbeirates der Stadt Salzburg die Dissertation von *Nagl*, Der Salzburger Gestaltungsbeirat — ein Instrument der Stadtgestaltung. Als Dissertation der Fakultät Raumplanung und Architektur an der Technischen Universität Wien enthält diese Arbeit keine nennenswerte Auseinandersetzung mit der rechtlichen Zulässigkeit des Gestaltungsbeirates der Stadt Salzburg.

[20] Zwischenbericht des Gestaltungsbeirates 1998-2001, S. 10.

[21] Werkbericht des Gestaltungsbeirates 2002-2004, S. 4.

[22] Satzung der Landeshauptstadt Kiel für den Beirat für Stadtgestaltung vom 07.02.2001.

Bauwesen und Stadtplanung als beratendes Mitglied keine weiteren Mitglieder des Stadtrats vorgesehen sind. Jedoch sieht § 3 Nr. 2 a der Satzung vor, dass von den sieben weiteren Mitgliedern, die besondere Sachkunde in der Stadtgestaltung haben müssen, mindestens ein, höchstens jedoch zwei ihren Geschäftssitz nicht im Großraum Kiel haben. Daraus folgt, dass die übrigen Mitglieder ihren Geschäftssitz im Großraum Kiel haben müssen. Auf einen kommunalen Bezug wurde hier besonders geachtet. Ein mit dem Gestaltungsbeirat der Stadt Regensburg eng verwandtes Gremium wurde im Jahr 2003 in der Stadt Castrop-Rauxel eingerichtet. Dieser Gestaltungsbeirat setzt sich nach § 3 der Satzung des Beirates[23] auch aus fünf Sachverständigen zusammen, die aber nicht ortsfremd sein müssen.

Daneben bestehen noch andere Gremien mit beratender Funktion in gestalterischen Fragen. Beispielsweise soll der Bayerische Landesbaukunstausschuss[24] die Staatsregierung in wichtigen baukünstlerischen Fragen beraten. Er soll zu besonders bedeutsamen Bauvorhaben gutachtlich gehört werden. Dabei macht nach Nr.5 der Bekanntmachung die Begutachtung durch einen örtlichen Baukunstbeirat grundsätzlich eine gutachtliche Anhörung des Bayerischen Landesbaukunstausschusses nicht überflüssig. Im früheren Art. 78 Abs. 5 BayBO, der durch das Vierte Änderungsgesetz 1982 aufgehoben wurde,[25] war die Bildung eines Werbebeirates ausdrücklich vorgesehen. Nun wird die Errichtung derartiger Gremien auf verwaltungsinterne Richtlinien oder eine gemeindliche Satzung gestützt.[26] Im Unterschied zum Gestaltungsbeirat ähnelt der Werbebeirat jedoch einer Betroffenenbeteiligung. Wird eine Baugenehmigung erteilt, dann muss der Werbebeirat nicht angehört werden. Dagegen muss eine Anhörung erfolgen, wenn die Baugenehmigung wegen Verunstaltung versagt, widerrufen, zurückgenommen oder die Beseitigung angeordnet werden. Auch vor dem Erlass örtlicher Bauvorschriften über Werbeanlagen soll die Anhörung des Beirates vorgesehen werden.[27] Der Werbebeirat dient somit vor allem der Vertretung der Werbetreibenden. Er nimmt nicht eine vergleichbar exponierte Stellung wie der Gestaltungsbeirat ein.

---

[23] Satzung des Beirates für Stadtgestaltung der Stadt Castrop-Rauxel vom 26.06.2003.

[24] Bekanntmachung des Bayerischen Staatsministeriums des Inneren vom 22.06.1977 zum Vollzug der Bayerischen Bauordnung (MABl. S. 553).

[25] Viertes Änderungsgesetz vom 21.06.1982 (BayGVBl. S. 313).

[26] Ausführlich dazu *Lechner* in *Simon/Busse*, BayBO 1998, Art. 11, Rn. 817 ff.

[27] *Lechner* in *Simon/Busse*, BayBO 1998, Art. 11, Rn. 821 ff.

3. Zusammensetzung

Der Beirat besteht aus fünf Mitgliedern, einschließlich des aus ihrer Mitte kommenden Vorsitzenden. Nach § 2 Abs. 2 Geschäftsordnung des Beirates werden die Beiratsmitglieder durch den Stadtrat der Stadt Regensburg berufen. Dabei kann die Bayerische Architektenkammer (Bezirkswettbewerbsausschuss Niederbayern/Oberpfalz) im Benehmen mit der Regensburger Architektenschaft Vorschläge unterbreiten. Als Mitglieder können nach § 2 Abs. 3 Geschäftsordnung des Beirates Fachleute aus den Gebieten Städtebau, Landschaftsplanung und Architektur herangezogen werden, die jeweils die Qualifikation zum Preisrichter besitzen müssen. Für eine Internationalisierung sorgt § 2 Abs. 3 S. 3 Geschäftsordnung des Beirates, der bestimmt, dass mindestens ein Mitglied aus dem Ausland stammen muss.

Die Neutralität der Sachverständigen soll durch spezielle Regelungen gesichert werden. Die Mitglieder dürfen nach § 2 Abs. 3 S. 4 und 5 Geschäftsordnung des Beirates weder ihren Wohn- oder Arbeitsplatz in den Regierungsbezirken Oberpfalz und Niederbayern haben, noch dürfen sie zwei Jahre vor und ein Jahr nach ihrer Beiratstätigkeit in Regensburg planen und bauen.

Eine Beiratsperiode dauert nach § 2 Abs. 4 Geschäftsordnung des Beirates jeweils zwei Jahre, wobei nach Ablauf jeder Beiratsperiode zwei Mitglieder ausgewechselt werden. Die Mitgliedschaft darf zwei aufeinanderfolgende Perioden nicht übersteigen.

An den nichtöffentlichen Teilen der Sitzungen können als Zuhörer ohne Stimmrecht auch der Oberbürgermeister, der Planungs- und Baureferent, Mitarbeiter des Planungs- und Baureferats, Sprecher oder Vertreter der im Ausschuss für Stadtplanung, Verkehr und Wohnungsfrage vertretenen Fraktionen sowie Sonderfachleute, beispielsweise aus dem Denkmalschutz, teilnehmen.

4. Zuständigkeit des Beirates für Stadtgestaltung

a. Die Zuständigkeit nach der Geschäftsordnung

Der Gestaltungsbeirat ist vor allem für zwei Gruppen von Vorhaben zuständig. Nach § 4 Abs. 1 Geschäftsordnung des Beirates ist bei allen Vorhaben, die aufgrund ihrer Größenordnung und Bedeutung für das Stadtbild prägend in Erscheinung treten (Gruppe 1), die Beurteilung durch den Gestaltungsbeirat obligatorisch. Dagegen erfolgt nach § 4 Abs. 2 Geschäftsordnung des Beirates bei sonstigen Vorhaben von Bedeutung für das Stadtbild (Gruppe 2) die gestalterische Beurteilung durch den Gestaltungsbeirat nach Entscheidung durch die Geschäftsstelle. Die Zuständigkeit des Gestaltungsbeirates hängt damit wesentlich davon ab, wie die Geschäftsstelle die unbestimmten Rechtsbegriffe „*prägend*“ und „*Bedeutung*“ interpretiert. Eine genaue Vorhersage ist nicht möglich, welches Vorhaben der Beurteilung durch den Gestaltungsbeirat unterliegt.

Gemäß § 4 Abs. 3 Geschäftsordnung des Beirates ist auf Antrag des Bauherrn in den Fällen der Gruppe 2 der Gestaltungsbeirat auch zu befassen, wenn die Verwaltung das Vorhaben aus gestalterischen Gründen zuvor abgelehnt hat. Diese Regelung eröffnet dem Bauherrn eine zweite Chance auf Realisierung seines Vorhabens. Der Gestaltungsbeirat ist ferner bei Vorhaben der Gruppe 2 im Genehmigungsfreistellungsverfahren nach Art. 64 BayBO zuständig, bei denen die Stadt aus Gründen der Gestaltung die Durchführung eines Genehmigungsverfahrens verlangt, § 4 Abs. 4 Geschäftsordnung des Beirates. Schließlich fallen Vorhaben, die aus einem Wettbewerb hervorgegangen sind, nach § 4 Abs. 5 Geschäftsordnung des Beirates nur dann in die Zuständigkeit des Gestaltungsbeirates, wenn das eingereichte Vorhaben vom prämierten Projekt wesentlich abweicht. Damit soll eine Doppelbegutachtung vermieden werden.

b. Das Verhältnis zu den Zuständigkeiten der Gemeindeorgane

Laut Vorbemerkungen zur Geschäftsordnung des Beirates unterstützt der Gestaltungsbeirat als unabhängiges Sachverständigengremium den Oberbürgermeister, den Stadtrat und die Verwaltung.[28] Er ist damit sowohl den Gemeindeorganen als auch der Gemeindeverwaltung zuge-

---

[28] Vorbemerkungen zur Geschäftsordnung des Beirates für Stadtgestaltung der Stadt Regensburg, Quelle: Zwischenbericht des Gestaltungsbeirates 1998-2001, S. 51.

ordnet. Die Zuordnung im Einzelfall hängt davon ab, welches Gemeindeorgan für die Beurteilung des Vorhabens zuständig ist.

Die Zuständigkeitsverteilung zwischen Stadtrat und seinen Ausschüssen auf der einen Seite und dem Oberbürgermeister auf der anderen Seite ist strikt zu trennen von der Zuständigkeit des Gestaltungsbeirates. Der Gestaltungsbeirat wird unabhängig von der Zuständigkeitsverteilung zwischen den (Haupt-) Organen der Gemeinde tätig, wenn ein Vorhaben die Voraussetzungen des § 4 Geschäftsordnung des Beirates erfüllt. Der Gestaltungsbeirat wird in das Baugenehmigungsverfahren eingeschaltet, für die das jeweilige Gemeindeorgan, sprich der Stadtrat beziehungsweise der zuständige Ausschuss oder der Oberbürgermeister, zuständig ist.

Nach § 11 Nr. 5 Ziff. a Geschäftordnung für den Stadtrat der Stadt Regensburg ist der Oberbürgermeister für die Entscheidung über Bauanträge zuständig, soweit sich die Vorhaben nicht erheblich auf das Straßenbild oder die Struktur der Altstadt oder auf die bauliche Entwicklung der Stadt auswirken. Im Umkehrschluss sind der Stadtrat und sein Bauausschuss für die Vorhaben zuständig, die erhebliche Auswirkungen haben.

Die Formulierung *erhebliche Auswirkungen* ist nicht identisch mit dem Wortlaut des § 4 Abs. 1 und 2 Geschäftsordnung des Beirates, der die Einschaltung des Gestaltungsbeirates unabhängig von der Zuständigkeitsverteilung zwischen den Gemeindeorganen regelt. Danach ist bei allen Vorhaben, die aufgrund ihrer Größenordnung und Bedeutung das Stadtbild prägen, die Beurteilung durch den Gestaltungsbeirat verpflichtend. Bei sonstigen Vorhaben von Bedeutung kann die Geschäftsstelle den Gestaltungsbeirat von sich aus befassen. § 4 Abs. 1 und 2 Geschäftsordnung des Beirates und § 11 Nr. 5 Ziff. a Geschäftsordnung für den Stadtrat der Stadt Regensburg sind trotz ähnlichen Wortlauts nicht inhaltsgleich. Ein Vorhaben, das aufgrund seiner erheblichen Auswirkungen in den Zuständigkeitsbereich des Stadtrats und des Bauausschuss fällt, muss nicht zwangsläufig prägend für das Stadtbild sein, mit der Folge, dass der Gestaltungsbeirat eingeschaltet werden muss. Auch umgekehrt können Vorhaben, für die nur der Oberbürgermeister zuständig ist, im Einzelfall die Voraussetzungen des § 4 Geschäftsordnung des Beirates erfüllen. Der Gestaltungsbeirat kann demnach auch für den Oberbürgermeister tätig werden.

5. Geschäftsgang

Der Beirat tagt nach § 5 Abs. 1 Geschäftsordnung des Beirates regelmäßig in Abständen von zwei Monaten, in öffentlicher Sitzung, § 7 Abs. 1 Geschäftsordnung des Beirates. Die Einberufung erfolgt durch die Geschäftsstelle schriftlich, mindestens zwei Wochen vor dem Sitzungstag mit Bekanntgabe der vorläufigen Tagesordnung, die aber mit Zustimmung des Gestaltungsbeirates noch geändert werden kann.

In § 6 Abs. 3 Geschäftsordnung des Beirates wurde eine Regelung über den Ausschluss befangener Mitglieder des Gestaltungsbeirates aufgenommen. Ferner sind die Mitglieder des Gestaltungsbeirates gemäß § 9 Geschäftsordnung des Beirates zur Geheimhaltung über die internen Beratungen und Wahrnehmungen verpflichtet.

6. Die Mitwirkung im Baugenehmigungsverfahren

Erfüllt ein Vorhaben die Voraussetzungen des § 2 Geschäftsordnung des Beirates, wird der Gestaltungsbeirat in das Baugenehmigungsverfahren wie folgt eingeschaltet:

Während des Auskunftsverfahrens erhält der Bauherr ein Schreiben, das ihn darauf aufmerksam macht, dass sein Vorhaben in der nächsten Sitzung des Gestaltungsbeirates behandelt wird. Der Bauherr wird aufgefordert, die notwendigen Unterlagen[29] in zehnfacher Ausfertigung zu übermitteln und er wird darauf hingewiesen, dass er an den öffentlichen Sitzungen des Gestaltungsbeirates teilnehmen und sein Vorhaben selbst präsentieren kann. Ab Einreichung der Unterlagen ruht das Verfahren bis zur Stellungnahme des Gestaltungsbeirates. Eine Woche vor der ersten Sitzung des Gestaltungsbeirates erhält jedes Mitglieds des Gremiums die Unterlagen des jeweiligen Vorhabens, um eine ausreichende Vorbereitung zu gewährleisten.

Daneben erhalten die Mitglieder des Gestaltungsbeirates zu jedem Vorhaben einen vorbereitenden Vorlagebericht des Bauordnungsamtes der Stadt Regensburg. Darin werden die städtebauliche Situation des Bauvorhabens und dessen bauplanungs- und bauordnungsrechtliche Zuläs-

[29] Dazu gehören ein Erläuterungsbericht, ein Lageplan Maßstab 1:5000, ein Lageplan Maßstab 1:1000, und Planzeichnungen der Ansichten, Grundrisse, ggf. Schnitte, ggf. Fassadenabwicklungen bei Baulückenprojekten jeweils im Maßstab 1:200 und Angaben über Erschließung, GFZ, GRZ, Stellplatznachweis, Nutzungsarten sowie eine Fotodokumentation.

sigkeit beschrieben. In vielen Fällen findet noch eine Besichtigung der Örtlichkeiten des jeweiligen Bauvorhabens statt.

In der Sitzung präsentiert der Antragsteller, vor allem aber der Architekt oder das planende Büro, das Vorhaben in Form einer einleitenden Erläuterung. Die Sitzungen des Gestaltungsbeirates sind nach § 7 Abs. 1 Geschäftsordnung des Beirates öffentlich, sofern der Bauherr des behandelten Vorhabens nicht widerspricht. Dabei gilt es, auch die Motivation und Hintergründe der jeweiligen Planungsschritte darzustellen und zu begründen. In der anschließenden Diskussion wird das Vorhaben von den einzelnen Mitgliedern unter Führung des Vorsitzenden des Gestaltungsbeirates kritisch bewertet. Im Rahmen dieser mündlichen Stellungnahme werden abhängig von der Person des Gremiumsmitgliedes sogleich konkrete Verbesserungen angemahnt und gegebenenfalls entsprechende Änderungsvorschläge unterbreitet.

Im Anschluss erfolgt in nicht öffentlicher Beratung nach § 7 Abs. 3 Geschäftsordnung des Beirates die Begutachtung des Vorhabens durch die Mitglieder des Beirates. Das Ergebnis ist in einer schriftlichen Stellungnahme niederzulegen und dem Bauherrn – meist in der nächsten turnusmäßigen öffentlichen Sitzung – bekannt zu geben sowie zu erläutern, § 7 Abs. 5, Abs. 6 Geschäftsordnung des Beirates. Dabei ist der Umfang des Gutachtens häufig knapp gehalten und enthält nur noch die Schlussfolgerungen der Beurteilung. Die eigentliche Einflussnahme findet im Rahmen der mündlichen Sitzungen mit dem Bauherrn und dem planenden Büro statt. Dies entspricht auch der Zielsetzung des Gestaltungsbeirates, die architektonische Qualität auf einem hohen Standard zu sichern sowie städtebauliche und architektonische Fehlentwicklungen zu verhindern und sich nicht nur auf die Abgabe eines positiven oder negativen Votums zu beschränken. Dabei kann die Diskussion einerseits Hilfestellung und fruchtbare Ideengabe seitens des Gestaltungsbeirates sein, andererseits kann sie den Charakter einer Belehrung erhalten. Dies hängt im hohen Maße von den einzelnen Persönlichkeiten auf beiden Seiten ab.

Im Falle einer ersten Ablehnung des Vorhabens, was in der Praxis wohl den Regelfall ausmacht, ist der Bauherr nach § 8 Geschäftsordnung des Beirates berechtigt, eine überarbeitete Version des Vorhabens erneut vorzulegen.

Wird das Vorhaben mehrmals abgelehnt, ist der Gestaltungsbeirat berechtigt, ein Plangutachten zu empfehlen (Gutachterverfahren). Dabei beauftragt der Bauherr mindestens drei unabhängige Büros mit der Erstellung eines Vorhabenplanes, aus denen schließlich der Beirat ein geeignetes Vorhaben auswählen kann.

Unmittelbare Kosten entstehen dem Bauherrn durch die Beteiligung des Gestaltungsbeirates nicht. Die Aufwendungen für das Gremium trägt allein die Stadt Regensburg.[30] Dagegen können auf den Bauherrn mittelbare Kosten zu kommen durch die Übermittlung der Unterlagen in zehnfacher Ausfertigung, durch eine mögliche zeitliche Verzögerung und durch den Mehraufwand einer Nachbearbeitung des Entwurfs durch den Architekten oder das planende Büro. Weitere Kosten muss der Bauherr insbesondere im Rahmen des Gutachterverfahrens tragen, wenn er mehrere unabhängige Büros beauftragen soll.

[30] Im Jahr 1998 wurden ca. 106.000 DM benötigt, im Jahr 1999 waren es ca. 150.000 DM, Quelle: Zwischenbericht des Gestaltungsbeirates 1998-2001, S. 50.

B. Der Beirat für Stadtgestaltung als eine Form der Beteiligung von Personen ohne Mandat

I. Untersuchungsgegenstand

Als Mitglieder des Gestaltungsbeirates können nach § 2 Abs. 3 Geschäftsordnung des Beirates Fachleute aus den Gebieten Städtebau, Landschaftsplanung und Architektur herangezogen werden. Die Mitglieder dürfen nach § 2 Abs. 3 S. 4 und 5 der Geschäftsordnung des Beirates weder ihren Wohn- oder Arbeitsplatz in den Regierungsbezirken Oberpfalz und Niederbayern haben. Gemeinderatsmitglieder sind nicht als Mitglieder vorgesehen. Der Gestaltungsbeirat ist eine besondere Form der Beteiligung von Personen ohne Mandat in der Gemeinde.

Es gibt eine Vielzahl von gesetzlich vorgesehenen und gesetzlich nicht geregelten Formen der Beteiligung von Personen ohne Mandat. Sie dienen häufig als Partizipationsmöglichkeit der Gemeindeangehörigen, um auch dem Desinteresse am politischen Leben entgegenzutreten.[31] Die Akzeptanz einer kommunalen Entscheidung kann durch die frühzeitige Mitwirkung der Gemeindeangehörigen sicherlich gefördert werden.[32] Die Möglichkeit zur Teilnahme an der Gemeindeverwaltung stärkt zudem die *„bürgerschaftliche Selbstverwaltung*“.[33] Die Einwohner einer Gemeinde nehmen aktiv an der Verwaltung teil und werden nicht reduziert auf die Rolle als Adressat der kommunalen Entscheidungen. Im Gegenzug kann die Kommunalverwaltung von der Heranziehung des externen Sachverstands profitieren. Die Gemeindeverwaltung kann eine bedürfnisgerechtere und sachgerechtere Entscheidung treffen, wenn die Interessen der Gemeindebürger schon im Vorfeld an sie herangetragen wurden. Allgemein ermöglicht die Heranziehung externen Sachverstands, der auch durch ortsfremde Sachverständige vermittelt werden kann, eine Verwaltung, die mit den technischen und gesellschaftlichen Neuerungen Schritt halten kann.

---

[31] *Herbert*, Beratung in der Gemeinde, NVwZ 1995, S. 1056; *Pünder*, Rechtswissenschaftliche Forschung im Wandel der Zeiten, DVBl. 2002, S. 381; *Schefold/Neumann*, Entwicklungstendenzen der Gemeindeverfassungen in Deutschland, S.105, *Troidl*, Kommunale Beiräte, BayVBl. 2004, S. 321.

[32] *Wacker*, Sachkundige Bürger und Einwohner in gemeindlichen Ausschüssen, S. 66.

[33] *Fechtrup*, Der sachkundige Bürger im Gemeinderatsausschuss, S. 8; *Pünder*, Rechtswissenschaftliche Forschung im Wandel der Zeiten, DVBl. 2002, S. 382.

Dies führt zu der Frage, in welchem Umfang Personen ohne Mandat an der Gemeindeverwaltung, insbesondere auch als Mitglieder in Gremien, beteiligt werden können. Der Begriff der Beteiligung unterscheidet sich inhaltlich nicht von dem Begriff der Partizipation. Es kann dahingestellt bleiben, ob der Begriff der Beteiligung wertneutraler als der Begriff der Partizipation ist.[34] In der folgenden Untersuchung soll mit dem Begriff der Beteiligung nicht allein die Bürgerbeteiligung oder Einwohnerbeteiligung gemeint sein.[35] Von einer Bürgerbeteiligung spricht man, wenn die Gemeindeangehörigen zur Mitwirkung berechtigt sind, die in ihrer Gemeinde das Recht, an den Gemeinderatswahlen[36] teilzunehmen, besitzen (Art. 15 Abs. 2 BayGO). Sieht eine Vorschrift hingegen die Beteiligung von Einwohnern vor, so ist die Teilnahme auch Gemeindeangehörigen eröffnet, die nicht das Wahlrecht ausüben können. Erfasst werden soll auch die Teilnahme von Sachverständigen als Personen ohne Mandat an dem Handeln einer Gemeinde. Unberücksichtigt bleibt hingegen die Beteiligung anderer Behörden oder Institutionen. Die Beteiligung selbst kann sich in der Einräumung von Letztentscheidungsrechten ebenso wie in der Gewährung von Mitwirkungsrechten ausdrücken.

Von den gerade genannten Partizipationsmöglichkeiten ist die Beteiligung derjenigen Personen abzugrenzen, die durch das Handeln der Verwaltung in ihren Rechten und Interessen betroffen sind. Erklärte Zielsetzung dieser Betroffenenpartizipation[37] ist die Sicherstellung einer ausreichenden Grundrechtsgewährleistung. Im Hinblick auf das Rechtsstaatsgebot muss dem Betroffenen frühzeitig die Möglichkeit eingeräumt werden, sich rechtliches Gehör zu verschaffen. Adressat dieser Beteiligungsform ist demnach nicht die Person als Gemeindebürger oder Ge-

---

[34] So *Knemeyer*, Bürgerbeteiligung und Kommunalpolitik, S. 15, der den Begriff der Partizipation als *„politischen Kampfbegriff der Demokratisierungsbewegung"* für verbraucht hält und ihn durch den Begriff der (Bürger-)beteiligung ersetzt.

[35] Zum Teil wird auf Grund der Gebräuchlichkeit nur von *„Bürgerbeteiligung"* gesprochen, obwohl einige Beteiligungsrecht nicht nur den Bürgern, sondern auch den Einwohnern zukommen, vgl. *Knemeyer*, Bürgerbeteiligung und Kommunalpolitik, S. 15; *Schäfer*, Auswirkungen erweiterter Bürgerbeteiligung, S. 28 f.

[36] In dieser Arbeit wird allgemein für das gewählte Kollegialorgan der Gemeinde der Begriff *„Gemeinderat"* in Hinblick auf den bayerischen Bezug der Arbeit verwendet. Erfasst werden sollen grundsätzlich davon auch andere Bezeichnungen des Kollegialorgans, wie *„Stadtrat"* nach Art. 30 Abs. 1 S. 2 BayGO, *„Gemeindevertretung"* (Hessen) oder nur *„Rat"* (Nordrhein-Westfalen, Niedersachsen). Zu den unterschiedlichen Bezeichnung vgl. *Schleberger*, Die Kommunalverfassungssysteme im Überblick, in: *Püttner*, HdbKWP, Bd. 2, S. 197 (203).

[37] Siehe zu diesem Begriff auch *Hendler*, Zu den Vorzügen und Nachteilen verstärkter Bürgerbeteiligung auf kommunaler Ebene, Der Landkreis 1995, S. 321 (322).

meindeeinwohner, sondern als Träger von Grundrechten.[38] In einem Verwaltungsverfahren ist vor Erlass eines belastenden Verwaltungsaktes regelmäßig die Beteiligung des Betroffenen in Form einer Anhörung nach § 28 VwVfG ausdrücklich vorgeschrieben. In Anlehnung an die gesetzlich vorgeschriebenen Anhörungsrechte stellen einige Gemeindeverfassungen der Flächenstaaten die Anhörung des betroffenen Personenkreises in das Ermessen der kommunalen Organe.[39] Bei der Anhörung wird dem Betroffenen die Gelegenheit gegeben, ihre Auffassung vorzutragen.[40] In Hessen können die Ausschüsse nach § 62 Abs. 6 HGO Vertreter derjenigen Bevölkerungsgruppen, die von ihrer Entscheidung vorwiegend betroffen werden, bei den Beratungen *„zuziehen"*. Durch die abweichende Formulierung ergeben sich inhaltlichen Änderungen. In diesem Zusammenhang hat die Zuziehung nicht die gleiche Qualität wie die Anhörung, da mit der Zuziehung ein Anhörungsrecht nicht automatisch verbunden ist. Es liegt allein im Ermessen des Ausschusses, welchen qualitativen Inhalt er der Zuziehung beimisst, insbesondere inwieweit er den zugezogenen Personen das Wort erteilt.[41] Selbstverständlich wird auch nach dieser Vorschrift kein über das Beratungsrecht hinausgehendes Stimm- oder Mitberatungsrecht gewährt. Zu der Betroffenenpartizipation im weiteren Sinne zählen daneben die Gremien aus Interessenvertretern, die eingerichtet wurden, um die Betroffenen an der Willensbildung in eigener Sache zu beteiligen.[42] Diese Art von Gremium bleibt in dieser Untersuchung außen vor, da deren Einrichtung gleichfalls dem Anspruch auf rechtliches Gehör geschuldet ist.[43]

Zunächst wird die Beteiligung einzelner Personen ohne Mandat in der Kommunalverwaltung erörtert. Begonnen wird mit der Beteiligung einzelner Personen, da ein Gremium immer auch ein Zusammenschluss einzelner Personen darstellt. Da die Bildung eines Gremiums aber als Institution in der Kommunalverwaltung eine völlig andere Qualität als die Heranziehung einzelner Personen erlangt, werden die Problemfelder bei der Errichtung von Gremien im Anschluss getrennt untersucht. Als Grundlage für die Ausführungen wird eingangs ein Überblick über die

---

[38] Vgl *Schäfer*, Auswirkungen erweiterter Bürgerbeteiligung, S. 29.

[39] Baden-Württemberg (§ 33 Abs. 4 S. 2 BWGemO), Brandenburg (§ 18 Abs. 2 BranGO), Mecklenburg- Vorpommern (§ 17 Abs. 2 KV M-V), Rheinland-Pfalz (§ 35 Abs. 2 RhPfGemO), Sachsen (§ 44 Abs. 4 SächsGemO).

[40] Vgl. die Legaldefinition in § 33 Abs. 4 S. 2 BWGemO.

[41] *Schlempp*, Kommentar zur Hessischen Gemeindeordnung, § 62 Ziff. VIII.

[42] Beispielsweise die Elternvertretungen an der Schule, Art. 64 ff BayEUG.

[43] *Brückner*, Die Organisationsgewalt des Staates im kommunalen Bereich, S. 51.

bestehenden Beteiligungsmöglichkeiten in den Gemeindeverfassungen[44] der Länder gegeben. Die Übersicht beschränkt sich auf Vorschriften in den Gemeindeverfassungen der Flächenstaaten, um eine Ausuferung zu vermeiden. Im Anschluss an diese Übersicht wird eine Systematisierung der bestehenden Beteiligungsformen versucht, in die der Gestaltungsbeirat eingeordnet werden kann.

II. Die in den Gemeindeverfassungen vorgesehenen Beteiligungsmöglichkeiten

1. Das Wahlrecht der Gemeindebürger

Das wichtigste Beteiligungsinstrument der Gemeindebürger ist ihr Wahlrecht. Dadurch bestimmen sie die Zusammensetzung des kommunalen Kollegialorgans für die nächste Wahlperiode. Dabei können die Gemeindebürger regelmäßig mehrere Stimmen auf bevorzugte Kandidaten häufen (kumulieren) und Kandidaten unterschiedlicher Listen ankreuzen (panaschieren).[45] Diese Instrumentarien erlauben den Wählern die von den Parteien und Wählergruppen vorgegebenen Listen zu ändern und unmittelbar auf die personelle Zusammensetzung des Gemeinderats Einfluss zu nehmen. Die Größe der Ratsfraktionen wird nicht mehr allein durch die Entscheidung für eine der starren Listen bestimmt. Darüber hinaus wird der Oberbürgermeister direkt von den Gemeindebürgern gewählt.[46] Diese können ihn in vielen Bundesländern auch während der gesetzlich festgelegten Wahlperiode mittels eines Abwahlverfahrens wieder seines Amts entheben.[47] Ein vorzeitiges Abberufen des Kollegialorgans ist hingegen nicht möglich. Weitergehende Rechte bleiben den

---

[44] Der Begriff Gemeindeverfassung bezieht sich ausschließlich auf die Landesregelungen hinsichtlich der Gemeinden, dagegen sind mit dem Begriff der Kommunalverfassungen häufig auch die Landkreisordnungen erfasst, vgl. *Maurer*, Allgemeines Verwaltungsrecht, § 23 Rn. 8.

[45] Baden-Württemberg (§ 26 Abs. 2 BWGemO), Bayern (Art. 23 Nr. 4 und Nr. 5 BayGLKrWG), Hessen (§ 18 Abs. 1 S. 2 Nr. 3 und 4 HKWG), Niedersachsen (vgl. § 39 Abs. 3 S. 3 Nr. 4 b – e NKWO), Rheinland-Pfalz (§ 32 Abs. 1 Nr. 3 und Nr. 4 RhPfKWG), Sachsen (§ 15 Abs. 5 SächsKomWG), Sachsen-Anhalt (§ 32 Abs. 2 KWG LSA), Thüringen (§ 20 ThürKWG).

[46] Baden-Württemberg (§ 45 Abs. 1 BWGemO), Bayern (Art. 17, 34 Abs. 5 BayGO), Hessen (§ 39 Abs. 1 HGO), (Niedersachsen (§ 61 Abs. 1 NGO), Rheinland-Pfalz (§ 53 RhPfGemO), Sachsen (§ 48 Abs. 1 SächsGemO), Sachsen-Anhalt (§ 58 Abs. 1 GO LSA), Thüringen (§ 28 Abs. 3 ThürKO).

[47] Niedersachsen (§ 61 a NGO), Rheinland-Pfalz (§ 55 RhPfGemO), Sachsen (§ 51 Abs. 7 SächsGemO), Sachsen-Anhalt (§ 61 GO LSA), Thüringen (§ 28 Abs. 6 ThürKO).

Gemeindebürgern in ihrer Eigenschaft als Wähler verwehrt. Sicherlich kann das Wahlrecht als periodisch einsetzbare Beteiligungsform und reine Personalentscheidung kein Garant für eine bürgernahe Sachentscheidung sein. Aus diesem Grund finden sich in den Gemeindeverfassungen noch weitere Beteiligungsmöglichkeiten.

2. Bürgerbegehren und Bürgerentscheid

Alle Gemeindeverfassungen der Flächenstaaten sehen als weitere Form der unmittelbaren Beteiligung der Gemeindebürger das Bürgerbegehren und den anschließenden Bürgerentscheid vor.[48]

In Bayern bedurfte es eines Volksbegehrens, um dieser Partizipationsmöglichkeit zum Durchbruch zu verhelfen.[49] Mit Volksentscheid vom 01.10.1995 wurde das Gesetz zur Einführung des kommunalen Bürgerentscheids beschlossen und am 27.10.1995 ausgefertigt.[50] Damit wurde die Möglichkeit eines Bürgerbegehrens und eines Bürgerentscheids in die Bayerische Verfassung, Art. 7 Abs. 2 und Art. 12 Abs. 3 BV, verankert. Zu diesem Zweck wurde Art. 18 a in die Bayerische Gemeindeordnung und Art. 25 a[51] in die Bayerische Landkreisordnung eingefügt, der die Durchführung eines Bürgerbegehrens und des Bürgerentscheids auf kommunaler Ebene regelt. Mit Änderungsgesetz vom 26.03.1999[52], in Kraft getreten am 01.04.1999, reagierte der Gesetzgeber auf die Vorgaben des Bayerischen Verfassungsgerichtshofs[53], in dem er die Wirksamkeit des Bürgerentscheids davon abhängig machte, ob die Mehrheitsentscheidung von einer nach Einwohnergröße abgestuften Mindestzahl von

---

[48] Baden-Württemberg (§ 21 BWGemO), Brandenburg (§ 20 BranGO), Hessen (§ 8 b HGO), Mecklenburg-Vorpommern (§ 20 KV M-V), Niedersachsen (§ 22 b NGO), Nordrhein-Westfalen (§ 26 GO NW), Rheinland-Pfalz (§ 17 a RhPfGemO), Saarland (§ 21 a SaarlKSVG), Sachsen (§§ 24, 25 SächsGemO) Sachsen-Anhalt (§§ 25, 26 GO LSA), Schleswig-Holstein (§ 16 g SchlHGO) und Thüringen (§ 17 ThürKO); eine vergleichende Darstellung findet sich bei *Gebhardt*, Direkte Demokratie im parlamentarischen System, S. 120 f.

[49] Eine ausführliche Darstellung der Geschichte des Volksbegehrens „*Mehr Demokratie in Bayer: Bürgerentscheide in Gemeinden und Landkreisen*" findet sich bei *Knemeyer*, Bürgerbegehren und Bürgerentscheid, BayVBl. 1996, S. 545 f. und *Gebhardt*, Direkte Demokratie im parlamentarischen System, S. 102 ff.

[50] Gesetz zur Einführung des kommunalen Bürgerentscheids vom 27.10.1995 (BayGVBl. S. 730).

[51] Jetzt Art. 12 a BayLKrO auf Grund des Gesetzes zur Änderung der Gemeindeordnung und der Landkreisordnung vom 26.03.1999 (BayGVBl. S. 86).

[52] Gesetz zur Änderung der Gemeindeordnung und der Landkreisordnung vom 26.03.1999 (BayGVBl. S. 86).

[53] *BayVerfGH*, Entscheidung vom 29.08.1997, VerfGH 50, 181 ff.

Stimmberechtigten getragen wird. Man spricht von einem Abstimmungs- oder auch Zustimmungsquorum.

3. Die Mitwirkung sachkundiger Personen ohne Mandat in den Ausschüssen

Zahlreiche Gemeindeverfassungen der Bundesländer sehen vor, dass innerhalb der Ausschüsse Personen mitwirken können, die nicht Mitglieder des Gemeinderates sind. Von der Mitwirkung eines sachkundigen Bürgers spricht man, wenn die Person ohne Mandat den Status eines Gemeindebürgers hat. Dies wird in den Gemeindeverfassungen an die Wahlberechtigung zu den Kommunalwahlen gebunden.[54] Dagegen können sich sachkundige Einwohner, zum Beispiel Staatenlose oder Personen, die keine Unionsbürger sind, an den Ausschüssen beteiligen, soweit dies in der für sie geltenden Gemeindeverfassung vorgesehen ist.

Die Rechtsstellung der Personen ohne Mandat wird in den Gemeindeverfassungen unterschiedlich ausgestaltet. Mit Gewährung des vollen Stimmrechts ist den sachkundigen Bürgern oder sachkundigen Einwohnern in den Ratsausschüssen von Mecklenburg-Vorpommern[55], Nordrhein-Westfalen[56] und Rheinland-Pfalz[57] die stärkste Stellung eingeräumt. Um ihren Einfluss einzuschränken, sollen in Rheinland-Pfalz mindestens die Hälfte der Mitglieder eines Ausschusses Ratsmitglieder sein, in Nordrhein-Westfalen und Mecklenburg-Vorpommern darf die Zahl der sachkundigen Bürger die Zahl der Ratsmitglieder in den einzelnen Ausschüssen nicht erreichen.

In Thüringen[58] können neben den Ratsmitgliedern sachkundige Bürger, in Baden-Württemberg[59], Brandenburg[60], Sachsen[61] und Sachsen-Anhalt[62] sachkundige Einwohner, zu Mitgliedern der Ausschüsse berufen werden. Diesen wird aber kein Stimmrecht zugestanden, sondern nur eine beratende Funktion eingeräumt. In Niedersachen sind die sachkun-

---

[54] Vgl. etwa §§ 21 Abs. 2 NGO, 21 Abs. 2 GO NW, Art. 15 Abs. 2 BayGO.
[55] § 36 Abs. 5 S. 1 und S. 3 KV M-V.
[56] § 58 Abs. 3 S. 1 GO NW, dies gilt aber nicht für den Hauptausschuss, Finanzausschuss und Rechnungsprüfungsausschuss.
[57] § 44 Abs. 1 RhPfGemO.
[58] § 27 Abs. 5 ThürKO.
[59] §§ 40 Abs. 1 S. 1, 41 Abs. 1 S. 3 BWGemO.
[60] § 50 Abs. 7 BranGO.
[61] § 44 Abs. 2 SächsGemO.
[62] § 45 Abs. 2 GO LSA.

digen Einwohner zahlenmäßig insoweit beschränkt, als mindestens zwei Drittel der Ausschussmitglieder Ratsmitglieder sein sollen, in Baden-Württemberg, Sachsen und Sachsen-Anhalt darf ihre Zahl nicht die der Gemeinderäte erreichen.

Die Regelung in Niedersachsen[63] geht über diese Vorschriften hinaus, als sie die Berufung von *„anderen Personen"* unabhängig von deren Status in der Gemeinde zulässt. Die Personen müssen keine Gemeindeangehörigen sein; sogar die Berufung von Kindern und Jugendlichen ist möglich.[64] Ein Stimmrecht wird den Personen aber nicht zugestanden.

Vergleichbare Vorschriften über die Beteiligung von sachkundigen Bürgern oder sachkundigen Einwohnern fehlen in der Bayerischen Gemeindeordnung völlig. Der Freistaat Bayern ist der einzige Flächenstaat, der weder die Berufung von Personen ohne Mandat zu Mitgliedern eines Ausschusses noch die Hinzuziehung solcher Personen im Einzelfall geregelt hat. Das war nicht immer so. Die Bayerische Gemeindeordnung von 1945[65] sah in Art. 22 Abs.3 BayGO 1945 vor, dass der Gemeinderat zu seinen Beratungen *„jederzeit sachkundige Personen heranziehen"* kann.

Außerhalb der Bayerischen Gemeindeordnung finden sich jedoch Sondervorschriften im Zusammenhang mit der Durchführung von Bundesrecht, die Regelungen über die Beteiligung sachkundiger Personen in kommunalen Ausschüssen enthalten. Dazu zählen etwa die beratenden Mitglieder des Sozialhilfeausschusses, der in kreisfreien Gemeinden gemäß § 96 Abs. 1 S. 1 BSHG einzurichten ist. Personen ohne Mandat können nach § 71 Abs. 1 Nr. 2 SGB VIII auch stimmberechtigte Mitglieder des Jugendhilfeausschusses sein.

4. Der Bürger- oder Einwohnerantrag

Von dem Bürgerentscheid, der einem Gemeinderatsbeschluss gleichgestellt ist, muss der Bürger- oder Einwohnerantrag als Anregungsverfahren unterschieden werden. In Bayern wurde der Bürgerantrag erst durch Gesetz vom 26.03.1999[66] in die Bayerische Gemeindeordnung einge-

---

[63] § 51 Abs. 6 NGO.

[64] *Thiele*, NGO, § 51 Erläuterung 9.

[65] Bayerische Gemeindeordnung vom 18.12.1945 in *Knemeyer*, Die bayerischen Gemeindeordnungen 1808-1945, S. 243 ff.

[66] Gesetz zur Änderung der Gemeindeordnung und der Landkreisordnung vom 26.03.1999 (BayGVBl. S. 86).

führt. In den meisten anderen Gemeindeverfassungen der Flächenstaaten ist diese Antragsmöglichkeit nicht nur auf die Gemeindebürger beschränkt, sondern steht allen Gemeindeeinwohnern offen.[67] Im Gegensatz zum Bürgerentscheid vermittelt der Bürgerantrag nach Art. 18 b BayGO den Antragsstellern keine Entscheidungsbefugnis. Durch den zulässigen Bürger- oder Einwohnerantrag wird das zuständige Gemeindeorgan nur verpflichtet, die zugrunde liegende Angelegenheit innerhalb einer bestimmten Frist zu behandeln. Weitergehende Rechte, insbesondere eine Beteiligung an der sachlichen Entscheidung, werden den Antragstellern nicht gewährt. *Von Arnim* spricht daher von einer Art *„Kollektivpetition"*, die nach Art. 17 GG ohnehin gewährleistet sei.[68] In Sachsen-Anhalt können neben dem Einwohnerantrag noch *„Bürgerinitiativen"* dem Gemeinderat Vorschläge zur Behandlung gemeindlicher Fragen unterbreiten, über deren Behandlung sie informiert werden müssen.[69]

5. Die Bürger- oder Einwohnerversammlung

Im systematischen Zusammenhang mit dem Bürger- oder Einwohnerantrag steht die in den Gemeindeverfassungen der meisten Flächenstaaten vorgesehene Bürger- oder Einwohnerversammlung, die aber im Einzelnen unterschiedlich ausgestaltet ist.[70] Gemeinsam ist den Regelungen, dass die Bürger- oder Einwohnerversammlungen periodisch oder bei wichtigen Gemeindeangelegenheiten einberufen werden können, um die Bürger oder Einwohner zu informieren. In Bayern kombiniert die in Art. 18 BayGO normierte Bürgerversammlung die informatorische Versammlung der Bürger mit dem Regelungsgehalt des Bürgerantrags. Die Erörterung wichtiger Gemeindeangelegenheiten zwischen den Gemeindebürgern[71] und der Gemeindeverwaltung in der Versammlung kann in

---

[67] Einwohnerantrag in: Brandenburg (§ 19 BranGO), Mecklenburg-Vorpommern (§ 18 KV M-V), Niedersachsen (§ 22 a NGO), Nordrhein-Westfalen (§ 25 GO NW), Rheinland-Pfalz (§ 17 RhPfGemO), Saarland (§ 21 SaarlKSVG), Sachsen (§ 23 SächsGemO), Sachsen-Anhalt (§ 24 GO LSA) Bürgerantrag in: Baden-Württemberg (§ 20 b BWGemO), Thüringen (§ 16 ThürKO).

[68] *Von Arnim*, Möglichkeiten unmittelbarer Demokratie auf Gemeindeebene, DÖV 1990, S. 85 (89).

[69] § 24 a GO LSA.

[70] Bürgerversammlung in: Baden-Württemberg (§ 20 a BWGemO), Bayern (Art. 18 BayGO), Hessen (§ 8a HGO); Einwohnerversammlung in: Brandenburg (§ 17 BranGO), Rheinland-Pfalz (§ 16 RhPfGemO), Sachsen (§ 22 SächsGemO), Sachsen-Anhalt (§ 27 Abs. 1 GO LSA), Thüringen (§ 15 Abs. 1 ThürKO).

[71] Der *Bayerische Verwaltungsgerichtshof* hat einen Anspruch von Ortsfremden auf Teilnahme an einer Bürgerversammlung abgelehnt, *BayVGH*, Beschluss vom 18.12.1989, NVwZ-RR 1990, S. 210 f.

einer von der Versammlung formulierten Empfehlung münden. Der Gemeinderat ist ähnlich wie bei dem Bürgerantrag nur verpflichtet, die Empfehlung in einer bestimmten Frist zu behandeln.

Nicht zu verwechseln ist die Bürger- oder Einwohnerversammlung mit der in Art. 28 Abs. 1 S. 3 GG vorgesehenen *„Gemeindeversammlung"*, in der die Gesamtheit der Gemeindebürger an Stelle des gewählten Gemeinderats Beschlüsse fassen kann. Von dieser weitreichenden Beteiligungsmöglichkeit hat der Bayerische Gesetzgeber keinen Gebrauch gemacht. Überhaupt gibt es diese Form der Partizipation tatsächlich nur nach der schleswig-holsteinischen Gemeindeordnung für Kleinstgemeinden bis zu 70 Einwohner.[72]

6. Anhörung und Fragestunde

Mit der Fragestunde und der Anhörung wurde eine besondere Möglichkeit zur Beteiligung einzelner Personen, vor allem der Gemeindeangehörigen, geschaffen.

Eine Mehrheit der Gemeindeverfassungen der Flächenstaaten kennt die Durchführung einer Fragestunde im Rahmen einer öffentlichen Sitzung des Gemeinderats oder seiner Ausschüsse.[73] Die Bayerische Gemeindeordnung schweigt auch zu dieser Beteiligungsform. Entsprechend einer Legaldefinition in § 44 SächsGemO wird in der Fragestunde dem Einwohner in einer öffentlichen Sitzung des Gemeinderats oder seiner Ausschüsse die Möglichkeit eingeräumt, Fragen zu Gemeindeangelegenheiten zu stellen oder Anregungen oder Vorschläge zu unterbreiten. Da man aber gleichfalls Beschwerden in die Form einer Frage zu bringen vermag, kann man in der Fragestunde auch eine Art *„mündliches Petitionsrechts"* ausüben.[74] Weiterhin muss es sich aber um echte Fragen zu der konkreten Gemeindeangelegenheit handeln, die weder Feststellungen, Meinungen oder Wertungen enthalten dürfen.[75] Insbesondere

---

[72] § 54 GO SH.

[73] Baden-Württemberg (§ 33 Abs. 4 S. 1 BWGemO), Brandenburg (§ 18 Abs. 1 BranGO), Mecklenburg-Vorpommern (§ 17 Abs. 1 KV M-V), Niedersachsen (§§ 43 a, 52 Abs. NGO), Rheinland-Pfalz (§ 16 a RhPfGemO), Saarland (§ 20 a SaarlKSVG), Sachsen (§ 44 Abs. 3 SächsGemO), Sachsen-Anhalt (§ 27 Abs. 2 GO LSA).

[74] So *Ebsen*, Bürgerbeteiligung durch die Gemeindevertretung und repräsentative Demokratie, DVBl. 1984, S. 1107 (1109 f.).

[75] *Brüggen/Heckendorf*, Sächsische Gemeindeordnung Kommentar, § 44 Abs. 3, Rn. 179; *Krieger/Bromberger/Wagner* in: *Krieger/Bromberger/Eichert/Wagner*, Gemeindeordnung für den Freistaat Sachsen, § 44 Erl. 8.

darf die Fragestunde nicht in eine Diskussion über den Beratungsgegenstand ausufern.[76]

Im Rahmen der oben beschriebenen Betroffenenbeteiligung[77] können in einigen Gemeindeverfassungen der Flächenstaaten die von einem Verwaltungshandeln betroffenen Personen vor der Entscheidungsfindung *angehört* werden.[78]

Von dieser reinen Betroffenenbeteiligung entfernen sich die Regelungen in den Gemeindeverfassungen von Niedersachsen und des Saarlandes. Nach § 43 a Abs. 3 NGO wird die Anhörung auch auf alle in der öffentlichen Sitzung des Gemeinderats *„anwesenden"* Einwohner, unabhängig von ihrer Betroffenheit, erstreckt.[79] Der dazu notwendige Beschluss bedarf aber einer Mehrheit von drei Vierteln der Mitglieder des Gemeinderats oder der Mitglieder der Ausschüsse. Nach der Gemeindeverfassung des Saarlandes genügt ein einfacher Beschluss des Gemeinderats, um *„andere Personen oder Personengruppen"* die Möglichkeit einer Anhörung einzuräumen. Mit dieser weiten Formulierung können sogar Personen angehört werden, die nicht einmal den Status eines Gemeindeangehörigen besitzen.

Obwohl auf den ersten Blick die Begriffe der Anhörung und der Fragestunde deckungsgleich erscheinen, bestehen inhaltliche Unterschiede. Zum einen verfolgen beide Beteiligungsmöglichkeiten völlig unterschiedliche Ziele. Die Fragestunde dient dem Informationsbedürfnis der Gemeindeeinwohner, die sich über einzelne Gemeindeangelegenheiten mittels einer Befragung unterrichten wollen. Hingegen soll mit Hilfe der Anhörung dem Betroffenen die Möglichkeit gegeben werden, auf den Meinungs- und Willensbildungsprozess der Gemeinde Einfluss zu nehmen. Zum anderen vermitteln beide Beteiligungsmöglichkeiten ein unterschiedliches Maß an Partizipation. Ausgehend von dem Begriff der Anhörung im Sinne des § 28 Abs. 1 VwVfG müssen die Amtsträger das Vorbringen des Betroffenen zur Kenntnis nehmen und bei ihrer Entscheidung ernsthaft in Erwägung ziehen.[80] Die Anhörung verfolgt gleich-

---

[76] *Krieger/Bromberger/Wagner* in: *Krieger/Bromberger/Eichert/Wagner*, Gemeindeordnung für den Freistaat Sachsen, § 44 Erl. 8.

[77] Siehe oben B I 2.

[78] Baden-Württemberg (§ 33 Abs.4 S. 2 BWGemO), Brandenburg (§ 18 Abs. 2 BranGO), Mecklenburg- Vorpommern (§ 17 Abs. 2 KV M-V), Rheinland-Pfalz (§ 35 Abs. 2 RhPfGemO), Sachsen (§ 44 Abs. 4 SächsGemO), Saarland (§ 49 Abs. 3 SaarlKSVG).

[79] § 52 Abs. 1 i. V. mit § 43 a Abs. 3 für die Ausschüsse.

[80] *Kopp/Ramsauer*, VwVfG, § 28 Rn. 12.

zeitig einen Befriedigungseffekt, der Rechtsbehelfe entbehrlich machen soll.[81] Dagegen hat die Fragestunde vornehmlich Informationscharakter. Mit dem Unterbreiten von Anregungen oder Vorschlägen wird den Amtsträgern nur ein Denkanstoß geliefert. Eine zwingende Berücksichtigung der vorgebrachten Belange bei der Entscheidung wie bei der Anhörung wird von den Amtsträgern nicht verlangt.

Die Gemeindeverfassung von Rheinland-Pfalz ergänzt die Möglichkeit der Anhörung mit einer ausdrücklichen Befugnis, die Beratungsgegenstände mit den Angehörten auch noch zu erörtern.[82] *Ebsen* sieht darin keine weiterreichende Befugnis, da es möglich sei, den Austausch von Argumenten in die Form von Fragen und Antworten zu bringen.[83] Durch geschicktes Handeln könnte eine Erörterung des Gegenstandes bereits während der Anhörung erfolgen. Demnach wäre eine Erörterung des Beratungsgegenstandes auch ohne eigene gesetzliche Regelung möglich, soweit in der Gemeindeverfassung eine Anhörung vorgesehen ist.

Diese qualitative Gleichstellung von Anhörung und Erörterung ist sachlich nicht gerechtfertig. Für eine Erörterung ist das Erwägen zwischen Für und Wider im Rahmen einer Diskussion charakteristisch.[84] Daher ist mit dem Eintritt in eine Diskussion zwischen den gewählten Repräsentanten und der angehörten Person ist das zulässige Maß an Einflussnahme überschritten, wenn dies nicht wie in der Gemeindeverfassung von Rheinland-Pfalz vorgesehen ist.[85] Das Recht auf eine „An"-hörung befähigt die betroffene Person nur dazu, ihren Standpunkt einseitig vortragen, ohne sich gleichzeitig mit der Sicht der Gegenseite auseinanderzusetzen. Dagegen eröffnet die Möglichkeit einer Diskussion der angehörten Person ein verstärktes Maß an Einflussnahme, in dem sie die Argumentation der Gemeinde bewerten und ein Ergebnis vorgeben kann. Die Person kann durch die direkte Auseinandersetzung mit den Argumenten der Mitglieder auf diese individuell Druck ausüben und dadurch die freie Diskussion unter den Mitgliedern behindern. Aus diesen Gründen bestehen zwischen Anhörung und Erörterung qualitative Unterschiede, die nicht ohne weiteres von der Gemeinde eigenständig nivel-

---

[81] *Bonk/Kallerhoff* in: *Stelkens/Bonk/Sachs*, VwVfG, § 28 Rn. 46.
[82] § 35 Abs. 2. S. 1 Halbs. 2 RhPfGemO.
[83] *Ebsen*, Bürgerbeteiligung durch die Gemeindevertretung und repräsentative Demokratie, DVBl. 1984, S. 1107 (1109).
[84] *Duden*, Bedeutungswörterbuch, 2. Auflage, 1985.
[85] Im Ergebnis so *Brüggen/Heckendorf*, Sächsische Gemeindeordnung Kommentar, § 44 Abs. 4, Rn. 180; *Wohlfarth*, Zur Unzulässigkeit gesetzlich nicht geregelter Bürgerbeteiligungen auf Gemeindeebene, VR 1983, S. 181 (182).

liert werden können.[86] Gleichwohl soll hier nicht verkannt werden, dass es sich in der Praxis wohl häufig nicht ausschließen lässt, dass im Rahmen einer Anhörung die Schwelle zu einer Diskussion überschritten wird.

7. Die konsultative Bürger- oder Einwohnerbefragung

Unter der konsultativen Bürger- oder Einwohnerbefragung versteht man die förmliche Abstimmung der Gemeindebürger oder Gemeindeeinwohner zu einer bestimmten Sachfrage, ohne dass dies eine für den initiierenden Gemeinderat – zumindest nicht rechtlich - bindende Wirkung entfaltet.[87] Eine faktische Bindung wird sich schwerlich verneinen lassen, da der Gemeinderat nach der aufwändigen Durchführung der Befragung schwerlich von einem Votum der Gemeindeeinwohner abweichen kann, jedenfalls dann, wenn es eindeutig gewesen ist. Die Befragung ist in den Gemeindeverfassungen von Niedersachsen und vom Saarland allgemein für Angelegenheiten der Gemeinde vorgesehen.[88] In Bayern fehlt eine Vorschrift mit einem ähnlich weiten Anwendungsbereich. Lediglich im Fall der Gebiets- oder Bestandsänderung der Gemeinde soll eine Befragung unter den Gemeindebürgern durchgeführt werden, deren gemeindliche Zugehörigkeit durch die Bestandsänderung wechselt.[89] In den übrigen Gemeindeverfassungen der Länder ist die konsultative Bürger- oder Einwohnerbefragung nicht geregelt.

8. Petitionsrecht

Nach Art. 56 Abs. 3 BayGO kann sich schließlich jeder Gemeindeeinwohner mit Eingaben und Beschwerden an den Gemeinderat wenden. Einfachgesetzlich ist damit nur das ausgedrückt, was jedermann schon verfassungsrechtlich nach Art. 17 GG und Art. 117 BV zusteht. Der Vorrang der Verfassung vor dem einfachen Gesetz hat zur Konsequenz, dass auch nach der Bayerischen Gemeindeordnung nicht nur dem Gemeindeeinwohner, sondern jedermann das Petitionsrecht zusteht.[90] Der Petitionsführer hat einen einklagbaren Rechtsanspruch auf Entgegennahme, sachliche Prüfung und Beantwortung der Petition durch die zu-

---

[86] Zu dem ähnlichen Problem des unzulässigen „*mitgliedschaftsähnlichen*“ Status innerhalb eines Ausschusses oder im Gemeinderat, siehe unten C I 4 b cc.

[87] Vgl. *Ebsen*, Bürgerbeteiligung durch die Gemeindevertretung und repräsentative Demokratie, DVBl. 1984, S. 1107 (1109); *Knemeyer*, Bürgerbeteiligung und Kommunalpolitik, S. 120 f.; *Ziegler*, Bürgerbeteiligung, S. 191 ff.

[88] Bürgerbefragung in Niedersachsen (§ 22 d NGO), Einwohnerbefragung im Saarland (§ 20 b SaarlKSVG).

[89] Art. 11 Abs. 4 BayGO.

[90] *Widtmann/Grasser*, BayGO, Art. 56 Rn. 11.

ständige Stelle.[91] Vergleichbare Regelungen gibt es auch in den Gemeindeverfassungen von Brandenburg, Nordrhein-Westfalen, Niedersachen, Rheinland-Pfalz und Sachsen.[92]

9. Beteiligung von Sachverständigen

Unbeschadet der Einbeziehung sachkundiger Bürger oder Einwohner ist in einigen Gemeindeverfassungen die Beteiligung von Sachverständigen auf Gemeindeebene ausdrücklich geregelt.

Die *„Anhörung"* von Sachverständigen ist in Brandenburg[93], Mecklenburg-Vorpommern[94], Niedersachsen[95] und Rheinland-Pfalz[96] nach den jeweiligen Gemeindeverfassungen durchführbar. In Niedersachen ist nach der Gesetzeslage die Anhörung von *„anwesenden"* Sachverständigen zulässig. Mit dieser Formulierung wird aber keine Einschränkung der Anhörungsmöglichkeit verfolgt. Vielmehr dient sie der Klarstellung, dass auch die spontane Anhörung anwesender Sachverständiger möglich ist, ohne vorherige Ladung oder sonstige Voraussetzungen.[97]

Die Gemeindeverfassungen von Baden-Württemberg[98], Hessen[99], Sachsen[100], Saarland[101] und Thüringen[102] eröffnen den Gemeinden die Möglichkeit der *„Hinzuziehung"* von Sachverständigen. Die abweichende Formulierung führt zu vergleichbaren inhaltlichen Unterschieden wie bei der angesprochenen Betroffenenpartizipation.[103] Die Möglichkeit der *„Hinzuziehung"* beinhaltet zugleich das Recht der Gemeinde, den Sachverständigen gegebenenfalls anzuhören. Eine automatische Anhörung

---

[91] *BayVGH*, Beschluss vom 10.10.1979, BayVBl. 1981, S. 211; *BVerwG*, Urteil vom 28.11.1975, NJW 1976, S. 637 (638) zu Art. 17 GG.
[92] Brandenburg (§ 21 BranGO), Nordrhein-Westfalen (§ 24 GO NW), Niedersachsen (§ 22 c NGO), Rheinland-Pfalz (§ 16 b RhPfGemO), Sachsen (§ 12 SächsGemO).
[93] Für den Gemeinderat § 18 Abs. 2 BranGO.
[94] Für den Gemeinderat § 17 Abs. 2 KV M-V.
[95] Für den Gemeinderat § 43 a NGO.
[96] Für den Gemeinderat § 35 Abs. 2 S. 1 Halbs. 1 RhPfGemO, für die Ausschüsse § 35 Abs. 2 S. 1 Halbs. 1, 46 Abs. 5 S. 1 RhPfGemO.
[97] *Thiele*, NGO, § 43 a Erl. 3.
[98] Für den Gemeinderat §§ 33 Abs. 3 BWGemO; für die Ausschüsse §§ 33 Abs. 3, 39 Abs. 5 S. 1, 41 Abs. 3 BWGemO.
[99] Für die Ausschüsse § 62 Abs. 6 HGO.
[100] Für den Gemeinderat und seiner Ausschüsse § 44 Abs. 1 SächsGemO.
[101] Für den Gemeinderat und seiner Ausschüsse § 49 Abs. 1 und Abs. 2 SaarlKSVG.
[102] Für die Ausschüsse § 27 Abs. 6 ThürKO.
[103] Vgl. oben B I.

ist durch den Akt der Hinzuziehung nicht verbunden, sondern es liegt im Ermessen der Behörde, inwieweit sie die Beteiligung ausgestaltet. Ein Mitberatungsrecht oder ein Stimmrecht darf aber nicht gewährt werden.

Der Sachverständige ist von dem sachkundigen Einwohner oder sachkundigen Bürger zu unterscheiden. Die Eigenschaft als Sachverständiger muss nicht mit dem Status als Einwohner oder Bürger der Gemeinde einhergehen. Ausschlaggebend für die Heranziehung ist allein die besondere Sachkunde der Person. Der Sachverständige wird auch nicht zum sachkundigen Bürger oder Einwohner, wenn er, obwohl er Bürger oder Einwohner ist, im speziellen Fall nicht als Bürger, sondern als Sachverständiger hergezogen wird. Rechtsgrund der Heranziehung ist regelmäßig ein privatrechtlicher Werkvertrag.[104]

10. Gesetzlich geregelte Gremien unter der Beteiligung von Personen ohne Mandat

Die vorangegangen Beteiligungsformen beziehen sich überwiegend auf die Beteiligung einzelner Personen. Daneben finden sich in den Gemeindeverfassungen Ermächtigungen zur Errichtung von Gremien, die sich zumindest zum Teil aus Personen ohne Mandat zusammensetzen. Grundsätzlich lassen sich Gremien auf Gemeindeebene in zwei Kategorien aufgliedern. Einerseits solche Gremien, die Entscheidungen treffen können, andererseits die Gremien, die nur eine beratende Funktion haben.

Das wichtigste Gremium einer Gemeinde mit Entscheidungskompetenz ist ihr Gemeinderat. Er ist die Vertretung der Gemeindebürger und Verwaltungsorgan der Gemeinde. In Bayern ist eine Beteiligung von Personen ohne Mandat, abgesehen von den berufsmäßigen Gemeinderatsmitgliedern, jedenfalls gesetzlich nicht vorgesehen. Neben dem Gemeinderat sind in der Bayerischen Gemeindeordnung nur die beschließenden[105] Ausschüsse gemäß Art. 32 Abs. 2 S. 1 BayGO[106] einschließlich

---

[104] Vgl. zu Unterscheidung *Engelhardt*, Die Mitwirkung des Bürgers in der Verwaltung baden-württembergischer Großstädte, S. 28 f.

[105] Ein „*beschließendes*" Gremium ist nach der Bayerischen Gemeindeordnung ein Gremium mit Entscheidungsbefugnis. Dabei ist zu berücksichtigen, dass auch die vorberatenden Ausschüsse nach Art. 32 Abs. 1 BayGO Beschlüsse fassen können, die aber gegenüber dem Gemeinderat nicht bindend sind. Die Bezeichnungen sind daher nicht wörtlich zu nehmen, vgl. *Widtmann/Grasser*, BayGO, Art. 32 Rn. 1.

[106] In Regensburg sind dies nach Anlage 1 zur Geschäftsordnung für den Stadtrat der Stadt Regensburg folgende Ausschüsse, die zugleich meist auch vorberatend

der Sonderausschüsse als Gremien mit Entscheidungsbefugnis gesetzlich geregelt. Abgesehen von den Sonderausschüssen steht es nach Art. 32 Abs. 2 S. 1 BayGO grundsätzlich im Ermessen der Gemeinde, beschließende Ausschüsse zu bilden. Als Sonderausschüsse sind dagegen der Werkausschuss nach Art. 88 Abs. 2, Abs. 4 S. 3 BayGO, der Ferienausschuss nach Art. 32 Abs. 4 BayBO und der Rechnungsprüfungsausschuss gemäß Art. 103 Abs. 2 BayGO unter bestimmten Voraussetzungen verpflichtend einzurichten. Der Personalausschuss nach Art. 43 Abs. 1 S. 2 BayGO kann als beschließender Sonderausschuss eingerichtet werden. In den beschließenden Ausschüssen ist die Beteiligung von Personen ohne Mandat, immer abgesehen von den berufsmäßigen Gemeinderatsmitgliedern, auch nicht gesetzlich vorgesehen, da sich die Zusammensetzung ausschließlich nach Art. 33 BayBO richtet. Daneben sind in der Bayerischen Gemeindeordnung andere Gremien dieser Art nicht vorgesehen.[107] Der Bürgerentscheid ist nicht als Gremienentscheidung zu qualifizieren, da die abstimmenden Bürger kein Gremium bilden.

Außerhalb der Bayerischen Gemeindeordnung sind weitere Gremien auch unter der Beteiligung von Personen ohne Mandat vorgesehen. Beispielsweise ist in kreisfreien Städten ein beschließender Jugendhilfeausschuss nach §§ 69 ff. SGB VIII sowie ein beschließender Sozialhilfeausschuss nach §§ 96 Abs. 1 S. 1 BSHG einzurichten.[108] Dabei können auch Personen ohne Mandat, die aber vom Gemeinderat bestellt werden, nach § 71 Abs. 1 Nr. 2 SGB VIII stimmberechtigte Mitglieder in diesem Jugendhilfeausschuss werden. Das Baugesetzbuch sieht die Bildung eines Umlegungsausschusses nach § 46 Abs. 2 Nr. 1 BauGB und eines Gutachterausschusses nach den §§ 192 ff. BauGB vor. Dies ist aber kein kommunaler Ausschuss im Sinne des Art. 32 BayGO.[109] Im

---

tätig sind: Verwaltungs- und Finanzausschuss, Personalausschuss, Planungsausschuss, Umweltausschuss, Ausschuss für Wirtschaft und Fremdenverkehr, Grundstücksausschuss, Bau- und Vergabeausschuss, Kulturausschuss, Schulausschuss, Sportausschuss, Allgemeiner Stiftungsausschuss, Stiftungsausschuss für die Evangelische Wohltätigkeitsstiftung in Regensburg, Ferienausschuss.

[107] In diesem Zusammenhang sind noch die Bezirksausschüsse nach Art. 60 Abs. 2 BayGO zu erwähnen, die aber keine Ausschüsse im Sinne des Art. 32 BayGO sind. Sie sind nach demokratischen Grundsätzen gebildete Vertretungsgremien, die neben der Erledigung der ihnen übertragenen Verwaltungsangelegenheiten als Forum für die Erörterung kommunaler Probleme des jeweiligen Stadtbezirks dienen.

[108] Siehe zu den Ausschüssen nach Spezialgesetzen, *Streinz*, Die Rechtsstellung der Mitglieder kommunaler Ausschüsse in Bayern, BayVBl. 1983, S. 705 (706).

[109] *Streinz*, Die Rechtsstellung der Mitglieder kommunaler Ausschüsse in Bayern, BayVBl. 1983, S. 705 (706).

Zuge der Umwandlung der kommunalen Einrichtungen in privatrechtliche Gesellschaften wurde bei diesen neuen Rechtsträgern die Bildung neuer kollegialer Gremien notwendig. Diese setzen sich meist aus dem Oberbürgermeister und einigen Gemeinderatsmitgliedern zusammen.[110]

Als beratende Gremien sind in der Bayerischen Gemeindeordnung die Bildung von beratenden Ausschüssen nach Art. 32 Abs. 1 S. 1 BayGO in das Ermessen der Gemeinde gestellt. Eine Mitgliedschaft oder eine Beteiligung von Personen ohne Mandat ist, abgesehen von den berufsmäßigen Mitgliedern der Ausschüsse, gleichfalls gesetzlich nicht geregelt. Andere Vorschriften über die Einrichtung sonstiger beratender Gremien unter der Beteiligung von Personen ohne Mandat gibt es in der Bayerischen Gemeindeordnung nicht. Weitergehende Gesetzesentwürfe mit dem Ziel, die Bayerische Gemeindeordnung dahingehend zu ergänzen, dass beratende Beiräte unter der Beteiligung von Personen ohne Mandat, insbesondere Seniorenbeiräte, gebildet werden können oder müssen, wurden nicht verwirklicht. Die in den Bayerischen Landtag eingebrachten entsprechenden Anträge der Fraktionen Bündnis 90/DIE GRÜNEN[111] und der SPD[112] waren erfolglos.[113] Begründet wurde die Ablehnung der Anträge damit, dass eine verbindliche Vorgabe des Gesetzgebers für die Schaffung von Beiräten der kommunalen Selbstverwaltung zuwiderlaufe und die Einrichtung neuer Gremien dem Bestreben nach Deregulierung und Verschlankung des Staates entgegenstehe.[114]

Außerhalb der Bayerischen Gemeindeordnung sind weitere beratende Gremien vorgesehen. Die kreisfreien Städte müssen etwa in ihrer Funktion als untere Naturschutzbehörde einen Naturschutzbeirat nach Art. 41 BayNatSchG einrichten, der sie wissenschaftlich und fachlich berät.

Dagegen ist die Einrichtung von sonstigen beratenden Gremien in einigen landesrechtlichen Gemeindeverfassungen ausdrücklich geregelt. Zu nennen ist insbesondere die Schaffung eines Ausländerbeirates, der die

---

[110] Beispielsweise der Aufsichtsrat der Stadtbau GmbH, der sich aus dem Oberbürgermeister als Vorsitzenden und acht weiteren Mitgliedern des Stadtrats zusammensetzt.

[111] Antrag vom 22.12.1994 (LT-Drs. 13/229).

[112] Antrag vom 01.06.1995 (LT-Drs. 13/1867).

[113] Vgl. dazu die Diskussion während der Sitzung des Bayerischen Landtages am 31.01.1996 (Plenarprotokoll 13/39 S. 2763).

[114] Vgl. dazu die Rede des Abgeordneten *Kreidl* (CSU), anlässlich der Sitzung des Bayerischen Landtages am 31.10.1996, bei der er plakativ formulierte: „*Schlanker Staat entsteht nicht durch Schaffung neuer Gremien*", siehe Plenarprotokoll 13/39 S. 2763 (2764 f.).

Integration der ausländischen Einwohner einer Gemeinde fördern soll.[115] Der Ausländerbeirat soll „*die Organe der Gemeinde in allen Angelegenheiten, die ausländische Einwohner betreffen*“ beraten.[116]

Mit § 47 SächsGemO enthält die Sächsische Gemeindeordnung eine umfassende Generalklausel über die Bildung von Gremien. In der mit der Überschrift „*Sonstige Beiräte*“ versehene Vorschrift wird bestimmt: „*Durch die Hauptsatzung können sonstige Beiräte gebildet werden, denen Mitglieder des Gemeinderats und sachkundige Einwohner angehören. Sie unterstützen den Gemeinderat und die Gemeindeverwaltung bei der Erfüllung ihrer Aufgaben*“.

In Schleswig-Holstein sieht § 47 d SchlHGO die Bildung von sonstigen Beiräten vor: „*Die Gemeinde kann durch Satzung die Bildung von Beiräten für gesellschaftlich bedeutsame Gruppen vorsehen.*“ Durch Satzung kann der Gemeinderat nach § 47 e Abs. 2 Nr. 1 SchlHGO bestimmen, dass der Beirat Anträge an die Gemeindevertretung und die Ausschüsse in Angelegenheiten stellen kann, welche die von ihm vertretene gesellschaftlich bedeutsame Gruppe betreffen. Ferner kann durch Satzung geregelt werden, dass der Vorsitzende des Beirates nach dessen Beschlussfassung an den Sitzungen der Gemeindevertretung und der Ausschüsse in Angelegenheiten, welche die von ihm vertretenen gesellschaftlich bedeutsamen Gruppen betreffen, teilnehmen, das Wort verlangen und Anträge stellen kann.

Hessen sieht als einziges Land nach § 72 HGO die Schaffung von besonderen Kommissionen vor.[117] Dabei ist zu berücksichtigen, dass in Hessen die Verwaltung durch ein Kollegialorgan, den Magistrat, geleitet wird, dessen Vorsitzender und Mitglied der urgewählte Bürgermeister ist.[118] Der Gemeindevorstand kann die Kommissionen zur dauernden Verwaltung oder Beaufsichtigung einzelner Geschäftsbereiche sowie zur Erledigung vorübergehender Aufträge bilden. Die Kommissionen setzen sich aus dem Bürgermeister, Mitgliedern des Gemeindevorstands, Mitgliedern der Gemeindevertretung sowie gegebenenfalls sachkundigen

---

[115] Vgl. § 84 HGO nach dem für Gemeinden mit mehr als 1000 gemeldeten Einwohner die Einrichtung zwingend vorgesehen ist; obligatorische Einrichtung auch nach § 27 GO NW und § 46 a RhPfGO; dagegen fakultative Einrichtung nach § 25 BranGO, § 26 Abs. 4 ThürKO und § 50 SaarlKSVG.
[116] Vgl. etwa § 88 Abs. 1 S. 2 HGO.
[117] Ausführlich dazu *Körner*, Ausschüsse, Kommissionen und Deputationen, in: *Püttner*, HdbKWP, Bd. 2, S. 129 (141 f.); *Schäfer*, Auswirkungen erweiterter Bürgerbeteiligung, S. 163 ff.
[118] *Knemeyer*, Kommunalrecht, Rn. 293.

Einwohnern zusammen. Die Kommissionen sind allein Hilfsorgane der Gemeindeverwaltung, nicht der Gemeindevertretung.[119]

III. Die Einordnung des Beirates für Stadtgestaltung in die gefundene Systematik

1. Die Beteiligung von Gemeindeangehörigen und die Sachverständigenbeteiligung

Die vorgefundenen Vorschriften über die Beteiligung von Personen ohne Mandat lassen sich in die beiden Bereiche Beteiligung von Gemeindeangehörigen und Sachverständigenbeteiligung einteilen. Jedoch ist eine klare Trennung zwischen den Bereichen nicht immer möglich, da die Grenze fließend ist.

Der überwiegende Teil der Regelungen verfolgt den Zweck, den Gemeindeangehörigen Mitwirkungsmöglichkeiten einzuräumen, die über das Wahlrecht hinausgehen. Damit sollen die Interessen der Gemeindeangehörigen besser berücksichtigt werden. Die Gemeindeangehörigen können durch den Bürger- oder Einwohnerantrag eine Diskussion über bestimmte Themen anstoßen. Weiter geht das Bürgerbegehren, das in einem Bürgerentscheid münden kann, welcher einem Gemeinderatsbeschluss gleichsteht. Die Fragestunden dienen dem Informationsbedürfnis der Gemeindeangehörigen. Dagegen können sie mit Hilfe einer Anhörung der Verwaltung ihren Standpunkt vermitteln. Schließlich dient das Petitionsrecht der Durchsetzung eigener Rechte und Interessen.

Auf der anderen Seite finden sich Vorschriften, die vor allem dem Informationsbedürfnis des Gemeinderats mit seinen Ausschüssen sowie dem der Verwaltung dienen. Die Berufung sachkundiger Personen in die Ausschüsse eröffnet deren Mitgliedern die Möglichkeit, sich den Sachverstand von Personen ohne Mandat nutzbar zu machen. Dies kann auch durch die Beteiligung von Sachverständigen geschehen. Einige Gemeindeverfassungen sehen diese Form der Beteiligung ausdrücklich vor und haben sie getrennt von der Bürger- und Einwohnerbeteiligung geregelt. Diese Regelungen verfolgen das Ziel, den Entscheidungsträgern den notwendigen Sachverstand zu vermitteln, um eine sachgerechte Entscheidung zu vermitteln. Die Verwaltung ist verpflichtet, ein bestehendes kognitives Defizit durch Einholung sachverständigen Rates ausgleichen.

---

[119] *Körner*, Ausschüsse, Kommissionen und Deputationen, in: *Püttner*, HdbKWP, Bd. 2, S. 129 (141 f.).

Diese beiden Bereiche, Beteiligung der Gemeindeangehörigen einerseits und die Einholung sachverständigen Rates andererseits, sind allerdings nicht strikt zu trennen. Letztlich kann die Beteiligung der Gemeindeangehörigen gleichfalls dem Ziel dienen, eine sachgerechte Entscheidung zu erreichen, im dem die Interessen der Gemeindeangehörigen schon im Vorfeld der Entscheidung offen gelegt werden. Jedoch müssen die Interessen der Gemeindeangehörigen nicht immer sachgerecht sein. Im Gegensatz dazu vermittelt ein neutraler Sachverständiger oder eine sachkundige Person regelmäßig sachnähere Information ohne vergleichbaren subjektiven Einschlag.

Die gesetzlich vorgesehenen Gremien lassen sich gleichfalls in die beiden genannten Gruppen einordnen. Es sind Gremien als eine Form der Beteiligung der in der Gemeinde lebenden Personen wie auch als Fachgremien unter der Beteiligung von Sachverständigen möglich, obwohl es auch hier zu Überschneidungen kommt.

Ein gesetzlich vorgesehener Ausländerbeirat etwa dient der Repräsentation der ausländischen Einwohner der Gemeinde. Auch sollen sich in den Beiräten nach § 47 d SchlHGO die gesellschaftlich bedeutsamen Gruppen der Gemeinde widerspiegeln. Andererseits setzt sich ein Ausschuss nach Art. 32 BayGO aus möglichst sachverständigen Personen zusammen oder Mitglieder der nach § 47 SächsGemO gebildeten Beiräte sollen Mitglieder des Gemeinderats und *sachkundigen* Einwohner sein.

Ausgehend von der vorgenommenen Einteilung lässt sich der Gestaltungsbeirat als ein Gremium einordnen, das ausschließlich dem Informationsbedürfnis der Ausschüsse und der Stadtverwaltung dient. Auf die Beteiligung von Gemeindeangehörigen wurden bewusst verzichtet. Die Mitglieder des Gremiums dürfen nach § 2 Abs. 3 S. 4 und 5 Geschäftsordnung des Beirates weder ihren Wohn- oder Arbeitsplatz in den Regierungsbezirken Oberpfalz und Niederbayern haben noch dürfen sie zwei Jahre vor und ein Jahr nach ihrer Beiratstätigkeit in Regensburg planen und bauen. Anders als der allgemein gefasste Aufgabenbereich eines Ausländerbeirates bezieht sich der Tätigkeitsbereich des Gestaltungsbeirates allein auf die Prüfung der gestalterischen Aspekte eines Bauvorhabens. Der Gestaltungsbeirat hat nach § 1 Geschäftsordnung des Beirates die Aufgabe, die ihm vorgelegten Vorhaben im Hinblick auf städtebauliche, architektonische und gestalterische Qualitäten zu überprüfen und zu beurteilen. Der Gestaltungsbeirat dient nicht der erweiterten Mitwirkung der Gemeindebürger, sondern soll als dauerhaftes Sachverständigengremium[120] zur Verbesserung des Stadtbildes beitragen.

2. Der Umfang der Mitwirkung

Die bestehenden Beteiligungsrechte geben den Personen ohne Mandat die Möglichkeit, sich im Einzelfall für einen Beratungsgegenstand Gehör zu verschaffen. Eine dauerhafte Stellung in der Gemeindeverwaltung erreichen die Personen ohne Mandat nur ausnahmsweise. Allein als sachkundige Person in einem Ausschuss erlangt die Person ohne Mandat einen gefestigten Status. Ferner beziehen sich die Beteiligungsformen fast ausschließlich auf Gemeindeangehörige. Sie dienen vornehmlich den eingangs beschriebenen Zielen, wie etwa die Politikverdrossenheit zu verhindern und bürgernahe Entscheidungen zu ermöglichen. Es finden sich nur vereinzelt Vorschriften, die auch die Beteiligung ortsfremder Personen zulassen. Die geringe Beteiligung der Gemeindeangehörigen an den Entscheidungen in der Gemeinde zeigt, dass alle Gemeindeverfassungen fest auf dem Boden der repräsentativen Demokratie stehen. Daher beschränken sich die Beteiligungsmöglichkeiten vor allem auf die Beratung und Anhörung.

Die Beteiligung von Sachverständigen ist nach den bestehenden Vorschriften nur auf den Einzelfall beschränkt. Dauerhafte Fachgremien, die sich ausschließlich aus Sachverständigen zusammensetzen, sind in den Gemeindeverfassungen nicht vorgesehen. Die Beiräte, die auf Grundlage der allgemeinen Regelungen in Sachsen und Schleswig-Holstein, gebildet werden können, dürfen sich nur aus Gemeindeangehörigen und Mitgliedern des Gemeinderats zusammensetzen. Ein reines Fachgremium aus ortsfremden Sachverständigen kann nach diesen Generalklauseln nicht gebildet werden. Die in den Gemeindordnungen von Sachsen und Schleswig-Holstein vorgesehenen Ermächtigungen für die Bildung *„Sonstiger Beiräte"* unterscheiden sich dabei klar. Nach § 47 SächsGemO dürfen diesen Beiräten nur *„Mitglieder des Gemeinderats und sachkundige Einwohner"* angehören. Die Bildung eines Beirates ausschließlich aus Personen ohne Mandat ist nicht möglich. Die Gemeindeordnung von Schleswig-Holstein lässt nach § 47 d dagegen die Bildung von Beiräten *„für gesellschaftlich bedeutsame Gruppen"* ohne die Beteiligung von Mitgliedern des Gemeinderats zu.

---

[120] Vorbemerkungen zur Geschäftsordnung des Beirates für Stadtgestaltung der Stadt Regensburg, Quelle: Zwischenbericht des Gestaltungsbeirates 1998-2001, S. 51.

Danach ist der Gestaltungsbeirat aufgrund seiner Beteiligungsrechte und seiner Zusammensetzung ein Sonderfall. Die Gemeindeverfassungen lassen nur in Ausnahmefällen die Beteiligung von Personen ohne Mandat zu. Ein mit dem Gestaltungsbeirat vergleichbares Gremium ist in keiner Gemeindeverfassung vorgesehen. Der Umfang der Beteiligung von Personen ohne Mandat beschränkt sich vor allem auf die einmalige Anhörung oder Beratung. Dagegen wird der Gestaltungsbeirat als dauerhaftes Gremium in den Prüfungsprozess von Bauvorhaben verankert. Dadurch gewinnt das Gremium eine außergewöhnliche Stellung. Ausgehend von dieser Sonderstellung ist zu untersuchen, woher der Gestaltungsbeirat seine Legitimation erhält.

3. Gang der folgenden Untersuchung

Die vorangegangene Systematisierung gibt den Weg dieser Untersuchung vor. Zunächst wird auf die Beteiligung von Personen ohne Mandat, insbesondere von Gemeindeangehörigen, ohne ausdrückliche einfachgesetzliche Ermächtigung eingegangen. Dabei wird untersucht, inwieweit die aus dem Selbstverwaltungsrecht folgende *Organisationshoheit* der Gemeinde als Grundlage für die Beteiligung von Personen ohne Mandat herangezogen werden kann (C I. und II.). Das Ergebnis wird auf die Tätigkeit des Gestaltungsbeirates übertragen (C. III). Im Anschluss daran wird der Schwerpunkt der Untersuchung auf die Gemeinde als Verwaltungsbehörde mit dem Interesse an einer sachgerechten Entscheidung verlagert. Es soll aufgezeigt werden, inwieweit die Beteiligung von Personen ohne Mandat im Hinblick auf die *Pflicht zur sachgerechten Entscheidung* möglich oder sogar notwendig ist (D.). Dabei wird geprüft, inwieweit sich die Einrichtung des Gestaltungsbeirates auf das mit dieser Pflicht zusammenhängende Recht der Gemeinde auf sachverständige Beratung stützen kann (D. V). In manchen Gesetzen hat dieses Recht ausdrücklich seinen Niederschlag gefunden, so in Art. 60 Abs. 4 BayBO, der den Bauaufsichtsbehörden die Möglichkeit einräumt, zur Erfüllung ihrer Aufgaben und Befugnisse Sachverständige und sachverständige Stellen heranzuziehen. Daher wird geprüft, ob Art. 60 Abs. 4 BayBO als Rechtsgrundlage für die Errichtung des Gestaltungsbeirates dienen kann (E.).

C. Die Beteiligung von Personen ohne Mandat kraft Organisationshoheit

I. Die Beteiligung von Einzelpersonen ohne Mandat kraft Organisationshoheit

1. Die Organisationshoheit als Legitimationsgrund

Das Fehlen einer ausdrücklichen Regelung in der Bayerischen Gemeindeordnung über die Beteiligung von Personen ohne Mandat bedeutet nicht, dass solche Formen der Beteiligung von vornherein unzulässig sind. Die Gemeinde kann im Rahmen ihrer Organisationshoheit Entscheidungen ohne ausdrückliche gesetzliche Grundlage treffen. Dazu könnte die Beteiligung von Personen ohne Mandat gehören.

Die Gemeinden haben nach Art. 28 Abs. 2 S. 1 GG das Recht, „*alle Angelegenheiten der örtlichen Gemeinschaft im Rahmen der Gesetze in eigener Verantwortung zu regeln*". Die entsprechende Vorschrift in der Bayerischen Verfassung variiert im Wortlaut. So legt Art. 11 Abs. 2 S. 2 BV[121] fest, dass die Gemeinden das Recht haben, „*ihre Angelegenheiten im Rahmen der Gesetzes selbst zu ordnen und zu verwalten, insbesondere ihre Bürgermeister und Vertretungskörperschaft zu wählen.*" Sachlich in Einklang mit Art. 28 Abs. 2 S. 1 GG, aber abweichend zu Art. 11 Abs. 2 S. 2 BV, spricht Art. 1 BayGO von dem Recht, die „*örtlichen Angelegenheiten*" im Rahmen der Gesetze zu ordnen und zu verwalten.[122] Mit „*ihren*" Angelegenheiten sind in Art. 11 Abs. 2 S. 2 BV auch die „*örtlichen*" Angelegenheiten gemeint. Dies lässt ein Blick auf Art. 83 Abs. 1 BV zu, der bei der Beschreibung der Angelegenheiten des eigenen Wirkungskreises mehrmals den örtlichen Bezug herstellt, etwa wenn von „*örtliche Polizei*" die Rede ist.[123] Der Bayerische Verfassungsgerichtshof geht bei der Interpretation des Selbstverwaltungsrechts über den Charakter einer institutionellen Garantie hinaus und erkennt das Selbstverwaltungsrecht aus Art. 11 Abs. 2 S. 2 BV als grundrechtsähnliches Recht an.[124] Die verfassungsrechtliche Gewährleistung der eigenverantwortlichen Regelung der örtlichen Angelegenheiten wird durch ein Bündel von Gemeindehoheiten gekennzeichnet. Darunter fallen die Gebietshoheit,

---

[121] Vgl. dazu auch Art. 1 Abs. 1 S. 1 BayGO.
[122] *Widtmann/Grasser*, BayGO, Art. 1 Rn. 5.
[123] *Widtmann/Grasser*, BayGO, Art. 1 Rn. 4.
[124] *BayVerfGH*, Entscheidung vom 23.12.1957, VerfGH 10, 113 (121); *BayVerfGH*, Entscheidung vom 26.02.1971, VerfGH 24, 48 (52).

die Organisationshoheit, die Kooperationshoheit, die Personalhoheit, die Finanzhoheit, die Planungshoheit, die Rechtsetzungshoheit und die Abgabenhoheit.[125] Die gemeindliche Organisationshoheit, auch Organisationsautonomie genannt, ist das *„Kernstück der gemeindlichen Selbstverwaltung"*[126]. So wird die Erfüllung der Verwaltungsaufgaben erst durch die Einrichtung eines Verwaltungsapparates ermöglicht.

Die Organisationshoheit wird als Teil des Selbstverwaltungsrechts häufig allein auf Art. 28 Abs. 2 GG gestützt.[127] Dagegen differenziert vor allem *Schmidt-Jortzig*[128], der die Organisationshoheit nicht allein aus Art. 28 Abs. 2 GG ableitet, sondern zwischen konstitutiver und translativer Organisationshoheit unterscheidet. Die konstitutive Organisationshoheit, welche sich unmittelbar aus der Verfassung ableitet, gewährt den Gemeinden das Recht, ihre eigenständige, handlungsfähige Grundexistenz unter prinzipiellem Ausschluss staatlicher Einwirkung zu betreuen.[129] Unter die Organisationsbefugnisse, die sich allein aus der Existenz der Gemeinde als vom Staate anerkannte öffentlich-rechtliche Körperschaften ableiten, fallen etwa die Dienstherreneigenschaft und die Vermögensträgerschaft.[130] Daneben können die Gemeinden die vom Gesetzgeber vorgegebene Kommunalverfassung selbst ausfüllen und weiterbilden, soweit die Gesetze dies offen oder verdeckt zulassen. Da der Gesetzgeber den Gemeinden durch einfaches Recht die Organisationshoheit überlässt, nennt *Schmidt-Jortzig* sie *„translative"* Organisationshoheit.[131] Kraft dieser translativen Organisationshoheit haben die Gemeinden das Recht zur Selbstorganisation, aber nur insoweit, als ihnen der Gesetzgeber durch seine Kommunalverfassung Raum lässt. Jedenfalls sind die Gemeinden nicht befugt, sich ihre innere Verfassung selbst zu geben.[132]

---

[125] *Tettinger* in *von Mangoldt/Klein/Stark*, GG II, Art. 28 Rn. 179 ff., vgl. *BVerfG*, Urteil vom 24.07.1979, BVerfGE 52, 95 (117), das aber nur von Gebietshoheit, Organisationshoheit, Satzungshoheit, Personalhoheit und Finanzhoheit spricht.

[126] *BayVerfGH*, Urteil 24.06.1966, VerfGH 19, 105 (108).

[127] *BVerfG*, Urteil vom 10.12.1974, BVerfGE 38, 258 (278); *Stern*, Das Staatsrecht der BRD, Bd. I, § 12 II 4 (S. 413 f).

[128] Zustimmend *Willamowski*, Zur Verteilung der innergemeindlichen Organisationsgewalt in Nordrhein-Westfalen, S. 82.

[129] *Schmidt-Jortzig*, Kommunale Organisationshoheit, S. 161 ff., S. 287.

[130] *Schmidt-Jortzig*, Kommunale Organisationshoheit, S. 167.

[131] *Schmidt-Jortzig*, Kommunale Organisationshoheit, S. 219 ff., S. 287.

[132] *Willamowski*, Zur Verteilung der innergemeindlichen Organisationsgewalt in Nordrhein-Westfalen, S. 95.

Unklar ist der Umfang der Organisationshoheit. Orientiert man sich eng an dem Wortlaut des Art. 28 Abs. 2 S. 1 GG, können die Gemeinden in eigener Verantwortung nur die Angelegenheiten der örtlichen Gemeinschaft regeln. Zu diesen Angelegenheiten zählen nicht die Aufgaben des übertragenen Wirkungskreises,[133] die auch als Auftragsangelegenheiten bezeichnet werden.[134] Dies bedeutet aber nicht, dass die gemeindliche Organisationsautonomie nur hinsichtlich der Angelegenheiten der örtlichen Gemeinschaft gewährleistet wird.[135] Vielmehr ist zwischen inhaltlicher und organisatorischer Autonomie der Gemeinde zu unterscheiden.[136] Die Organisationshoheit besitzt einen von den materiellen Selbstverwaltungsaufgaben losgelösten Stellenwert.[137] Die inhaltliche Autonomie der Gemeinde, ihr von der Selbstverwaltungsgarantie geschützter Aufgabenkreis, ist auf die Angelegenheiten der örtlichen Gemeinschaft beschränkt. Dagegen geht die organisatorische Autonomie darüber hinaus, in dem sie die gesamte Verwaltung, einschließlich der Organisation übertragener Aufgaben, umfasst.[138] Dies ist nötig, um eine Aushöhlung des kommunalen Selbstverwaltungsrechts über eine weitreichende Aufgabenzuweisung zu verhindern.[139] Schließlich hat jede Aufgabenzuweisung durch die Bindung von Personal und Finanzmittel unmittelbaren Einfluss auf die Verwaltung der eigenen Sachaufgaben.

Die Organisationshoheit als Teil des Selbstverwaltungsrechts der Gemeinden besteht nicht uneingeschränkt. Die Reichweite der Organisationshoheit steht unter dem Einfluss unterschiedlicher Gesetzesvorbehalte und den Vorgaben aus der Verfassung selbst. Im Hinblick auf den rechtsstaatlichen Vorbehalt des Gesetzes und den Parlamentsvorbehalt ist denkbar, dass eine Organisationsentscheidung der Gemeinde ohne spezielle gesetzliche Ermächtigung unzulässig ist. Die Bayerische Verfassung hat mit Art. 77 Abs. 1 BV bestimmte Organisationsentscheidungen ausschließlich dem formellen Gesetzgeber überantwortet. Schließ-

---

[133] *BVerfG*, Beschluss vom 21.06.1988, BVerfGE 78, 331 (341); *BVerfG*, Beschluss vom 07.02.1991, BVerfGE 83, 363 (382).
[134] *Widtmann/Grasser*, BayGO, Art. 8 Rn. 1.
[135] So aber *BayVerfGH*, Entscheidung vom 02.03.1978, VerfGH 31, 44 (59).
[136] *BVerfG*, Beschluss vom 07.02.1991, BVerfGE 83, 363 (382).
[137] *Von Mutius*, Das Selbstverwaltungsrecht der Gemeinden und Gemeindeverbände, Jura 1982, S. 28 (33 f.); *Schmidt-Jortzig*, Gemeinde- und Kreisaufgaben, DÖV 1993, S. 973 (977).
[138] *BVerfG*, Beschluss vom 07.02.1991, BVerfGE 83, 363 (382); *Lissak*, Bayerisches Kommunalrecht, § 1 Rn. 81; *Dreier* in *Dreier*, GG, Bd. 2, Art. 28 Rn. 124; *Löwer* in *von Münch/Kunig*, GGK II, Art.28 Rn. 70.
[139] *Von Mutius*, Das Selbstverwaltungsrecht der Gemeinden und Gemeindeverbände, Jura 1982, S. 28 (34).

lich muss selbst nach der verfassungs-rechtlichen Vorschrift des Art. 28 Abs. 2 GG den Gemeinden nur das Recht gewährleistet sein, alle Angelegenheiten der örtlichen Gemeinschaft *„im Rahmen der Gesetze"* in eigener Verantwortung zu regeln.

2. Verfassungsrechtliche Vorgaben

Das Grundgesetz enthält bezüglich der Organisation der Kommunen verbindliche Vorgaben, die die Organisationsgewalt des Landes- und Bundesgesetzgebers sowie die der Kommunen begrenzen. Nach Art. 28 Abs. 1 S. 2 GG muss das Volk in den Gemeinden *„eine Vertretung haben, die aus allgemeinen, unmittelbaren, freien, gleichen und geheimen Wahlen hervorgegangen ist."* Die Verpflichtung ist dabei an die Länder als Landesgesetzgeber gerichtet.[140] Mit der Verpflichtung zur Schaffung einer dauerhaften Vertretung des Volkes wird die Kommunalverwaltung auf die Basis der repräsentativen Demokratie gestellt.[141] Den Ländern steht bei der Ausgestaltung der Vertretung ein gewisser Freiraum zu. Als Mindestanforderung muss die Vertretung, also der Gemeinderat, unmittelbar gewählt werden.[142] Darüber hinaus hat das Grundgesetz in Art. 28 Abs. 2 die eigenständige Existenz der Gemeinden in Form rechtsfähiger öffentlich-rechtlicher Körperschaften festgelegt.[143] Die Bayerische Verfassung bestätigt in Art. 11 Abs. 2 S. 1 BV ausdrücklich, dass die Gemeinden *„ursprüngliche Gebietskörperschaften des öffentlichen Rechts"* sind. Von dieser Rechtsform dürfen der Landesgesetzgeber sowie die Kommunen nicht abweichen. Demnach steht der Kommune keine Verfassungsautonomie zu.[144] Über diese Eigenschaft verfügen ausschließlich der Bund und die Länder, dagegen üben die Kommunen nur abgeleitete Staatsgewalt in Form von Verwaltung aus.[145] Die in Art. 11 Abs. 2 S. 1 BV und Art. 1 BayGO verwendete Formulierung der Gemeinden als *„ursprüngliche"* Gebietskörperschaften kann nicht dahingehend interpretiert werden, dass die Gemeinden eine vorstaatliche Natur besitzen, da sie älter als der Staat seien.[146] Erst der Staat hat den Gemeinden ihre Eigenschaft als Gebietskörperschaften verliehen.[147]

---

[140] *Rennert* in *Umbach/Clemens,* GG I, Art. 28 Rn. 32 und 13.
[141] *Rennert* in *Umbach/Clemens,* GG I, Art. 28 Rn. 42.
[142] *BVerfG*, Beschluss vom 15.02.1978, BVerfGE 47, 253 (275).
[143] *Schmidt-Jortzig*, Kommunalrecht, Rn. 43 ff.
[144] *Waechter*, Kommunalrecht, Rn. 92 a.
[145] Vgl. *VG Schleswig*, Urteil vom 20.09.1985, NVwZ 1986, S. 1052 f (1053).
[146] So aber noch die ältere Rechtsprechung des *Bayerischen Verfassungsgerichtshofs*, vgl. *BayVerfGH*, Entscheidung vom 21.11.1949, VerfGH 2, 143 (163); *BayVerfGH*, Entscheidung vom 27.11.1954, VerfGH 7, 113 (118); ablehnend dagegen: *BVerfG*, Urteil vom 31.10.1990, BVerfGE 83, 37 (53 f.); *Dreier* in: *Dreier*, GG, Bd. 2,

3. Die Organisationshoheit und die Gesetzesvorbehalte

a. Die Typologie der Gesetzesvorbehalte

Die Begriffe Vorbehalt des Gesetzes, Parlamentsvorbehalt und Rechtssatzvorbehalt werden nicht immer einheitlich verwendet. Für diese Untersuchung sollen folgende Definitionen maßgebend sein.[148]

Der allgemeine Vorbehalt des Gesetzes bedeutet, dass die unter diesen Vorbehalt fallenden staatlichen Maßnahmen nur dann rechtmäßig sind, wenn ein Gesetz die Verwaltung dazu ermächtigt. Anders ausgedrückt, geht es darum, was die Exekutive selbst regeln darf und wozu sie eine gesetzliche Ermächtigung braucht.[149] Nach diesem Verständnis ist unter Gesetz allein das formelle, im förmlichen Gesetzgebungsverfahren vom Parlament erlassene Gesetz zu verstehen.[150] Trotz der ernormen Bedeutung dieses Prinzips wird es im Grundgesetz nicht ausdrücklich genannt. Anders hingegen in der Bayerischen Verfassung, in der Art. 70 Abs. 1 BV normiert: *„Die für alle verbindlichen Gebote und Verbote bedürfen der Gesetzesform“*. Danach schreibt die Verfassung vor, dass der Erlass von belastenden Rechtsvorschriften grundsätzlich der Legislative vorbehalten ist.[151]

Nach dem klassischen Vorbehalt des Gesetzes müssen sich alle *„Eingriffe in Freiheit und Eigentum“* auf eine formelle gesetzliche Ermächtigung zurückführen lassen, dürfen also nur durch Gesetz oder aufgrund eines Gesetzes erfolgen.[152] Dieser Vorbehalt des Gesetzes fand seine

---

Art. 28 Rn. 79; *Forsthoff*, Verwaltungsrecht, Bd. 1, § 25 S. 478; *Madejczyk*, Das Selbstverwaltungsrecht der bayerischen kreisangehörigen Gemeinden, S. 51; *Schmidt-Jortzig*, Kommunalrecht, Rn. 3 ff.

[147] *Schmidt-Jortzig* spricht von einer *Anerkennung*, da die Gemeinden zumindest als Gebilde vor dem Staat bestanden und nicht geschaffen werden mussten, obwohl auch er eine rechtliche Vorstaatlichkeit verneint, *Schmidt-Jortzig*, Kommunalrecht, Rn. 20.

[148] Diese Typologie orientiert sich an der ausführlichen Darstellung von *Ossenbühl* in: HdbStR, Bd. III, § 62 Rn. 26 ff.; siehe auch *Bussalb*, Gilt der Vorbehalt des Gesetzes auch für die Rechtssetzungsbefugnis der Gemeinden?, S. 11 f.

[149] Vgl. *Ossenbühl* in: HdbStR, Bd. III, § 62 Rn. 9.

[150] So *Arndt/Rudolf*, Öffentliches Recht, S. 30. Anders die traditionelle Auffassung des *„Gesetzesvorbehalts“*, die auch materielle Gesetze unter diesem Begriff subsumierte, vgl. *Maurer*, Allgemeines Verwaltungsrecht, § 6 Rn. 8.

[151] *Schweiger* in: *Nawiasky/Leusser/Schweiger/*Zacher, Die Verfassung des Freistaates Bayern, Art. 70 Rn. 3.

[152] *BVerfG*, Beschluss vom 06.05.1958, BVerfGE 8, 155 (166 f.).

Stütze vor allem im Rechtsstaatsprinzip.[153] Von dieser eingriffsorientierten Interpretation hat sich das *Bundesverfassungsgericht* allmählich entfernt und die Wesentlichkeitstheorie als Leitlinie begründet. Danach muss der Gesetzgeber *„in grundlegenden normativen Bereichen, zumal im Bereich der Grundrechtsausübung, soweit diese staatlicher Regelungen zugänglich ist, alle wesentlichen Entscheidungen selbst treffen."*[154] Hintergrund ist die Überlegung, dass nur der demokratisch legitimierte Gesetzgeber die bedeutsamen Entscheidungen im Staate treffen soll. Damit beschränkt sich der Vorbehalt des Gesetzes nicht nur auf die klassischen Eingriffsfunktionen des Staates, sondern trägt der demokratischen Prärogative und der grundrechtlichen Ordnungsfunktion des Parlaments Rechnung.[155] Aus diesem Grund spricht man im Zusammenhang mit der Wesentlichkeitstheorie von einem Parlamentsvorbehalt.[156] Im Gegensatz zum rechtsstaatlichen Vorbehalt des Gesetzes ist der Parlamentsvorbehalt bei dem Demokratieprinzip zu verorten. Soweit Themenkomplexe von dem Parlamentsvorbehalt erfasst werden, sind sie ausschließlich dem Parlament vorbehalten und können nicht an die Verwaltung delegiert werden.[157] Im Gegensatz zum Vorbehalt des Gesetzes muss die Entscheidung des Gesetzgebers nicht in Form eines Gesetzes ergehen, sondern es genügt ein einfacher Parlamentsbeschluss. Auf den ersten Blick hat sich das *Bundesverfassungsgericht* mit der Entwicklung der Wesentlichkeitstheorie weit von dem ursprünglichen Erfordernis eines *„Eingriffs"* entfernt. Da aber das *Bundesverfassungsgericht* bei der Frage nach der *„Wesentlichkeit"* einer Entscheidung auf den Umfang und Intensität ihrer Relevanz auf die Grundrechtsausübung abstellt[158], nähert sich die Reichweite des Parlamentsvorbehalts an die des Vorbehalts des Gesetzes an.[159] Gleichwohl sind die Vorbehalte nicht deckungsgleich, da der rechtsstaatlich begründete Vorbehalt des Gesetzes jeden Eingriff erfasst, unbeschadet seines Gewichts und Tiefe. *Ossenbühl* zeigt dies anhand eines Beispiels: Auch das Bußgeld von 5 € bedarf der formalge-

---

[153] *Brockmeyer* in: *Schmidt-Bleibtreu/Klein*, GG, Art. 20 Rn. 26; *Ossenbühl* in: HdbStR, Bd. III, § 62 Rn. 13.
[154] *BVerfG*, Beschluss vom 08.08.1978, BVerfGE 49, 89 (126); *BVerfG*, Beschluss vom 20.10.1982, BVerfGE 61, 260 (275).
[155] *BVerfG*, Urteil vom 06.12.1972, BVerfGE 34, 165 (192 f.); *BVerfG*, Beschluss vom 22.06.1977, BVerfGE 45, 400 (417 f.).
[156] *Maurer*, Allgemeines Verwaltungsrecht, § 6 Rn. 5 ff.; *Ossenbühl* in: HdbStR, Bd. III, § 62 Rn. 35.
[157] *Ossenbühl* in: HdbStR, Bd. III, § 62 Rn. 9.
[158] Vgl. *BVerfG*, Beschluss vom 08.08.1978, BVerfGE 49, 89 (126); *BVerfG*, Beschluss vom 20.10.1982, BVerfGE 61, 260 (275).
[159] *Ossenbühl* in: HdbStR, Bd. III, § 62 Rn. 40.

setzlichen Grundlage, nicht nur der „*wesentliche*" Eingriff.[160] Zusammenfassend kann man sagen, dass der rechtsstaatliche Vorbehalt des Gesetzes durch die demokratische Komponente erweitert wird[161] und bei wesentlichen Fragen zum Parlamentsvorbehalt erstarkt.[162] Aufgrund dieser engen Verbindung zwischen beiden Vorbehalten werden sie nachfolgend gemeinsam behandelt.

Der Rechtssatzvorbehalt verlangt eine rechtsverbindliche Ermächtigung als Grundlage für das Tätigwerden der Verwaltung. Als Ermächtigung ist dabei auch ein materielles Gesetz wie eine Satzung oder eine Rechtsverordnung ausreichend.[163] Es könnte danach grundsätzlich eine aufgrund der allgemeinen Satzungsermächtigung des Art. 23 BayGO erlassene Satzung als Grundlage des Handelns der Gemeinde dienen.

Von dem allgemeinen Vorbehalt des Gesetzes einschließlich des Parlamentsvorbehalts ist der so genannte institutionelle oder organisatorische Gesetzesvorbehalt des Art. 77 Abs. 1 BV zu unterscheiden, der dem Gesetzgeber bestimmte Entscheidungen über die Organisation der allgemeinen Staatsverwaltung verfassungsrechtlich zuweist.

b. Gang der Untersuchung

Es ist zu klären, ob die in Frage kommenden Organisationsentscheidungen der Gemeinde hinsichtlich der Beteiligung von Personen ohne Mandat unter den institutionellen Vorbehalt des Gesetzes nach Art. 77 Abs.1 BV oder den allgemeinen Vorbehalt des Gesetzes einschließlich des Parlamentsvorbehalts fallen. Im Anschluss daran ist auf den Gesetzesvorbehalt des Art. 28 Abs. 2 S. 1 GG („*im Rahmen der Gesetze*") näher einzugehen. Der Handlungsspielraum der Gemeinde steht im Spannungsverhältnis mehrere Vorbehalte, die sich aber in wesentlichen Punkten unterscheiden. Dies vor allem hinsichtlich ihrer Zielrichtung. So bezieht sich der Gesetzesvorbehalt des Art. 28 Abs. 2 S. 1 GG auf die Eingriffsmöglichkeiten des Gesetzgebers in das Selbstverwaltungsrecht. Es geht darum, *wieweit* der Gesetzgeber in das Selbstverwaltungsrecht eingreifen kann. Zugleich beschreiben die „*Gesetze*" des Gesetzesvorbehalts aus Art. 28 Abs. 2 S. 1 GG den Rahmen, in denen sich die Gemeinde bewegen muss, da sie nicht gegen bestehende Gesetze versto-

---

[160] *Ossenbühl* in: HdbStR, Bd. III, § 62 Rn. 40.
[161] *Ossenbühl* in: HdbStR, Bd. III, § 62 Rn. 40.
[162] *Pieroth/Schlink*, Grundrechte, Staatsrecht II, Rn. 264.
[163] *Maurer*, Allgemeines Verwaltungsrecht, § 6 Rn. 8; *Ossenbühl* in: HdbStR, Bd. III, § 62 Rn. 11.

ßen darf. Alle exekutiven Zuständigkeiten stehen unter der Vorrangswirkung vorhandener Gesetze.[164] Dies gilt auch für die gemeindlichen Satzungen, da die Gemeinde trotz Satzungshoheit weiterhin als Teil der Exekutive verstanden wird.[165] Dabei sind dem Gesetzgeber bei Eingriffen in die Selbstverwaltung selbst Grenzen gesetzt. Das *Bundesverfassungsgericht* hat in seinem Rastede-Beschluss ausgeführt, dass ein Kernbereich kommunaler Selbstverwaltung geschützt bleiben muss.[166]

Der allgemeine Vorbehalt des Gesetzes und der Parlamentsvorbehalt beziehen sich dagegen auf den Handlungsspielraum der Gemeinde gegenüber dem Gesetzgeber. Es handelt sich hier zugleich um ein kompetenzrechtliches Problem. Mit dem Vorbehalt des Gesetzes werden Sachbereiche und Gegenstände erfasst, die dem *„Gesetz vorbehalten"*, also einer eigenständigen Regelung der Verwaltung entzogen sind.[167] Anders als bei dem Vorbehalt nach Art. 28 Abs. 1 S. 2 GG geht es nicht darum, *wieweit* der Gesetzgeber in das Selbstverwaltungsrecht eingreifen kann, sondern, *wieweit* die Gemeinde ohne spezielle gesetzliche Ermächtigung durch den Gesetzgeber selbst Organisationsentscheidungen treffen darf, oder, inwieweit die Organisationshoheit dem Gesetzgeber ausschließlich vorbehalten ist.

c. Institutioneller Gesetzesvorbehalt des Art. 77 Abs. 1 Bayerische Verfassung

Der Bayerische Verfassungsgeber hat mit dem institutionellen Gesetzesvorbehalt in Art. 77 Abs. 1 BV die Organisationshoheit für bestimmte Bereiche der Verwaltung dem formellen Gesetzgeber zugewiesen.[168] So lautet die Vorschrift: *„Die Organisation der allgemeinen Staatsverwaltung, die Regelung der Zuständigkeiten und der Art der Bestellung der staatlichen Organe erfolgen durch Gesetz."*. Dieser institutionelle Gesetzesvorbehalt für die Grundlagen und die wesentlichen Aufbauelemente der Verwaltungsorganisation kann als Grundsatz des gemeindeutschen

---

[164] *Pagenkopf*, Kommunalrecht, Bd. 1, S. 70.

[165] BVerfG, Beschluss vom 22.11.1983, BVerfGE 65, 283 (289); *Prandl/ Zimmermann/Büchner*, BayGO, Art. 29 Erl. 2: *Rennert* in: *Umbach/Clemens*, GG I, Art. 28 Rn. 69; *a. A.* noch *BVerfG*, Beschluss vom 23.02.1972, BVerfGE 32, 346 (361), danach sei die Gemeinde als demokratisch gewähltes Beschlussorgan zwar kein Parlament, aber doch dem Bereich der Legislativen zuzuordnen.

[166] *BVerfG*, Beschluss vom 23.11.1988, BVerfGE 79, 127 (143, 146).

[167] Vgl. *Ossenbühl* in: HdbStR, Bd. III, § 62 Rn. 7.

[168] Ausführlich zum institutionellen Gesetzesvorbehalt, siehe die Dissertation von *Burmeister*: Herkunft, Inhalt und Stellung des institutionellen Gesetzesvorbehalts.

Landesverfassungsrechts gelten.[169] Grund dieser Regelung ist die unmittelbare Wirkung von Organisationsentscheidungen auf den Bürger. Mit Zuweisung der einzelnen Zuständigkeiten wird festgelegt, bei welchen Behörden der Bürger seine Rechte gegenüber dem Staat wahrnehmen und seine Verpflichtung erfüllen kann. Dies macht eine normative Regelung notwendig.[170] Den Behörden ist es verwehrt, die Zuständigkeit mit Hilfe von Verwaltungsvorschriften zu regeln.[171]

Einschränkungen erfährt diese Aussage aber durch das weite Verständnis des Art. 77 Abs. 1 S. 2 BV, nach dem die „*Einrichtung der Behörden im Einzelnen*" der Staatsregierung und aufgrund der von ihr erteilten Ermächtigung den einzelnen Staatsministerien obliegt. Diese Ermächtigung hat die Bayerische Staatsregierung den Staatsministerien mit dem Erlass der Verordnung über die Einrichtung der staatlichen Behörden vom 31.03.1954[172] erteilt. Nach § 1 Abs. 2 dieser Verordnung gehören zur Einrichtung von Behörden im Einzelnen, „*die Errichtung und Aufhebung, die Vergrößerung und Verkleinerung, die Zusammenlegung und Teilung von Behörden, die Bestimmung ihres Sitzes, die Abgrenzung ihrer Amtsbezirke und die Ordnung ihrer inneren Verhältnisse sowie ihres Verhältnisses zu vorgesetzten, gleichrangigen und nachgeordneten Behörden*". Soweit diese Maßnahmen zu Auswirkungen auf die Zuständigkeit führen, bleibt es gleichwohl bei der Anwendung des Art. 77 Abs. 1 S. 2 BV. Aus diesem Grund steht allein die Neuschaffung einer Behörde oder Behördenart unter dem institutionellen Gesetzesvorbehalt des Art. 77 Abs. 1 S. 1 BV.[173]

Der Anwendungsbereich des Art. 77 Abs. 1 S. 1 BV wird überwiegend auch auf die mittelbare Staatsverwaltung durch Körperschaften oder Anstalten des öffentlichen Rechts ausgedehnt.[174] Unabhängig davon, ob

---

[169] Siehe *Badura/Huber*, Die Staats- und Verwaltungsorganisation des Freistaates Bayern, BayVBl. 1989, S. 769 (770), da auch in anderen Landesverfassungen vorgesehen.

[170] *Meder*, Die Verfassung des Freistaates Bayern, Art. 77 Rn. 2; *Schweiger* in: *Nawiasky/Leusser/Schweiger/Zacher*, Die Verfassung des Freistaates Bayern, Art. 77 Rn. 4.

[171] *Schwan*, Zuständigkeitsregelungen und Vorbehalt des Gesetzes, S.43 ff.

[172] Verordnung über die Einrichtung der staatlichen Behörden vom 31.03.1954 (BayGVBl. S. 56).

[173] *Chotjewitz*, Die Organisationsgewalt nach den Verfassungen der deutschen Bundesländer, S. 81; *Meder*, Die Verfassung des Freistaates Bayern, Art. 77 Rn. 3.

[174] *Meder*, Die Verfassung des Freistaates Bayern, Art. 77 Rn. 2; *Schmidt-Aßmann*, Verwaltungsorganisation zwischen parlamentarischer Steuerung und exekutivischer Organisationsgewalt, in: Festschrift für *Ipsen*, 1977, S. 333 (342); *Schweiger* in: *Na-*

man die Gemeinden als Teil der mittelbaren Staatsverwaltung versteht[175], ergeben sich für diese Untersuchung nur begrenzte Auswirkungen. Hinsichtlich der Organisation der Träger der kommunalen Selbstverwaltung bestehen in der Bayerischen Verfassung Sonderregeln, die Art. 77 Abs. 1 BV vorgehen.[176] Der Aufbau der äußeren Organisation der kommunalen Selbstverwaltung und ihre räumliche Gliederung werden in Art. 10 und Art. 11 BV festgelegt. Danach sind die Gemeinden und als Gemeindeverbände die Regierungsbezirke und die Landkreise vorgesehen. Die Art. 11 Abs. 2 und 83 BV enthalten zentrale Sondergarantien der kommunalen Selbstverwaltung. Die Gemeinden haben nach Art. 11 Abs. 2 S. 2 das Recht, ihre eigenen Angelegenheiten im Rahmen der Gesetze selbst zur ordnen und zu verwalten. Schwerpunkt der in Art. 77 Abs. 1 BV geregelten Materie ist danach die Organisation der der Staatsregierung unterstellten Behörden, deren Rechtsträger das Land ist und der nicht speziell verfassungsrechtlich geregelten Organisationsbereich (zum Beispiel Art. 9, 10 BV) von juristischen Personen des öffentlichen Rechts, die unter der Aufsicht des Landes stehen.[177]

Ausgehend von diesem beschränkten Anwendungsbereich des Art. 77 Abs. 1 BV fällt die Beteiligung von Personen ohne Mandat nicht unter den institutionellen Gesetzesvorbehalts des Art. 77 Abs. 1 BV.

d. Allgemeiner Vorbehalt des Gesetzes und Parlamentsvorbehalt

Die Gemeinde ist zum Handeln ohne Ermächtigung nicht befugt, wenn die Organisationsentscheidungen dem allgemeinen Vorbehalt des Gesetzes unterliegen. Soweit wesentliche Entscheidungen zu regeln sind, ist auch keine Ermächtigung ausreichend, da allein das Parlament nach Maßgabe des vom *Bundesverfassungsgericht* entwickelten Parlamentsvorbehalts zuständig ist. Nur außerhalb bestehender Gesetzesvorbehalte kann die Gemeinde ihre Organisationshoheit ausüben. Neben dem

---

wiasky/Leusser/Schweiger/Zacher, Die Verfassung des Freistaates Bayern, Art. 77 Rn. 3.

[175] Überblick zu diesem Streitstand bei *Rennert* in: *Umbach/Clemens*, GG I, Art. 28 Rn. 65 ff.; *Stern*, Das Staatsrecht der BRD, Bd. I, § 12 I 6 (S. 402); *Schmidt-Jortzig*, Kommunalrecht, Rn. 4 m. w. N.

[176] Vgl. *Braun*, Kommentar zur Verfassung des Landes Baden-Württemberg, Art. 70 Rn. 4; *Schweiger* in: *Nawiasky/Leusser/Schweiger/Zacher*, Die Verfassung des Freistaates Bayern, Art. 77 Rn. 1.

[177] Vgl. *Braun*, Kommentar zur Verfassung des Landes Baden-Württemberg, Art. 70 Rn.10.

institutionellen Gesetzesvorbehalt des Art. 77 Abs. 1 BV ist der rechtsstaatliche Vorbehalt des Gesetzes weiterhin von Bedeutung. So ist selbst bei Organisationsmaßnahmen innerhalb der mittelbaren Staatsverwaltung eine Außenwirkung auf den Bürger nicht auszuschließen, welche die Anwendung des Vorbehalts des Gesetzes rechtfertigt.[178]

aa. Zur Übertragbarkeit des Facharzt-Beschlusses des Bundesverfassungsgerichts auf den kommunalen Bereich

Wie bereits angesprochen, beinhaltet die Anwendung der Gesetzesvorbehalte auch ein kompetenzrechtliches Problem, da mit dem Vorbehalt des Gesetzes einschließlich des Parlamentsvorbehalts Bereiche erfasst werden, die dem Gesetz bzw. dem Parlament vorbehalten, und damit einer eigenständigen Regelung der Verwaltung entzogen sind. In kompetenzrechtlicher Hinsicht ist zu berücksichtigen, dass die Gemeinden nicht einen gewöhnlichen Teil der Staatsverwaltung darstellen, sondern eine Sonderstellung innehaben. Die Gemeinden haben als rechtsfähige Körperschaften des öffentlichen Rechts das Recht auf Selbstverwaltung. Die kommunale Selbstverwaltung ist in Art. 28 Abs. 2 S. 1 GG und Art. 11 Abs. 2 BV verfassungsrechtlich abgesichert. Soweit Selbstverwaltungsbereiche verfassungsrechtlich garantiert sind, findet der Gesetzesvorbehalt eine inhaltliche Grenze.[179] Die Ziehung einer klaren Grenze fällt indes nicht leicht.

Neben den kommunalen Gebietskörperschaften existieren im Staatsaufbau noch weitere rechtsfähige Körperschaften des öffentlichen Rechts, die *„ihre Angelegenheiten"* selbst verwalten können.[180] Sie leiten ihre Autonomie vom Staat ab, der sie durch staatlichen Hoheitsakt geschaffen hat.[181] Auch bei diesen Körperschaften stellt sich die Frage, inwieweit ihr Selbstverwaltungsrecht reicht, insbesondere für welche Sachbereiche der Gesetzgeber die alleinige Regelungskompetenz behält oder behalten muss. Im Facharzt-Beschluss vom 09.05.1972[182] hat das *Bundesverfassungsgericht* der Satzungsautonomie der öffentlich-rechtlichen Berufskammern Grenzen gesetzt. Insbesondere führt es aus, dass auch im Rahmen einer an sich zulässigen Autonomiegewährung der Grundsatz

---

[178] Vgl. *Baedeker*, Die Organisationsgewalt im Bund und der Vorbehalt des Gesetzes, S. 166.
[179] *Ossenbühl* in: HdbStR, Bd. III, § 62 Rn. 57.
[180] Aufzählung bei *Maurer*, Allgemeines Verwaltungsrecht, § 23 Rn. 30 ff.
[181] *Maurer*, Allgemeines Verwaltungsrecht, § 23 Rn. 38.
[182] *BVerfG*, Beschluss vom 09.05.1972, BVerfGE 33, 125 ff.; vgl. dazu auch *Manssen* in: *von Mangoldt/Klein/Starck*, GG I, Art. 12 Rn. 115.

bestehen bleibt, „*dass der Gesetzgeber sich seiner Rechtssetzungsbefugnis nicht völlig entäußern und seinen Einfluss auf den Inhalt der von den körperschaftlichen Organen zu erlassenden Normen nicht gänzlich preisgeben darf. (...) . Der Gesetzgeber darf seine vornehmste Aufgabe nicht anderen Stellen innerhalb oder außerhalb der Staatsorganisation zu freier Verfügung überlassen.*“[183] Nach Ansicht des *Bundesverfassungsgerichts* kommt dem Gesetzgeber eine gesteigerte Verantwortung zu, wenn der autonome Verband neben dem Recht zum Erlass von Organisationsnormen auch zu Eingriffen in den Grundrechtsbereich ermächtigt wird. Mit dem Gesetzesvorbehalt des hier einschlägigen Art. 12 Abs. 1 S. 2 GG überträgt das Grundgesetz „*in erster Linie dem Gesetzgeber die Entscheidung darüber, welche Gemeinschaftsinteressen so gewichtig sind, dass das Freiheitsrechtsrecht des Einzelnen zurücktreten muss. Dieser Entscheidungspflicht kann sich der demokratische Gesetzgeber nicht entziehen.*“[184] Das *Bundesverfassungsgericht* orientiert sich bei der Verteilung der Regelungskompetenz zwischen Gesetzgeber und Berufskammer an der zu Art. 12 GG entwickelten Stufentheorie. Danach sind Regelungen, die die Freiheit der Berufs*wahl* berühren, vom Gesetzgeber selbst zu treffen. Hingegen steht es der Körperschaft zu, Regelungen zu treffen, die lediglich in die Freiheit der Berufs*ausübung* eingreifen.[185] Schwerpunkt der Entscheidung ist zunächst der spezielle Gesetzesvorbehalt des Art. 12 GG. Daneben hat das *Bundesverfassungsgericht* gleichwohl grundlegende Aussagen über den Parlamentsvorbehalt getroffen. Der Facharzt-Beschluss kann als einer der Grundpfeiler für die von dem *Bundesverfassungsgericht* hinsichtlich des Parlamentsvorbehalts entwickelte Wesentlichkeitstheorie angesehen werden.

Diese Rechtsprechung lässt sich aber nicht ohne weiteres auf den kommunalen Bereich übertragen. Vereinzelt wird vertreten, dass kommunale Rechtssetzungsakte im Bereich der Angelegenheiten der örtlichen Gemeinschaft nicht von dem allgemeinen Vorbehalt des Gesetzes erfasst werden, da der Gemeinderat ein vollgültig demokratisch legitimiertes Organ und nicht Teil der Exekutive sei. Der allgemeine Vorbehalt des Gesetzes gelte nur im übertragenen Wirkungskreis.[186]

Zuzustimmen ist aber der herrschenden Ansicht, die die vom *Bundesverfassungsgericht* im Facharztbeschluss aufgestellten Leitlinien, insbeson-

---

[183] *BVerfG*, Beschluss vom 09.05.1972, BVerfGE 33, 125 (158).
[184] *BVerfG*, Beschluss vom 09.05.1972, BVerfGE 33, 125 (159).
[185] *BVerfG*, Beschluss vom 09.05.1972, BVerfGE 33, 125 (160).
[186] *Meyn*, Gesetzesvorbehalt und Rechtssetzungsbefugnis der Gemeinden, S. 46 ff. und S. 56 ff.

dere die Wesentlichkeitstheorie, auch auf den Bereich der kommunalen Selbstverwaltung überträgt.[187] So ist *Bethge* der Ansicht, dass der Parlamentsvorbehalt auf die autonomen Satzungen der kommunalen Gebietskörperschaften Anwendung findet, wenn sie über den klassischen Eingriffsvorbehalt sich nicht nur in nebensächlicher Weise auf die Grundrechtsausübung auswirkt.[188] Die wesentlichen grundrechtsrelevanten Fragen müssen im Parlamentsgesetz selbst geregelt sein, da die kommunale Satzungsbefugnis kein vorstaatlicher oder ursprünglicher Freiraum ist.[189] Bei wesentlichen grundrechtsrelevanten Entscheidungen kann eine kommunale Satzung ein Parlamentsgesetz nicht ersetzen, da die Entscheidungskompetenz auf horizontaler Ebene dem Parlament durch den Parlamentsvorbehalt zugewiesen wurde. Allein das staatliche Gesetz als repräsentativer Wille des Gesamtvolkes verfügt über die Legitimation zur Grundrechtsregulierung.[190] Damit sind die kommunalen Satzungen keine Legislativakte, weshalb sie sowohl vom Vorrang des Gesetzes als auch vom Vorbehalt des Gesetzes erfasst werden.[191]

bb. Geltung des allgemeinen Vorbehalts des Gesetzes im organisatorischen Bereich der Gemeinde

Nachdem die grundsätzliche Anwendung des allgemeinen Vorbehalts des Gesetzes im kommunalen Bereich bejaht wurde, sind die Auswirkungen auf den organisatorischen Bereich der Gemeinde zu ermitteln.
Die wesentlichen Entscheidungen im Staatswesen, wie etwa eine Ausgliederung aus der staatlichen Verwaltungsorganisation durch die Errichtung von Verwaltungsträgern, müssen entsprechend der Wesentlichkeitstheorie durch Gesetz oder aufgrund eines Gesetzes erfolgen.[192] Dagegen ist die Organisation und Regelung der bestehenden Verwaltung meist kein für das Gemeinwesen *„wesentlicher“* Vorgang. Dazu bleiben die organisatorischen Entscheidungen hauptsächlich interne Vorgänge, ohne unmittelbare Auswirkungen auf den Bürger. Mangels Außenwirkung mit Grundrechtsbezug ist die Anwendung des allgemeinen Vorbehalts des Gesetzes, einschließlich der ihn beschreibende We-

---

[187] *Knemeyer*, Kommunalrecht, Rn. 92; *Dreier* in: *Dreier*, GG, Bd. 2, Art. 28 Rn. 68.
[188] *Bethge*, Parlamentsvorbehalt und Rechtssatzvorbehalt für die Kommunalverwaltung, NVwZ 1983, S. 577 (578 f.).
[189] *BVerfG*, Urteil vom 31.10.1990, BVerfGE 83, 37 (53 f.); *Dreier* in: *Dreier*, GG, Bd. 2, Art. 28 Rn. 79; *Schmidt-Jortzig*, Kommunalrecht, Rn. 3 ff.
[190] *Bethge*, Parlamentsvorbehalt und Rechtssatzvorbehalt für die Kommunalverwaltung, NVwZ 1983, S. 577 (579).
[191] *Rennert* in: *Umbach/Clemens*, GG I, Art. 28 Rn. 69.
[192] *Maurer*, Allgemeines Verwaltungsrecht, § 21 Rn. 66.

sentlichkeitstheorie, auf die Organisation der bestehenden Verwaltung grundsätzlich abzulehnen.[193]

Der Vorbehalt des Gesetzes und die Wesentlichkeitstheorie kann nach der Rechtsprechung des *Bundesverfassungsgerichts*, jedenfalls soweit sie für das Merkmal der Wesentlichkeit auf die Grundrechtsrelevanz einer Maßnahmen abstellt, allein im Verhältnis Staat-Bürger Anwendung finden. Ein Staat-Bürger Verhältnis entsteht im Rahmen der Organisation der Verwaltung, soweit die Regelungen auch den Bürger tangieren. Das ist insbesondere bei der Festlegung von Zuständigkeiten anzunehmen, da wie schon ihm Rahmen des Art. 77 BV erwähnt, mit den Zuständigkeiten festgelegt wird, bei welchen Behörden der Bürger seine Rechte wahrnehmen kann und seine Verpflichtungen erfüllen muss.

Bei Regelungen der Verwaltungsorganisation mit Bürgerbezug kann die Wesentlichkeitstheorie zur Anwendung kommen, mit der Folge, dass diese Regelungen unter den Vorbehalt des Gesetzes fallen.[194] In diesem Fall erstreckt sich der allgemeine Vorbehalt des Gesetzes auch auf die Regelung der Organisation und des Verfahrens. Daher wird er in dieser Form als (allgemeiner) institutioneller Gesetzesvorbehalt bezeichnet.[195] Die Erstreckung des Vorbehalts des Gesetzes auf den organisatorischen Bereich ist notwendig, um die Verwirklichung der Grundrechte zu gewährleisten. In einem komplexen Staatsgebilde hängt die Durchsetzbarkeit der Grundrechte eng mit der Ausgestaltung der Organisation und des Verfahrens zusammen. Nach dem institutionellen Gesetzesvorbehalt ist eine formell-gesetzliche Regelung für die Grundfragen des Verwaltungsaufbaus, die für den Grundrechtsschutz und die Grundrechtsausübung wichtig sind, erforderlich. Insbesondere fallen darunter die Regelung der relevante Zuständigkeit, der Verfahrensstruktur und der Verfahrensrechte der Beteiligten.[196] In diese Richtung geht auch die neuere Rechtsprechung des *Bundesverwaltungsgerichts*, welche die *„geringen Anforderungen“* der früheren Rechtsprechung[197] an die rechtssatzmäßi-

---

[193] So *Brockmeyer* in: *Schmidt-Bleibtreu/Klein*, GG, Art. 20 Rn. 26.

[194] *Maurer*, Allgemeines Verwaltungsrecht, § 21 Rn. 66 und § 6 Rn. 21.

[195] *OVG Münster*, Urteil vom 13./27.09.1979, DÖV 1980, S. 528 (529); *Böckenförde*, Die Organisationsgewalt im Bereich der Regierung, S. 95 ff.; *Seidel*, Privater Sachverstand, S. 115.

[196] *Sommermann* in: *von Mangoldt/Klein/Starck*, GG II, Art. 20 Rn. 273.

[197] Die ältere Rechtsprechung hat einen rechtsstaatlichen Gesetzesvorbehalt für die Bestimmung der sachlichen Zuständigkeit abgelehnt und eine Verwaltungsanordnung für ausreichend erachtet, da die Ausdehnung des Gesetzesvorbehalts auch auf die Regelung der Zuständigkeiten die Schwerfälligkeit des Staatsapparats erhöhe; vgl. *BVerwG*, Urteil vom 25.08.1971, DÖV 1972, S. 129 (130).

ge Bestimmung der Behördenzuständigkeit nicht mehr hinnehmen will.[198] Dies hängt damit zusammen, dass die Rechtsprechung verstärkt die demokratische Komponente des Vorbehalt des Gesetzes anerkennt, da der Gesetzgeber, unabhängig von Vorliegen eines Eingriffs, in grundlegenden normativen Bereichen, vor allem im Bereich der Grundrechtsausübung, die wesentlichen Entscheidungen durch Gesetz treffen muss.[199]

Überträgt man diese Vorgaben auf die Fragestellung, in welcher Konstellation die Heranziehung von Personen ohne Mandat aufgrund des Parlamentsvorbehalts einer gesetzlichen Grundlage bedarf, ist zu unterscheiden: Geht es um die systematische und auf Dauer angelegte Betrauung von Personen ohne Mandat mit grundsätzlich behördlichen Aufgaben, ist eine gesetzliche Grundlage nötig. Die damit verbundene Aufgabenverlagerung ist für die Allgemeinheit und das öffentliche Interesse von nachhaltiger Bedeutung, mithin *„wesentlich“*.[200] Werden Private hingegen nur unterstützend herangezogen, ist eine gesetzliche Grundlage nicht erforderlich.[201]

Bei der Frage, ob die Einrichtung eines Gremiums nur auf Grundlage eines Gesetzes erfolgen kann, wird wie folgt differenziert: In der Literatur korrespondiert das an der Aufgabenstellung der Gremien ausgerichteten Abgrenzungskriterium *entscheidend* oder *beratend* mit dem Begriffspaar *wesentlich* und *nicht wesentlich.*[202] Für die Errichtung von Beratungsgremien ist danach keine (formell)gesetzliche Grundlage erforderlich, da ihre Aufgabe *nicht wesentlich* ist. Es genügt ein Organisationsakt der Verwaltung, da gegenüber dem Bürger die Entscheidungskompetenz und die Verantwortlichkeit bei der Behörde bleibt. So ist im Außenverhältnis allein auf die formelle Entscheidungszuständigkeit der Behörde

---

[198] *BVerwG*, Beschluss vom 24.08.1987, DVBl. 1987, S. 1267 (1269); im Ergebnis lässt das Gericht aber offen, welche Anforderungen zu stellen sind.
[199] *OVG Münster*, Urteil vom 13./27.09.1979, DÖV 1980, S. 528.
[200] Vgl. *Erbguth*, Die Zulässigkeit der funktionalen Privatisierung im Genehmigungsrecht, UPR 1995, S. 369 (376 f.), der diese Unterscheidung bei der Heranziehung Privater als Verwaltungshelfer trifft.
[201] Vgl. *Erbguth*, Die Zulässigkeit der funktionalen Privatisierung im Genehmigungsrecht, UPR 1995, S. 369 (377); *Schoch*, Privatisierung von Verwaltungsaufgaben, DVBl. 1994, S. 962 (970).
[202] *Kraatz*, Parlamentsvorbehalt im Gentechnikrecht, S. 183; *Vieweg*, Atomrecht und technische Normung, S 86 f.; *Vomhof*, Rechtsprobleme der Einbindung von sachverständigen Gremien in das Umwelt- und Technikrecht, S. 196 f.

abzustellen.[203] Damit gehört die Heranziehung beratender Gremien grundsätzlich zu den der Exekutive offen stehenden *„Methoden des Verwaltens"*, die im verwaltungsrechtlichen Innenraum verbleiben.[204] Dagegen können einem Gremium Entscheidungsbefugnisse nur aufgrund einer gesetzlichen Grundlage gewährt werden, da sie eine *wesentliche* Aufgabe ausüben. Allerdings kann im Einzelfall aber auch das besondere faktische Gewicht eines beratenden Gremiums bei der Entscheidungsfindung eine gesetzliche Grundlage notwendig machen.[205]

Bei der Behandlung der Geltung des allgemeinen Vorbehalts des Gesetzes einschließlich des Parlamentsvorbehalts ist aber zu berücksichtigen, dass zugleich der Vorrang des Gesetzes für den gesamten Bereich der Verwaltung, also auch für kommunale Organisationsentscheidungen, Anwendung findet.[206] Die Gemeinden haben das Recht zur Selbstorganisation nur soweit, als ihnen der Gesetzgeber Raum lässt.[207] Schließlich besteht das Selbstverwaltungsrecht nur *„im Rahmen der Gesetze"*. Daher verlagert sich der Schwerpunkt der Untersuchung von der Problematik des allgemeinen Vorbehalts des Gesetzes auf die des Gesetzesvorbehalts des Art. 28 Abs. 2 GG. Verschiebt etwa die Gemeinde durch eine Organisationsmaßnahme die gesetzlich festgelegte Zuständigkeit, dann ist das kein Problem des allgemeinen Vorbehalts des Gesetzes. Vielmehr verstößt die Gemeinde gegen eine kompetenzrechtliche Entscheidung des Gesetzgebers und daher gegen den Gesetzesvorbehalt aus Art. 28 Abs. 2 GG. So sind insbesondere die Zuständigkeiten für die einzelnen Aufgaben regelmäßig durch Fachgesetze oder aufgrund gesetzlicher Ermächtigungen durch Rechtsverordnung abschließend geklärt, so dass sich die Frage nach einem Gesetzvorbehalt für eine Zuständigkeitsregelung nicht (mehr) stellt. Mit dem Erlass der Kommunalverfassungen wurden alle wesentlichen organisatorischen Entscheidungen im kommunalen Bereich schon getroffen.

---

[203] *Brohm* in: HdbStR, Bd. II, § 36 Rn. 42, *Vomhof*, Rechtsprobleme der Einbindung von sachverständigen Gremien in das Umwelt- und Technikrecht, S. 158 f.

[204] *Baedeker*, Die Organisationsgewalt im Bund und der Vorbehalt des Gesetzes, S. 147; *Dagtoglou*, Der Private in der Verwaltung, S. 73.

[205] *Löffler*, Parlamentsvorbehalt und Kernenergierecht, S. 78 ff., nimmt dies für den Kerntechnischen Ausschuss an, da das Gremium einen erheblichen Einfluss auf die Bestimmung des Sicherheitsniveaus einer Kerntechnischen Anlage hat, in dem es bei der Aufstellung des sicherheitstechnischen Regelwerks mitwirkt.

[206] *Maurer*, Allgemeines Verwaltungsrecht, § 6 Rn. 9.

[207] *Willamowski*, Zur Verteilung der innergemeindlichen Organisationsgewalt in Nordrhein-Westfalen, S. 95.

Somit sind die Organisationsmaßnahmen der Gemeinden allein an den bestehenden Gesetzen zu messen. Der allgemeine Vorbehalt des Gesetzes einschließlich des Parlamentsvorbehalts und des institutionellen Vorbehalts hätten für diese Untersuchung nur dann eine weitere Bedeutung, wenn Gremien mit neuen, gesetzlich nicht vorgesehen, Zuständigkeiten geschaffen würden.

Unbeschadet dessen ist eine gesetzliche Ermächtigung nötig, wenn die Gemeinde im klassischen Vorbehaltsbereich handelt, also wenn es um einen Eingriff in die Freiheit oder das Eigentum der Bürger geht.[208] Trotz ihrer Satzungshoheit hat die Gemeinde die besonderen Gesetzesvorbehalte mancher Grundrechte einzuhalten. Kommunale Satzungen sind nach obiger Prüfung gerade keine Gesetze im formellen Sinne und können somit auch nicht den grundrechtlichen Gesetzesvorbehalten genügen.[209]

e. „Im Rahmen der Gesetze" nach Art. 28 Abs. 2 S. 1 Grundgesetz

Die dogmatische Einordnung der Formulierung „*im Rahmen der Gesetze*" in Art. 28 Abs. 2 S. 1 GG ist nicht unumstritten. Überwiegend wird darin ein Gesetzesvorbehalt gesehen, der die allgemeine Gesetzesbindung der Gemeinde gemäß Art. 20 Abs. 3 GG konkretisiert.[210] Ähnlich wie bei einem Grundrecht besteht danach ein Schutzbereich, in den durch Gesetze eingegriffen werden kann. Als Gegenschranke, die dieser Eingriffsmöglichkeit ihrerseits Grenzen setzt, besteht ein unantastbarer geschützter Kernbereich der gemeindlichen Selbstverwaltung.[211]

Dagegen sieht ein anderer Teil der Literatur aufgrund der Formulierung Parallelen zu der Interpretation des Art. 14 GG.[212] Vergleichbar mit den Inhaltsbestimmungen des Eigentums im Sinne des Art. 14 GG bestimmen die Gesetze den Bereich der Gewährleistung der Selbstverwaltung.

---

[208] *Dreier* in: *Dreier*, GG, Bd. 2, Art. 28 Rn. 139.

[209] *Rennert* in: *Umbach/Clemens*, GG I, Art. 28 Rn. 138; *a. A. Meyn*, Gesetzesvorbehalt und Rechtssetzungsbefugnis der Gemeinden, S. 47 ff.

[210] *BVerfG*, Urteil vom 20.03.1952, BverfGE 1, 167 (175); *BVerfG*, Beschluss vom 07.10.1980, BverfGE 56, 298 (309, 313, 317); *Lissack*, Bayerisches Kommunalrecht, § 1 Rn. 93; *Pagenkopf*, Kommunalrecht, Bd. 1, S. 65 f.; *Pieroth* in: *Jarass/Pieroth*, GG, Art. 28 Rn. 20.

[211] Ständige Rechtsprechung *BVerfG*, Urteil vom 20.03.1952, BVerfGE 1, 167 (175); Beschluss vom 21.05.1968, BVerfGE 23, 353 (356); Urteil vom 10.12.1974, BVerfGE 38, 258 (278); *BayVGH*, Urteil vom 17.03.1982, BayVBl. 1982, S. 749 (751).

[212] *Schmidt-Jortzig*, Kommunalrecht, Rn. 486.

Nach *Schoch* hat sich selbst das *Bundesverfassungsgericht* bei der Begründung des Rastede-Beschlusses[213] an die Formulierungen des Art. 14 Abs. 1 GG angenähert.[214] Eine eindeutige Einordnung des Rastede-Beschlusses ist jedoch nicht möglich, da das *Bundesverfassungsgericht* weiterhin mehrfach die Formulierung „*Gesetzesvorbehalt*" verwendet,[215] auch wenn es gleichzeitig von Ausgestaltung und Formung spricht.[216] Aus diesem Grund wird hier weiterhin von einem Gesetzesvorbehalt ausgegangen.

Der Gesetzesvorbehalt erstreckt sich nach überwiegender Ansicht auf die gesamte Organisationshoheit mit Ausnahme eines unantastbaren Kernbereichs der Selbstverwaltung.[217] Die differenzierende Ansicht, die zwischen konstitutiver und translativer Organisationshoheit trennt,[218] kommt zu einer weiteren Beschränkung des Gesetzesvorbehalts. Danach kann eine Einschränkung der konstitutiven Organisationshoheit, die sich unmittelbar auf die Verfassung stützt, nicht aufgrund des Gesetzesvorbehalts erfolgen. Vielmehr bedarf die Einschränkung einer eigenen Autorisation durch die Verfassung.[219] Die in dieser Untersuchung behandelte Problematik bezieht sich nicht auf Eingriffe des Staates, sondern auf den bestehenden Handlungsspielraum der Gemeinde, soweit keine gesetzliche Ermächtigung vorgesehen ist. Darüber hinaus fällt ein mögliches Recht zur Errichtung von gesetzlich nicht geregelten Gremien unter der Einbeziehung von Personen ohne Mandat sicherlich weder in dem vom *Bundesverfassungsgericht* geschützten Kernbereich, noch lässt es sich unter die konstitutiven Organisationshoheit einordnen. Vielmehr ist die Organisationshoheit, unabhängig von der dogmatischen Einordnung, an die Vorgaben des Gesetzgebers gebunden, da auch das gemeindliche Handeln unter den Vorrang des Gesetzes fällt.

---

[213] *BVerfG*, Beschluss vom 23.11.1988, BVerfGE 79, 127 ff.

[214] *Schoch*, Zur Situation der kommunalen Selbstverwaltung nach der Rastede-Entscheidung des Bundesverfassungsgerichts, VerwArch Bd. 81 (1990), S. 18 (26 f., 42).

[215] *BVerfG*, Beschluss vom 23.11.1988, BVerfGE 79, 127 (143, 145, 146).

[216] *BVerfG*, Beschluss vom 23.11.1988, BVerfGE 79, 127 (143).

[217] *BVerfG*, Beschluss vom 23.11.1988, BVerfGE 79, 127 (143, 146).

[218] Siehe oben C I 1.

[219] *Schmidt-Jortzig*, Kommunale Organisationshoheit, S. 167; *Willamowski*, Zur Verteilung der innergemeindlichen Organisationsgewalt in Nordrhein-Westfalen, S. 83.

4. Einschränkungen durch die Bayerische Gemeindeordnung

Als einschränkende oder nach anderem Verständnis bestimmende „*Gesetze*" im Sinne des Art. 28 Abs. 2 GG sind sowohl Bundes- als auch Landesgesetze denkbar.[220] Dabei richtet sich der Gesetzesvorbehalt vorrangig an den Landesgesetzgeber, der im kommunalen Bereich im Umkehrschluss aus der fehlenden Gesetzgebungszuständigkeit des Bundes nach Art. 73 bis 75 GG überwiegend die Gesetzgebungskompetenz nach Art. 70 Abs. 1 Halbs. 1, 30 GG hat.[221]

Die Gesetzgebungskompetenz der Länder bezieht sich jedenfalls auf das „*Kommunalverfassungsrecht*".[222] Dazu zählt alles, was das gegenständlich-strukturelle, handlungsfähige Dasein der Kommune als Funktionsträger betrifft, somit das gesamte Organisationsrecht. Das Kommunalverfassungsrecht umfasst danach auch die organisatorische Entscheidung über die Beteiligung von Personen ohne Mandat an der Kommunalverwaltung.

a. Regelung der äußeren Organisation durch die Bayerische Gemeindeordnung

Bereits seit Entstehung der (kommunalen) Selbstverwaltungskörperschaften hat sich der Gesetzgeber das Recht genommen, die äußere Organisation von sich aus festzulegen. Die Städte- und Gemeindeordnungen des 19. Jahrhunderts haben die äußere Organisation vorgegeben.[223] Zur äußeren Organisation der Gemeinde zählen etwa die Benennung der Organe der Gemeinde und ihrer Kompetenzen. Zur inneren Organisation werden die Geschäftsverteilung, der Erlass der Geschäftsordnung und die Bestimmung des Sitzes eines Organs und seiner Ausstattung mit sachlichen und personellen Mitteln gerechnet.[224]

---

[220] *Model/Müller*, GG, Art. 28 Rn. 12.

[221] Von ausschließlicher Gesetzgebungszuständigkeit der Länder kann wohl nicht mehr gesprochen werden, da der Bundesgesetzgeber vielfach in den kommunalen Funktions- und Organisationsbereich – zumindest faktisch – eingreift, vgl. *Burmeister*, Verfassungstheoretische Neukonzeption der kommunalen Selbstverwaltungsgarantie, S. 36 ff.

[222] *Schmidt-Jortzig*, Kommunalrecht, Rn. 109.

[223] *Pagenkopf*, Kommunalrecht, Bd. 1, S. 69.

[224] *Stober*, Kommunalrecht in der BRD, S. 44.

Mit Erlass der Bayerischen Gemeindeordnung hat der Gesetzgeber die äußere Organisation der Gemeinde abschließend festgelegt.[225] In Art. 29 BayGO werden die Organe genannt, durch die die Gemeinde verwaltet wird. Neben dem Gemeinderat und seinen Ausschüssen kann nur noch der Bürgermeister selbständig Entscheidungen treffen. Dieser Regelungsbereich ist der Organisationshoheit der Gemeinden entzogen.

b. Regelung der inneren Organisation kraft Organisationshoheit

Dagegen hat die Gemeinde kraft ihrer Organisationshoheit das Recht, die innere Organisation zu gestalten. Die Organisationshoheit ist notwendiger Bestandteil des Selbstverwaltungsrechts.[226] Die Gemeinde kann ihre eigenen Angelegenheiten nur wirksam erfüllen, und damit ihr Selbstverwaltungsrecht ausüben, wenn sie den dazu notwendigen Verwaltungsapparat einrichten kann. Die Gemeinde ist befugt, nach eigenem Ermessen die innere Organisation ihrer Bürokratie, die Bildung von Ämtern, Abteilungen und Sachgebieten, die Verteilung der Aufgaben sowie Regelung der Arbeitsabläufe selbst und unabhängig zu gestalten.[227] Das Recht der Gemeinden zur Regelung der inneren Organisation kraft der Organisationshoheit geht aber nur soweit, als die Bayerische Gemeindeordnung einer Organisationsentscheidung nicht entgegensteht. [228] Es ist, wie bereits oben ausgeführt, der Vorrang der bestehenden Gesetze zu beachten. Entsprechend der Differenzierung von *Schmidt-Jortzig* üben die Gemeinden in diesem Fall ihre translative Organisationshoheit aus, die soweit reicht, als ihnen der Gesetzgeber durch seine Kommunalverfassung Raum lässt.[229]

Da die Bayerische Gemeindeordnung keine ausdrückliche generelle Ermächtigung für die Beteiligung von Personen ohne Mandat vorsieht, ist zu untersuchen, ob sie ein Verbot dieser Art von Beteiligungen aufstellt. Einem Verbot käme es gleich, wenn der Gemeinde der Spielraum für eigene Organisationsentscheidungen genommen wäre, in dem der Gesetzgeber die Beteiligungsmöglichkeiten in der Bayerischen Gemeindeordnung verbindlich und abschließend geregelt hätte. Denn den Ge-

---

[225] *BVerfG*, Beschluss vom 26.10.1994, BVerfGE 91, 228 (239).
[226] *Knemeyer*, Kommunalrecht, Rn. 294.
[227] *Knemeyer*, Kommunalrecht, Rn. 294; *Löwer* in: von *Münch/Kunig*, GGK II, Art.28 Rn. 70.
[228] *Lissack*, Bayerisches Kommunalrecht, § 1 Rn. 81; vgl. *Dreier* in: Dreier, GG, Bd. 2, Art. 28 Rn. 134.
[229] *Schmidt-Jortzig*, Kommunale Organisationshoheit, S. 219 ff., S. 287.

meinden ist die Befugnis zur selbständigen Ausgestaltung ihrer inneren Organisation genommen, soweit der Regelungsgehalt der Gemeindeordnung den Organisationsgegenstand abdeckt.[230] Haben die Regelungen dagegen keinen abschließenden Charakter, können die Gemeinden den verbleibenden Regelungsbereich selbst ausfüllen.

aa. Die Person ohne Mandat als Mitglied im Gemeinderat

Der Gemeinderat besteht nach Art. 31 Abs. 1 BayGO aus dem Oberbürgermeister und den Gemeinderatsmitgliedern. Trotz des weiten Wortlauts des Art. 31 Abs. 1 BayBO sind davon nicht die berufsmäßigen Gemeinderatsmitglieder erfasst.[231] Diese sind zwar nach Art. 40 S. 2 BayGO Mitglieder des Gemeinderats, aber sie haben nur bei Sitzungen in Angelegenheiten ihres Aufgabengebiets das Recht und die Pflicht, mit beratender Stimme teilzunehmen.[232] Die Gemeinderatsmitglieder im Sinne des Art. 31 BayGO werden in ehrenamtlicher Eigenschaft auf die Dauer von sechs Jahre in allgemeiner, gleicher, unmittelbarer, geheimer und freier Wahl von den Gemeindebürgern gewählt.[233] Daher wird der Gemeinderat in Art. 30 Abs. 1 BayGO auch als die Vertretung der Gemeindebürger bezeichnet. Gleichwohl ist die Bezeichnung als Gemeinde –„*Parlament*" sachlich unzutreffend, da der Gemeinderat als Verwaltungsorgan der Exekutive zuzuordnen ist.[234] Dies ändert sich auch nicht, soweit der Gemeinderat im Rahmen seiner Rechtssetzungsbefugnis normgebend tätig wird.[235] Die Gemeindebürger können neben den Gemeinderatsmitgliedern zusätzlich den Oberbürgermeister direkt wählen.[236] Mit diesen Regelungen sind die Gemeindeorgane nach dem Prinzip der repräsentativen Demokratie ausgestaltet. Damit kommt der Gesetzgeber der aus Art. 28 Abs. 1 S. 2 GG resultierenden Verpflichtung nach, dem Volk in den Gemeinden eine Vertretung zu schaffen, die aus allgemeinen, unmittelbaren, freien, gleichen und geheimen Wahlen hervorgegangen ist.

Gleichzeitig hat er die Berufung von Personen ohne Mandat, etwa von sachverständigen Gemeindeangehörigen, als Gemeinderatsmitglieder

---

[230] *OVG NW*, Urteil vom 17.02.1984,DVBl. 1985, S. 172 (174).
[231] *Widtmann/Grasser*, BayGO, Art. 31 Rn. 3.
[232] *Widtmann/Grasser*, BayGO, Art. 40 Rn. 5.
[233] Art. 15 Abs. 2, Art. 31 Abs. 2 S. 1 BayGO i. V. mit Art. 22 Abs. 1, Art. 21 Abs. 1 BayGLKrWG.
[234] *BayVerfGH*, Entscheidung vom 23.07.1984, BayVBl. 1984, S. 621 (623).
[235] *Lissack*, Bayerisches Kommunalrecht, § 4 Rn. 54.
[236] Art. 17 BayGO.

nicht vorgesehen. Allerdings ist ein entsprechendes Verbot auch nicht ausgesprochen worden. Dennoch ist die Berufung solcher Personen nicht zulässig, da sie gegen das in Art. 30 Abs. 1 S. 1 BayGO zum Ausdruck kommende Prinzip der repräsentativen Demokratie verstoßen würde. Der Gemeinderat ist nach dieser Vorschrift die *„Vertretung der Gemeindebürger"*. Diese eindeutige Formulierung schließt die Berufung von Personen ohne Mandat als Gemeinderatsmitglieder aus, da ihnen die erforderliche Legitimation durch die Gemeindebürger fehlt.[237] Sie könnten ihre Stellung nicht auf einen Konstitutionsakt der gesamten Wahlbürgerschaft zurückführen. Die Berufung solcher Personen ist nur in Folge einer Änderung der Bayerischen Gemeindeordnung denkbar. Dazu müsste eine Vorschrift eingefügt werden, die mit den in anderen Gemeindeverfassungen bestehende Regelungen über die Beteiligung sachkundiger Personen vergleichbar ist.[238] Diese Änderung kann nicht mittels Ortsrecht erfolgen, sondern bedarf eines formellen (Änderungs-) Gesetzes des Bayerischen Landtags.

bb. Die Person ohne Mandat als Mitglied in einem Ausschuss

Die Aufgaben, die Zusammensetzung und das Verfahren der Ausschüsse sind in den Art. 32, 33 BayGO geregelt. Nach Art. 32 Abs. 1 BayGO können für alle Angelegenheiten vorberatende Ausschüsse gebildet werden. Diese Ausschüsse beraten in einem kleineren Kreis besonders sachkundiger Gemeinderatsmitglieder die Angelegenheit und treffen eigene Beschlüsse. Diese entfalten gegenüber dem Gemeinderat keine Bindungswirkung, sondern haben nur empfehlenden Charakter.[239] Art. 32 Abs. 2 BayGO befasst sich mit dem Anwendungsbereich der beschließenden Ausschüsse. Im Gegensatz zu den beratenden Ausschüssen ist dieser nicht unbegrenzt, da dem Gemeinderat die grundlegenden Entscheidungen weiterhin vorbehalten sind.

Die Zusammensetzung der vorberatenden und beschließenden Ausschüsse kann der Gemeinderat unter Berücksichtigung der Vorgaben in Art. 33 BayGO in seiner Geschäftsordnung festlegen. Nach Art. 33

---

[237] Ähnlich *Lissack*, Bayerisches Kommunalrecht, § 4 Rn. 113.

[238] Siehe oben B II 3.

[239] *Hölzl/Hien*, BayGO, Art. 32 Erl. I 1. Wegen dieser Rechtsstellung hält *Dagtoglou* die Formulierung *„vorbereitende Unterausschüsse"* für treffender. Dies würde klarstellen, dass es sich nicht um eigene Kollegialorgane handelt, sondern nur um Kollegien, die intern und nicht bindend die Beschlüsse des Gemeinderats *vorbereiten*. *Dagtoglou*, Kollegialorgane und Kollegialakte der Verwaltung, 2. Abschnitt § 2 Fn. 66 und 2. Abschnitt § 4 II (S. 56).

Abs. 1 S. 4 BayGO ist die Bestellung anderer als der von den Parteien oder Wählergruppen vorgeschlagenen Personen nicht zulässig. Aus dem Wortlaut dieser Vorschrift folgt zunächst nicht zwingend ein Verbot der Bestellung von Personen ohne Mandat. Gerade ein Vergleich zu Art. 27 Abs. 2 S. 1 LKrO und Art. 26 Abs. 2 S. 1 BezO spricht eigentlich für die Beteiligung von Personen ohne Mandat, soweit diese von den Parteien oder Wählergruppen vorgeschlagen wurden. In der Landkreisordnung und der Bezirksordnung wird im Gegensatz zur Gemeindeordnung ausdrücklich normiert, dass die Ausschüsse mit Personen *„aus der Mitte"* besetzt werden müssen. Gleichwohl ist dieser Umkehrschluss nicht möglich. Es ist das Gebot der Spiegelbildlichkeit des Art. 33 Abs. 1 S. 2 BayGO zu beachten, dem der Gemeinderat bei der Bildung der Ausschüsse Rechnung tragen muss.[240] Danach müssen in den Ausschüssen die Fraktionen und Gruppen des Gemeinderats vertreten sein, die sich nur aus Gemeinderatsmitgliedern zusammensetzen. Mithin können nur Gemeinderatsmitglieder zu Mitgliedern der Ausschüsse werden.[241] Die detaillierte Regelung des Art. 33 Abs. 1 BayGO über die Zusammensetzung der Ausschüsse lässt keinen Raum für die Bestellung von Personen ohne Mandat.[242] Aus diesem Grund ist Art. 33 Abs. 1 S. 4 BayGO so zu lesen, dass die Parteien und Wählergruppen nur Personen *„aus der Mitte"* des Gemeinderats in die Ausschüsse berufen können.[243]

Die berufsmäßigen Gemeinderatsmitglieder, die kraft Gesetzes nach Art. 40 S. 2 BayGO den für ihre Aufgabengebiete zuständigen Ausschüssen angehören, haben nur eine beratende Stimme und sind keine Mitglieder im Sinne des Art. 33 BayGO.[244] Aus dieser Regelung lässt sich die Unzulässigkeit der Berufung anderer gesetzlich nicht vorgesehener stimmberechtigter Personen in die Ausschüsse untermauern. Wenn der Gesetzgeber mit Art. 40 S. 2 BayGO selbst den berufsmäßigen Gemeinderatsmitgliedern nur eine beratende Stimme in Angelegenheiten ihres Aufgabengebiets einräumt, kann die Gemeinde kraft Organisationshoheit, welche nur im Rahmen der bestehenden Gesetze besteht, anderen Personen nicht weitergehende Rechte zubilligen. Sonst könnte die Gemeinde diese Vorschrift umgehen, die den Status der berufsmäßigen Gemeinderatsmitglieder einschränkt.

---

240 Vgl. *Lissack*, Bayerisches Kommunalrecht, § 4 Rn. 113.

241 *Ziegler*, Bürgerbeteiligung, S. 110.

242 Im Ergebnis *Lissack*, Bayerisches Kommunalrecht, § 4 Rn. 113; *Widtmann/ Grasser*, BayGO, Art. 33 Rn. 3.

243 *Streinz*, Die Rechtsstellung der Mitglieder kommunaler Ausschüsse in Bayern, BayVBl. 1983, S. 705 (707).

244 *Widtmann/Grasser*, BayGO, Art. 33 Rn. 3.

Unbeschadet der abschließend festgelegten Zusammensetzung des Gemeinderats und seiner Ausschüsse bleibt es der Gemeinde überlassen, den Geschäftsgang der vorberatenden Ausschüsse mit der gemeindeeigenen Geschäftsordnung zu regeln, Art. 55 Abs. 1 BayGO. Diese kann auch für den Geschäftsgang der beschließenden Ausschüsse, der maßgeblich durch die Art. 46 bis 54 BayGO über Art. 55 Abs. 2 BayGO bestimmt wird, ergänzend herangezogen werden.

cc. Mitgliedschaftsähnliche Beteiligung der Person ohne Mandat in einem Ausschuss

Aus der Regelung des Art. 40 S. 2 BayGO lässt sich auch entnehmen, dass der Gesetzgeber die Einflussnahme der berufsmäßigen Gemeinderatsmitglieder beschränken wollte. Ein generelles Beratungsrecht wird ihnen nicht zugestanden, da dies eine nicht gewollte Beteiligung von Personen ohne Mandat an dem Treffen von Entscheidungen darstellen würde. Das Recht auf Beratung ermöglicht der beratenden Person, auf die endgültige Entscheidung Einfluss zu nehmen. In Art. 29 BayGO sind abschließend die Organe geregelt, die die Entscheidungen innerhalb der Gemeinde treffen sollen. Danach wird die Gemeinde durch den Gemeinderat – und seine Ausschüsse gemäß Art. 30 Abs. 2 BayGO – verwaltet, soweit nicht der Oberbürgermeister selbständig nach Art. 37 BayGO „*entscheidet*". Die Zusammensetzung des Gemeinderats und seiner Ausschüsse ist in Art. 32 BayGO geregelt. Der Kreis der Personen, der zum Treffen von Entscheidungen berechtigt ist, wird in der Bayerischen Gemeindeordnung abschließend festgelegt. Die Bayerische Gemeindeordnung sieht mit dem Bürgerentscheid nur einen Ausnahmefall vor, in dem Personen ohne Mandat an dem Treffen einer Entscheidung teilhaben können. Ein erfolgreicher Bürgerentscheid ist nach Art. 18 a Abs. 13 S. 1 BayGO einem Gemeinderatsbeschluss gleichgestellt.

Zu berücksichtigen ist, dass sich nicht nur die volle Mitgliedschaft einschließlich Stimmberechtigung in einem dieser Gremien als Teilnahme an dem Treffen von Entscheidungen qualifizieren lässt. Auch andere Formen der Mitwirkung können Einfluss auf die Entscheidung selbst haben. Grundsätzlich hat jede Form der erfolgreichen Beratung zumindest mittelbar Einfluss auf die endgültige Entscheidung. Mit Hilfe der Beratung wird den Entscheidungsträgern der nötige Sachverstand vermittelt, auf den sie ihre Entscheidung stützen können. In der Bayerischen Gemeindeordnung wird diesem Zusammenhang ausdrücklich Rechnung getragen. Nach den Vorgaben der Bayerischen Gemeindeordnung gehören

Beratungs- und Stimmrecht grundsätzlich zusammen.[245] Ein persönlich beteiligtes Gemeinderatsmitglied wird bei dem in Frage kommenden Beschluss nach Art. 49 Abs. 1 S. 1 BayGO nicht nur von der Stimmabgabe, sondern auch von den vorangehenden Beratungen ausgeschlossen.

Dabei soll das zulässige Maß an der Mitwirkung überschritten sein, wenn der gesetzlich nicht vorgesehenen Person ohne Mandat *„mitgliedschaftsähnliche Rechte“*[246] eingeräumt werden. Schließlich hat der Gesetzgeber die Zusammensetzung und die Rechte der Gemeinderatsmitglieder und der Ausschüsse so detailliert geregelt, dass darüber hinaus kein Raum mehr ist für einen Organisationsakt der Gemeinde, der andere als die vorgesehenen Personen an dem Treffen von Entscheidungen beteiligt.[247] Ein unzulässiger mitgliedschaftsähnlicher Status ist erreicht, wenn der Person ein Mitberatungsrecht und/oder ein Rederecht in den Sitzungen des Gemeinderats oder seiner Ausschüsse zugestanden wird.[248] Schon die Teilnahme an den Sitzungen in einem beratenden Ausschuss mit gleichzeitigem Rederecht ermöglicht es der Person, einzelne Mitglieder des Gremiums zu überzeugen und sogar einen Meinungswechsel des gesamten Kollegiums herbeizuführen, welcher sich auf die abschließende Empfehlung des Ausschusses an den Gemeinderat auswirken kann. Da sich die endgültige Entscheidung im beschließenden Ausschuss oder im Gemeinderat auf diese Empfehlung stützt, besteht die Gefahr, dass die Person ohne Mandat an der Entscheidung mitgewirkt hat.[249]

In der Rechtsprechung sind Bestrebungen der Gemeinde, die gesetzlich vorgesehene Zusammensetzung der Ausschüsse zu modifizieren, konsequent abgelehnt worden. Die nachfolgenden Fälle beziehen sich auf Gemeinderatsmitglieder, denen weitergehende Rechte in den Ausschüssen verliehen wurden. So musste das *Oberverwaltungsgericht Nordrhein-Westfalens* über einen Ratsbeschluss befinden, durch den die bestehenden Ratsausschüsse jeweils um ein beratendes Mitglied je Frakti-

---

[245] *Streinz*, Die Rechtsstellung der Mitglieder kommunaler Ausschüsse in Bayern, BayVBl. 1983, S. 744.

[246] *HessVGH*, Beschluss vom 13.10.1988, DVBl. 1989, S. 163 (164); *Wohlfarth*, Der Ausländerbeirat in der neuen saarländischen Gemeindeverfassung, VR 1990, S. 306 (308).

[247] *Hüllen*, Rechtsschutzprobleme beim Bürgerbegehren, S. 62.

[248] *Grasser*, Kein Beratungsrecht Dritter in Gemeinderatssitzungen, BayVBl. 1989, S. 225 (226 ff.); *Hölzl/Hien*, BayGO, Art. 32 Erl. I 6; *Hüllen*, Rechtsschutzprobleme beim Bürgerbegehren, S. 62; *Prandl/Zimmermann/Büchner*, BayGO, Art. 33 Erl. 1.

[249] Ähnlich *Herbert*, Beratung in der Gemeinde, NVwZ 1995, S. 1056 (1058).

on erweitert werden sollten.[250] Das Gericht sah darin einen Verstoß gegen die Gemeindordnung Nordrhein-Westfalen, die den Status der Beteiligten in den Ausschüssen und auch deren Zusammensetzung abschließend regelt. Diese hindere die Gemeinde daran, eine entgegenstehende Organisationsentscheidung zu treffen. Personen, die keine Mitglieder des Ausschusses sind, dürften, soweit gesetzlich nichts anderes bestimmt ist, keine aktiven Teilnahmerechte durch Ortsrecht eingeräumt werden.[251] Mit ähnlicher Begründung hat der *Bayerische Verwaltungsgerichtshof* die Bestimmung einer Geschäftsordnung für unzulässig gehalten, nach der sämtliche Stadtratsmitglieder berechtigt seien, an den Sitzungen der Ausschüsse beratend teilzunehmen.[252] Das Gericht weist ausdrücklich darauf hin, dass bereits das Mitberatungsrecht ein „*Merkmal der Mitgliedschaft*" sei. Danach sei die Bestimmung der Geschäftsordnung eine Frage der Ausschusszusammensetzung und nicht nur eine Frage des Geschäftsgangs. Die Vorgaben der Bayerischen Gemeindeordnung über die Zusammensetzung der Ausschüsse ließen aber keine Unterscheidung zwischen stimmberechtigten Mitgliedern und nur beratungsberechtigten Mitgliedern zu.[253]

Doch nicht nur die Zusammensetzung und der Status sind abschließend geregelt, sondern der gesamte Ablauf des Entscheidungsfindungsprozesses. Die frühe Beteiligung aller Gemeinderatsmitglieder in den Ausschüssen konterkariert die Entscheidung des Gemeinderats, einen Ausschuss aus besonders sachverständigen Gemeinderatsmitgliedern einzurichten und ihn mit einer bestimmten Aufgabewahrnehmung zu betreuen. Die vorberatenden Ausschüsse sollen zunächst den Beratungsgegenstand innerhalb der (sachverständigen) Mitglieder des Ausschusses erörtern und eine Empfehlung formulieren. Diese Empfehlung wird anschließend dem Gemeinderat vorgelegt, der daraufhin seine Entscheidung fällt. Werden Gemeinderatsmitglieder schon von vornherein über das gesetzlich vorgesehene Maß in die Entscheidungsfindung des

---

[250] *OVG NW*, Urteil vom 17.02.1984, DVBl. 1985, S. 172 ff.

[251] *OVG NW*, Urteil vom 17.02.1984, DVBl. 1985, S. 172 (174 f.).

[252] *BayVGH*, Urteil vom 16.02.1960, VGH n. F. 13, 24 (26 ff.). Dagegen ist die Hinzuziehung von Gemeinderatsmitgliedern, die dem Ausschuss nicht angehören, insbesondere dann möglich, wenn der Ausschuss den Antrag des Gemeinderatsmitglieds behandelt, vgl. Bekanntmachung des Bayerischen Staatsministeriums des Inneren vom 06.02.1980 (MABl. S. 74). Auch ist es den Gemeinderatsmitgliedern, die einem Ausschuss nicht angehören, gestattet, an dessen öffentlichen und nicht öffentlichen Sitzungen als Zuhörer teilzunehmen, um die für ihre Tätigkeit als Gemeinderatsmitglied notwendigen Informationen zu beschaffen, vgl. *Prandl/ Zimmermann/Büchner*, BayGO, Art. 33 Erl. 1.

[253] *BayVGH*, Urteil vom 16.02.1960, VGH n. F. 13, 24 (27 ff.).

Ausschusses eingeschaltet, wird der „*vorberatende*" Charakter des Ausschusses unterlaufen. Letztlich besteht die Gefahr, dass die Diskussion, die im Gemeinderat stattfinden soll, in die Ausschüsse vorverlagert wird. Von einem „vor"-beratende Ausschuss im Sinne des Art. 40 S. 2 BayGO kann nicht mehr gesprochen werden. Ferner ist es dem Arbeitsablauf nicht dienlich, wenn nicht sachkundige Gemeinderatsmitglieder an den Sitzungen der Ausschüsse beteiligt sind. Der gewollte Charakter eines „Fachgremiums" geht dadurch verloren.[254] Die weitergehende Beteiligung von Gemeinderatsmitgliedern in den Ausschüssen widerspricht nicht nur der gesetzlich vorgesehenen Zusammensetzung, sondern stört den gesetzlich vorgesehenen Entscheidungsablauf. Der gesamte Entscheidungsfindungsprozess ist der gemeindlichen Partizipationserfindungskompetenz entzogen.[255]

Diese Vorgaben gelten auch für die Beteiligung von Personen ohne Mandat im Entscheidungsfindungsprozess. Das *Verwaltungsgericht Schleswig*[256] hielt eine vorgenommene Modifizierung des gesetzlich vorgesehenen Entscheidungsablaufs für unzulässig. Das Gericht befasste sich mit einer Regelung in der Geschäftsordnung einer Gemeindevertretung, die vorsah, dass nach der Diskussion zu dem jeweiligen Tagesordnungspunkt die Sitzung zum Zwecke eines Bürgergesprächs unterbrochen werde. Während des Bürgergesprächs bestand für die Bürger die Möglichkeit, sich mit Gemeinderäten zu dem Inhalt des Tagesordnungspunktes auszutauschen. Anschließend wurde die Sitzung wieder eröffnet und die Behandlung des Tagesordnungspunktes fortgesetzt. Das Gericht verneinte eine Regelungskompetenz der Gemeinde, da die Gemeindeordnung abschließend die Beteiligungsmöglichkeiten der Bürger an dem Treffen von Entscheidungen vorgebe. Durch die Unterbrechung zum Bürgergespräch werde den Bürgern eine in der Gemeindeordnung nicht vorgesehene und somit unzulässige Beteiligungsmöglichkeit eingeräumt.

Als Ergebnis lässt sich festhalten, dass die Gemeinden gesetzlich nicht vorgesehenen Personen weder im Gemeinderat noch in einem Ausschuss ohne spezielle Rechtsgrundlage einen mitgliedschafts-ähnlichen Status gewähren können.[257] Abzulehnen ist in diesem Zusammenhang

---

[254] Vgl. *Streinz*, Die Rechtsstellung der Mitglieder kommunaler Ausschüsse in Bayern, BayVBl. 1983, S. 744.

[255] *Herbert*, Beratung in der Gemeinde, NVwZ 1995, S. 1056 (1058).

[256] *VG Schleswig*, Urteil vom 20.09.1985, NVwZ 1986, S. 1052.

[257] *BayVGH*, Urteil vom 16.02.1960, VGH n. F. 13, 24, 26 ff.; *BayVGH*, Urteil vom 12.05.1982, BayVBl. 1983, S. 729 (730); *OVG NW*, Urteil vom 17.02.1984, DVBl. 1985, S. 172 (174); *HessVGH*, Beschluss vom 13.10.1988, DVBl. 1989, S. 163

auch die Gewährung eines förmlichen Antragsrechts für Personen *ohne* Mandat.[258] Durch das in Frage kommende Antragsrecht ist die Person ohne Mandat berechtigt, eigene Vorschläge in den Gemeinderat oder die Ausschüsse einzubringen, die von diesen zu behandeln sind.[259] Mit Art. 31 und Art. 33 BayGO hat der Gesetzgeber aber die Zusammensetzung des Gemeinderats und der Ausschüsse abschließend geregelt. Dies schließt die Verleihung von mitgliedschaftsähnlichen Rechten an Personen ohne Mandat aus. Die Gewährung eines Antragsrechts begründet aber wie auch das Rederecht einen solchen Status. Das Antragsrecht steht nur den Mitgliedern eines gesetzlich geregelten Gremiums zu.[260] Mit Hilfe des Antragsrechts nimmt man nicht nur Einfluss auf die Entscheidung, sondern kann gegebenenfalls den Entscheidungsgegenstand mitbestimmen. Ein Antragsrecht für Personen ohne Mandat ist allein in § 18 b BayGO geregelt. Diese Vorschrift, die unter anderem ein Quorum nach § 18 b Abs. 3 BayGO vorsieht, hat aufgrund ihrer ausführlichen Regelung abschließenden Charakter. Der Person ohne Mandat bleibt es aber überlassen, Anregungen in den Gemeinderat einzubringen.[261]

Der hessische Gesetzgeber hat auf die aufgezeigte Problematik der mitgliedschaftlichen Rechtsposition von beratenden Personen (ohne Mandat) reagiert.[262] Als Lösung wurde durch Gesetz vom 08.06.1998[263] der neue § 8 c in die Hessische Gemeindeordnung eingefügt. Mit dieser Regelung wurde das Rederecht von Personen ohne Mandat in den Ausschüssen der Gemeinde kommunalrechtlich für zulässig erklärt. Nach dieser Vorschrift können Vertretern von Beiräten, Kommissionen und für Sachverständige in den Organen der Gemeinde und ihren Ausschüssen sowie den Ortsbeiräten Anhörungs-, Vorschlags- und Redemöglichkeiten eingeräumt werden. Die zuständigen Organe der Gemeinde können

---

(164); *Hölzl/Hien*, BayGO, Art. 32 Erl. I 6; *Pichura*, BayVBl. 1996, S. 528; *Prandl/Zimmermann/Büchner*, BayGO, Art. 33 Erl. 1; *Streinz*, Die Rechtsstellung der Mitglieder kommunaler Ausschüsse in Bayern, BayVBl. 1983, S. 744.

258 Die ehrenamtlichen und die berufsmäßigen Gemeinderatsmitglieder sind berechtigt, Anträge zu stellen, vgl. *Widtmann/Grasser*, BayGO, Art. 46 Rn. 15 und 19.

259 Vgl. *Widtmann/Grasser*, BayGO, Art. 46 Rn. 15.

260 *Herbert*, Beratung in der Gemeinde, NVwZ 1995, S. 1056 (1060); *Pichura*, BayVBl. 1996, S. 528.

261 *Herbert*, Beratung in der Gemeinde, NVwZ 1995, S. 1056 (1060).

262 Der Abgeordnete *Karwecki*, SPD, nennt während der Sitzung des Hessischen Landetages vom 26.05.1998 ausdrücklich die „*widerstreitenden Urteile*" als Grund für die Gesetzesänderung (Plenarprotokoll 14/100 S. 5967).

263 Gesetz zur Änderung des Kommunalwahlgesetzes und anderer Gesetze vom 08.06.1998 (BayGVBl. S. 214).

nach § 8 c Abs. 1 S. 3 HGO hierzu entsprechende Regelungen festlegen.

dd. Die Hinzuziehung von Personen ohne Mandat im Einzelfall kraft Organisationshoheit

Neben der hier abgelehnten Mitgliedschaft oder der Einräumung eines mitgliedschaftsähnlichen Status von Personen ohne Mandat in den kollegialen Gremien sind weitere Beteiligungsmöglichkeiten denkbar.

Der Entscheidungsprozess der kommunalen Organe zerfällt in zwei Phasen.[264] Zunächst bereiten sich die Mitglieder des kollektiven Organs durch Informationsbeschaffung auf die Entscheidung vor. Daran knüpft die eigentliche Phase der Entscheidung an. Da die unmittelbare Beteiligung am Treffen von Entscheidungen abzulehnen ist, kommt noch die Teilnahme an der vorbereitenden Phase in Frage. Es ist zu prüfen, ob die Bayerische Gemeindeordnung die Beteiligung von Personen ohne Mandat in der vorbereitenden Phase zulässt oder ausschließt.

Hauptsächlich wird vertreten, dass in der vorbereitenden Phase die Hinzuziehung von Personen ohne Mandat im Einzelfall unbedenklich sei. Begründet wird dies damit, dass die Gemeindeordnung diese Beteiligungsform nicht abschließend geregelt habe. Aufgrund der Befugnis zu Gestaltung der inneren Organisation sind die Gemeinden berechtigt, Personen ohne Mandat *im Einzelfall* in der vorbereitenden Phase hinzuzuziehen.[265]

Dagegen ist *Wohlfarth*[266] der Auffassung, dass sich das in der Gemeindeordnung von Nordrhein-Westfalen normierte Recht der Ausschüsse, Sachverständige und Einwohner anzuhören, nicht auf den Gemeinderat übertragen lasse. Die Anhörungsmöglichkeit sei als Ausnahmevorschrift nicht analogiefähig.

Diese Ansicht übersieht, dass sich die Gemeinde bei der Ausfüllung der Freiräume auf ihr Selbstverwaltungsrecht berufen kann. Das Recht der

---

[264] Unterscheidung nach *Herbert*, Beratung in der Gemeinde, NVwZ 1995, S. 1056 (1057).

[265] *Herbert*, Beratung in der Gemeinde, NVwZ 1995, S. 1056 (1058 f.); *Hölzl/Hien*, BayGO, Art. 32 Erl. I 6; *Prandl/Zimmermann/Büchner*, BayGO, Art. 29 Erl. 2; *Widtmann/Grasser*, BayGO, Art. 33 Rn. 3.

[266] *Wohlfarth*, Zur Unzulässigkeit gesetzlich nicht geregelter Bürgerbeteiligungen auf Gemeindeebene, VR 1983, S. 181 (182 f.).

Gemeinden zur Regelung ihrer inneren Organisation kraft ihrer Organisationshoheit geht soweit, wie keine Vorschriften der Bayerischen Gemeindeordnung bestehen. Dabei sind einschränkenden Regelungen durch die Gemeindeordnung im Lichte der Selbstverwaltungsgarantie eng auszulegen.[267] In der Bayerischen Gemeindeordnung finden sich keine Vorschriften, die ein Verbot der Hinzuziehung von Einzelpersonen aussprechen oder diese Beteiligungsform abschließend abdecken. Darüber hinaus ist die Hinzuziehung von Personen ohne Mandat auch in anderen Gemeindeverfassungen in Gesetzesform gegossen und damit als zulässig erachtet worden. So sehen viele Gemeindeverfassungen jedenfalls die Hinzuziehung von Sachverständigen ausdrücklich vor.[268] Auch spricht die Entstehungsgeschichte der Bayerischen Gemeindeordnung für die Zulässigkeit einer Hinzuziehung. Die Regelung in Art. 22 Abs.3 BayGO der Bayerische Gemeindeordnung von 1945[269] berechtigte den Gemeinderat, jederzeit sachkundige Personen heranzuziehen.

In Abgrenzung zu einer *mitgliedschaftsähnlichen* Beteiligung ist die Hinzuziehung einer Person ohne Mandat aber auf den *Einzelfall* zu beschränken. Eine dauerhafte Mitwirkung der Person ohne Mandat ist davon nicht gedeckt. Zwischen dem Hinzuziehen im Einzelfall und dem oben im Rahmen des mitgliedschaftsähnlichen Status angesprochenen Rederechts besteht ein qualitatives Stufenverhältnis. Mit der Verleihung des Rede- "*rechts*" wird dem Betroffenen ein subjektives Recht zuerkannt, welches er auch gerichtlich durchsetzen kann.[270] Ein solches Recht wird nicht begründet, wenn die Person ohne Mandat zu den Beratungen nur hinzugezogen wird. Die Teilnahme der hinzugezogenen Person im Ausschuss beschränkt sich nur auf die Sitzungen, in denen die spezielle Angelegenheit behandelt wird. Die hinzugezogene Person hat keine beratende Stimme. Sie kann sich nicht zu Wort melden, sondern ist auf die Auskunftserteilung beschränkt.[271] Eine ständige Teilnahme an allen Sitzungen ist nicht vorgesehen. Im Unterschied zum unzulässigen mitgliedschaftsähnlichen Status fehlt der Hinzuziehung das dauerhafte, stetige Element. Eine dauerhafte Zuziehung sachverständiger Bürger oder Einwohner wie in anderen Bundesländern setzt die Änderung der Bayerischen Gemeindeordnung voraus.[272]

---

[267] So *Herbert*, Beratung in der Gemeinde, NVwZ 1995, S. 1056 (1057).
[268] Siehe oben B II 9.
[269] Bayerische Gemeindeordnung vom 18.12.1945 in *Knemeyer*, Die bayerischen Gemeindeordnungen 1808-1945, S. 243 ff.
[270] *BayVGH*, Urteil vom 16.02.1960, VGH n. F. 13, 24 (27).
[271] *Kunze/Schmid/Rehn*, GO BW, Art. 33 Erl. II 3.
[272] *Ziegler*, Bürgerbeteiligung, S. 111.

Ferner muss sich die Hinzuziehung darauf beschränken, dass sich die Person zu Fragen der Ausschussmitglieder äußert. Eine Mitberatung muss der hinzugezogenen Person verwehrt bleiben, da ihr ansonsten ein unzulässiger mitgliedschaftsähnlicher Status gewährt werden würde. Dabei ist schon eine Diskussion mit den Ausschussmitgliedern, bei der die hinzugezogenen Person in die Debatte eingreifen und damit auf die Meinungsbildung einwirken kann, eine Form der unzulässigen Mitberatung.[273]

Dabei fällt es in den Kompetenzbereich des Gemeinderats und nicht des Bürgermeisters, darüber zu entscheiden, ob andere Personen als die Gemeinderatsmitglieder in den nichtöffentlichen Sitzungen des Gemeinderats beratend herangezogen werden.[274]

5. Zusammenfassung

Die Gemeinden haben nach Art. 28 Abs. 2 S. 1 GG das Recht, alle Angelegenheiten der örtlichen Gemeinschaft im Rahmen der Gesetze in eigener Verantwortung zu regeln. Dies beinhaltet insbesondere auch die Organisationshoheit, die den Gemeinden das Recht gibt, ihre Organisation eigenverantwortlich zu gestalten. Dies gilt aber nur soweit, als nicht Gesetzesvorbehalte entgegenstehen. Dabei ist vor allem die Bayerische Gemeindeordnung als Gesetzesvorbehalt im Sinne des Art. 28 Abs. 2 S. 1 zu beachten. Eine abschließende Regelung hat die Bayerische Gemeindeordnung hinsichtlich der äußeren Organisation der Gemeinde getroffen. Die Gemeinde kann dagegen ihre innere Organisation kraft ihrer Organisationshoheit selbst regeln, soweit die Bayerische Gemeindeordnung ausreichend Raum dazu lässt.

Hinsichtlich der Entscheidungsträger hat die Bayerische Gemeindeordnung eine abschließende Regelung getroffen, die den Gemeinden die Kompetenz genommen hat, einzelne Personen ohne Mandat ohne spezielle Rechtsgrundlage am Treffen von Entscheidungen zu beteiligen. Aus diesem Grund sind die bayerischen Gemeinden nicht berechtigt, andere als die in der Bayerischen Gemeindeordnung vorgesehenen Personen in den Gemeinderat und seine Ausschüsse zu berufen. Die Berufung sachkundiger Personen bedarf einer Änderung der Bayerischen Gemeindeordnung.

---

[273] *Ziegler*, Bürgerbeteiligung, S. 110 f.

[274] *Grasser*, Kein Beratungsrecht Dritter in Gemeinderatssitzungen, BayVBl. 1989, S. 225.

Aber nicht nur die Berufung als Mitglied eines Ausschusses ist unzulässig, sondern schon die Verleihung eines *mitgliedschaftsähnlichen* Status. Das Organisationsrecht ist insoweit durch die detaillierten Regelungen der Bayerischen Gemeindeordnung, insbesondere durch die des Art. 33 BayGO, eingeschränkt. Eine unzulässige mitgliedschaftsähnliche Beteiligung ist schon erreicht, wenn die Person ohne Mandat im Gemeinderat oder in den Ausschüssen ein Stimm-, Rede- oder Antragsrecht hat.

Dagegen ist es den Gemeinden gestattet, auch ohne ausdrückliche Rechtsgrundlage Personen ohne Mandat im Einzelfall kraft ihrer Organisationshoheit beratend in der vorbereitenden Phase heranzuziehen. Die Hinzuziehung ist von der Beteiligung am Treffen von Entscheidungen zu unterscheiden. Die Hinzuziehung beschränkt sich auf den Einzelfall und gewährt der hinzugezogenen Person ohne Mandat keinen mitgliedschaftsähnlichen Status. Daher sind die in der Bayerischen Gemeindeordnung vorhandenen abschließenden Regelungen über die Zahl der Entscheidungsträger nicht auf die Hinzuziehung anwendbar. Da keine Regelungen entgegenstehen, kann diese Beteiligungsform von der Gemeinde kraft ihrer Organisationshoheit eingerichtet werden.

Die Auswirkungen der Ablehnung eines mitgliedschaftsähnlichen Status werden bei der praktisch bedeutsamen Anhörung deutlich.[275] Die Anhörung von möglichen Betroffenen einer Entscheidung ist in einigen Gemeindeverfassungen ausdrücklich vorgesehen.[276] Aber auch bei dem Fehlen einer gesetzlichen Ermächtigung kann die Gemeinde im Einzelfall eine Anhörung kraft Organisationshoheit durchführen. Bei einer durch das Organisationsrecht gedeckten Anhörung von Betroffenen in Sitzungen von Ausschüssen oder des Gemeinderats dürfen die Erläuterungen der Betroffenen nicht in einer Diskussion mit den Mitgliedern des Gemeinderats oder der Ausschüsse münden. Dadurch würde den Personen ohne Mandat eine Einflussmöglichkeit auf die Entscheidung eröffnet. Die Anhörung muss sich auf das einseitige Darlegen der Betroffenheit beschränken und der Person ohne Mandat muss eine weitergehendes Rederecht oder Antragsrecht verwehrt bleiben.

Mit der Annahme einer zulässigen Heranziehung von Einzelpersonen ist aber noch keine Aussage darüber getroffen, ob und inwieweit ganze Gremien gebildet werden können, die nicht in der Bayerischen Gemeindeordnung oder anderen Gesetzen vorgesehen sind. Im Folgenden wird untersucht, ob die Errichtung solcher Gremien zulässig ist.

---

[275] Vgl. dazu *Herbert*, Beratung in der Gemeinde, NVwZ 1995, S. 1056 (1059).
[276] Siehe oben B II 6.

II. Die Bildung gesetzlich nicht geregelter Gremien kraft Organisationshoheit

1. Begriffsbestimmung

In der Verwaltungsorganisation der bayerischen Gemeinden gibt es außerhalb des Gemeinderates und seiner Ausschüsse eine Vielzahl von Gremien mit unterschiedlicher Zielsetzung. Beispielhaft seien hier der in vielen Städten bestehende Ausländerbeirat, der Seniorenbeirat, die Stadtgestaltungskommission in München und natürlich der Beirat für Stadtgestaltung der Stadt Regensburg genannt.

Diese kurze Aufzählung macht deutlich, dass für die verschiedenen Kollegien unterschiedliche Begriffe wie *„Beirat"*, *„Ausschuss"* oder *„Kommission"* verwendet werden. Ein einheitliches System der Benennung ist nicht erkennbar. Das positive Recht selbst enthält keine Definition der Begriffe *„Beirat"*, *„Kommission"* oder *„Ausschuss"*. Art. 88 BayVwVfG[277] beschränkt sich darauf, die Anwendung bestimmter Vorschriften für *„Ausschüsse, Beiräte und andere kollegiale Einrichtungen"* zu erklären. Eine Legaldefinition wird durch diese Aufzählung nicht erbracht. Im Wörterbuch wird der Begriff *„Gremium"* als eine *„zur Erfüllung einer bestimmten Aufgabe berufene Kommission"* definiert, während unter dem Begriff *„Kommission"* ein „mit einer bestimmten Aufgabe betrautes Gremium" zu verstehen sei. Bei dem Begriff *„Ausschuss"* werden Synonyme wie Beirat, Gremium, Komitee, Kommission angeführt.[278] Unter einem Ausschuss nach Art. 88 BayVwVfG wird *„ein Gremium, das sich aus mehreren in Sachfragen gleichberechtigten Personen zusammensetzt und seinen Willen durch Abstimmung ermittelt"*[279] verstanden. Die Begriffe sind demnach austauschbar, weshalb die Namensgebung keine Rückschlüsse auf die Rolle der kollegialen Einrichtung zulässt. Die unterschiedliche Namensgebung hat meist nur historische Ursachen.[280] Unabhängig von der Namensgebung ist den Gremien gemeinsam, dass eine Gruppe von Personen, die einander gleich geordnet sind, Beschlüsse fassen. Für den weiteren Verlauf der Untersuchung soll ein Oberbegriff gefunden werden. Ausgehend von § 88 VwVfG liegt für kollektive Einrichtungen der Oberbegriff *„Ausschuss"* nahe. Dieser Begriff ist aber im Kommunalrecht schon durch die Ausschüsse nach Art. 32 BayGO inhaltlich be-

---

[277] Vgl. auch § 88 VwVfG, der denselben Wortlaut hat.
[278] *Duden*, Bedeutungswörterbuch, 2. Auflage, 1985.
[279] *Ule/Laubinger*, Verwaltungsverfahrensrecht, § 14 Rn. 3.
[280] *Groß*, Das Kollegialprinzip in der Verwaltungsorganisation, S. 45.

setzt. Als neutraler Begriff erscheint hier der schon verwendete Oberbegriff „*Gremium*“ geeigneter.

2. Typologie der gesetzlich nicht geregelten Gremien

Die gesetzlich geregelten Gremien können unterschiedlich ausgestaltet werden. Um zu einer ausreichend differenzierten Betrachtung zu gelangen, wird der Versuch einer Typisierung der gesetzlich nicht vorgesehenen Gremien unternommen. Die Einteilung der gesetzlich nicht geregelten Gremien erfolgt anhand verschiedener Kriterien.

a. Einteilung nach der Kompetenz des Gremiums

Bei den gesetzlich geregelten Gremien unterscheidet man zwischen beratenden Gremien und Gremien mit Entscheidungskompetenz. Die Bayerische Gemeindeordnung bezeichnet diese als „*vorberatende*“ und „*beschließende*“ Gremien, Art. 32 BayGO. Diese Differenzierung ist auf die gesetzlich nicht geregelten Gremien übertragbar. Bei der nachfolgenden Prüfung wird zwischen gesetzlich nicht geregelten Gremien mit Beratungsfunktion und solchen mit Entscheidungskompetenz unterschieden.

b. Einteilung nach der Zuordnung des Gremiums

Die gesetzlich nicht geregelten Gremien sind für unterschiedliche Subjekte der Gemeinde tätig. Die überwiegende Zahl dieser Gremien soll den Gemeinderat und seine Ausschüsse in bestimmten Angelegenheiten unterstützen. So hat etwa der Ausländerbeirat in Regensburg die Aufgabe, „*den Stadtrat*“ in allen Fragen, die die Ausländerinnen und Ausländer in Regensburg allgemein betreffen und die zum eigenen Wirkungskreis der Stadt gehören, zu beraten.[281] Ist das Gremium bei einem Ausschuss angesiedelt, spricht man regelmäßig von einem „*Unterausschuss*“.[282] In der Praxis wird der Begriff nicht einheitlich verwendet, sondern die „*Unterausschüsse*“ werden häufig auch als Kommission, Koordinierungskreis oder auch als Beirat bezeichnet.[283]

---

[281] Anlage 1 zur Geschäftsordnung für den Stadtrat der Stadt Regensburg vom 25.02.1993, B) IVa.

[282] *Erbguth/Paßlick*, Kommunale (Unter-)Gremien, NWVBl. 1991, S. 37 (38); *Löwer*, Zur Problematik der Bildung von „Unterausschüssen“ auf der gemeindlichen Ebene, SKV 1975, S. 35 ff.

[283] *Tyska*, Zur Problematik von gemeindlichen „Unterausschüssen“, VR 1987, S. 73.

Daneben sind gesetzlich nicht geregelte Gremien denkbar, die unmittelbar bei der Gemeindeverwaltung angesiedelt sind. In diesem Zusammenhang erfasst der Begriff *„Verwaltung"* nicht den Gemeinderat als das Verwaltungsorgan nach Art. 29 BayGO erfasst, sondern es ist allein die Gemeindeverwaltung an sich gemeint. Der Gestaltungsbeirat der Stadt Regensburg ist organisatorisch dem Bauordnungsamt zugeordnet, bei dem sich nach § 3 Geschäftsordnung des Beirates für Stadtgestaltung auch seine Geschäftsstelle befindet. Letztlich ist auch hier keine klare Zuordnung möglich, da der Gestaltungsbeirat bei Bauvorhaben, die unter die Zuständigkeit des Bauausschusses der Stadt Regensburg fallen, gleichwohl diesen Ausschuss unterstützt.

c. Einteilung nach dem Zweck des Gremiums

Schon bei der Übersicht über die gesetzlich geregelten Gremien wurde festgestellt, dass sich die Gremien nach dem Zweck ihrer Errichtung gliedern lassen. Der überwiegende Teil dieser Gremien dient der Berücksichtigung der Einwohnerinteressen, daneben finden sich Gremien, die vor allem das Informationsbedürfnis der Verwaltung befriedigen sollen.[284] Auch bei den gesetzlich nicht geregelten Gremien lässt sich diese Trennung erkennen, wenn auch mit zahlreichen Überschneidungen.

Der Zweck eines Gremiums erschließt sich meist aus seiner Geschäftsordnung. Danach dienen etwa in Regensburg der Seniorenbeirat, der Behindertenbeirat, der Ausländerbeirat und der Kulturbeirat der Berücksichtung von Interessen der Gemeindeangehörigen. Nach Anlage 1 zur Geschäftsordnung für den Stadtrat der Stadt Regensburg[285] ist der Seniorenbeirat *„die Interessenvertretung aller älteren Mitbürger/ Mitbürgerinnen in Regensburg"*. Der Behinderbeirat arbeitet *„zur Förderung der Belange der Behinderte"*. Der Ausländerbeirat hat die Aufgabe, den Stadtrat in allen Fragen, die *„die Ausländerinnen und Ausländer in Regensburg allgemein betreffen und die zum eigenen Wirkungskreis der Stadt gehören, zu beraten."*[286] Hinzu kommt meist eine Zusammensetzung, die dies an dem Zweck des Gremiums orientiert. Naturgemäß setzt sich so der Ausländerbeirat aus stimmberechtigten, von der ausländischen Bevölkerung in Regensburg gewählten Mitgliedern zusammen.

---

[284] Siehe oben B II 11 a.

[285] Anlage 1 zur Geschäftsordnung für den Stadtrat der Stadt Regensburg vom 25.02.1993, B) III.

[286] Anlage 1 zur Geschäftsordnung für den Stadtrat der Stadt Regensburg vom 25.02.1993, B) IV a.

Daneben haben die Gemeinden Gremien eingerichtet, ohne dadurch eine verbesserte Repräsentation der Gemeindeangehörigen erreichen zu wollen. Gleichwohl ist klarzustellen, dass die Gremien zur Berücksichtigung der Einwohnerinteressen auch der Gemeinde sachliche Informationen vermitteln, so dass sie meist eine Zwitterstellung einnehmen. Gänzlich anders ist demgegenüber die Lage bei Gremien, die allein aus Sachverständigen bestehen, wie dies bei dem Beirat für Stadtgestaltung der Stadt Regensburg der Fall ist. Dazu dürfen die sachverständigen Mitglieder nach § 2 Abs. 3 Geschäftsordnung des Beirates für Stadtgestaltung[287] ihren Wohn- oder Arbeitssitz nicht in den Regierungsbezirken Oberpfalz und Niederbayern haben. Der Beirat für Stadtgestaltung ist demnach exemplarisch für ein reines Sachverständigengremium, welches nicht der Repräsentation der Gemeindeangehörigen dient. Die Stadt selbst spricht auch von einem *„Sachverständigengremium"*.[288]

3. Anwendung der parlamentarischen Grundsätze auf den Gemeinderat

Gesetzlich nicht geregelte Gremien und Unterausschüsse haben auch auf parlamentarischer Ebene vielfach Einzug gefunden. Dabei könnten die im Parlamentsrecht gewonnen Erkenntnisse auf die Gemeindeebene übertragen werden, wenn beide Ebenen vergleichbar sind. Zunächst werden die parlamentarischen Grundsätze dargelegt.

a. Die parlamentarischen Grundsätze

Sowohl auf Bundesebene als auch auf Landesebene ist die Einrichtung von Unterausschüssen in den jeweiligen Geschäftsordnungen der Parlamente geregelt.

Die Einsetzung von Unterausschüssen ist in § 55 Geschäftsordnung des Deutschen Bundestages[289] ausdrücklich festgeschrieben. Ein Ausschuss ist aber an der Bildung eines Unterausschusses nach § 55 Abs. 1 S. 1 Geschäftsordnung des Deutschen Bundestages gehindert, wenn ein Drittel seiner Mitglieder widerspricht.

---

[287] Geschäftsordnung des Beirates für Stadtgestaltung der Stadt Regensburg vom 30.04.1998, Quelle: Zwischenbericht des Gestaltungsbeirates 1998-2001, S. 51 f.

[288] Vorbemerkungen zur Geschäftsordnung des Beirates für Stadtgestaltung der Stadt Regensburg, Quelle: Zwischenbericht des Gestaltungsbeirates 1998-2001, S. 51.

[289] Geschäftsordnung des Deutschen Bundestages vom 28.01.1952 (BGBl. II, S. 389) in der Fassung der Neubekanntmachung vom 02.07.1980.

Auf Landesebene sind die Unterausschüsse in den Geschäftsordnungen der Landtage geregelt. Nach § 28 Abs. 1 S. 1 Geschäftsordnung für den Bayerischen Landtag[290] kann jeder Ausschuss zur Vorbereitung seiner Arbeiten aus seiner Mitte Unterausschüsse mit bestimmten Aufträgen einsetzen, sich über ihre Verhandlung berichten lassen und sie wieder auflösen. Ein Beratungsergebnis formuliert der Unterausschuss nicht, da er nur *„zur Vorbereitung"* tätig werden darf und die eigentliche Beratung im Ausschuss stattfinden muss.[291] Bei der Zusammensetzung der Unterausschüsse muss jeder Fraktion, die im Ausschuss vertreten ist, auf ihr Verlangen mindestens ein Sitz eingeräumt werden.

b. Die Vergleichbarkeit von Parlament und Gemeinderat

Es kann von der prinzipiellen Zulässigkeit der Unterausschüssen auf parlamentarischer Ebene auf die Zulässigkeit solcher Gremien auf Gemeindeebene nur geschlossen werden, wenn der Gemeinderat und seine Ausschüsse mit einem Parlament vergleichbar ist.

Dies ist aber abzulehnen.[292] Der Gemeinderat hat keine ursprüngliche Autonomie in Verfahrensfragen, sondern leitet sie aus gesetztem Recht ab.[293] Der Gemeinderat ist Teil der Verwaltung und verliert diese Qualifikation auch nicht in seiner Funktion als Satzungsgeber.[294] Der Gemeinderat ist ein Organ der Selbstverwaltungskörperschaft, obwohl er aus Wahlen im Sinne des Art. 28 Abs. 1 S. 3 GG hervorgeht.[295] Schließlich unterliegen die Satzungen der Gemeinde, wie jeder Beschluss, der

---

290 Geschäftsordnung für den Bayerischen Landtag in der Fassung der Neubekanntmachung vom 18.02.2000 (BayGVBl. S. 670).

291 *Löwer*, Zur Problematik der Bildung von „Unterausschüssen" auf der gemeindlichen Ebene, SKV 1975, S. 35 (36).

292 Vgl. *BayVerfGH*, Entscheidung vom 18.03.1952, VerfGH 5, 66 (76); *BayVGH*, Urteil vom 16.02.1960, VGH n. F. 13, 24 (30); *BayVGH*, Urteil vom 7.10.1992, BayVBl. 1993, S. 180 (183); *Wurzel*, Usurpation parlamentarischer Kompetenzen durch Stadt- und Gemeinderäte, BayVBl. 1986, S. 417 ff.; ausführlich dazu *Schröder*, Grundlagen und Anwendungsbereich des Parlamentsrechts, S. 27 ff., 325 ff.

293 *Löwer*, Zur Problematik der Bildung von „Unterausschüssen" auf der gemeindlichen Ebene, SKV 1975, S. 35 (36).

294 *BVerfG*, Beschluss vom 22.11.1983, BVerfGE 65, 283 (289); *Forsthoff*, Verwaltungsrecht, Bd. 1, § 27 S. 536 f., 555 f.; *Prandl/Zimmermann/Büchner*, BayGO, Art. 29 Erl. 2; *Rennert* in: *Umbach/Clemens*, GG I, Art. 28 Rn. 69.

295 *BVerfG*, Beschluss vom 21.06.1988, BVerfGE 78, 344 (348); *BayVGH*, Urteil vom 24.08.1988, BayVBl. 1989, S. 14 (16).

Kommunalaufsicht. Die Aufsichtsbehörde ist berechtigt, nicht nur Beschlüsse der Gemeinde aufzuheben, sondern sie auch zu ersetzen.[296]

Nach der Ansicht von *Forsthoff* sind die Rechtsprinzipien des Parlamentsrechts nicht auf die Gemeindevertretungen anwendbar, da die kommunale Selbstverwaltung kein regional begrenzter Unterfall demokratischer Staatsgestaltung sei. Demokratie und kommunale Selbstverwaltung seien auf eine unverwechselbare Art voneinander getrennt. Denn die Selbstverwaltung erschöpfe sich nicht wie die Demokratie in der Ausübung eines Wahl- oder Stimmrechts, sondern umfasse die aktive Mitarbeit der Gemeindebürger bei der Durchführung der kommunalen Verwaltungsaufgaben.[297]

Dabei darf aber nicht übersehen werden, dass sich auch auf kommunaler Ebene demokratische Elemente finden, wie die Grundsätze der Wahl der Gemeindevertretung (Art. 28 Abs. 2 GG). Das Grundgesetz sieht für die kommunalen Körperschaften nach Art. 20 Abs. 2 S. 2, 38 Abs. 1 S. 2 und Art. 28 Abs. 1 GG eine repräsentativ demokratische Organisation vor.[298] Die Verknüpfung von Demokratie und Selbstverwaltung verdeutlicht Art. 11 Abs. 4 BV, der zum Ausdruck bringt, dass die Selbstverwaltung der Gemeinden dem Aufbau der Demokratie in Bayern von unten nach oben dient.[299] Dieser Gedanke findet sich auch im einfachen Gesetz. Nach Art. 1 S. 1 BayGO bilden die Gemeinden die Grundlagen des Staates und des demokratischen Lebens.

Dennoch kann die Regelungslücke in der Bayerischen Gemeindeordnung nicht durch die Heranziehung der parlamentarischen Grundsätze geschlossen werden. Eine Rechtfertigung für die Organisationsentscheidung der Gemeinde muss sich aus ihrer Organisationshoheit ergeben.

4. Die Organisationshoheit als Legitimationsgrund

Die Hinzuziehung von einzelnen Personen ohne Mandat zu Beratungen kraft Organisationshoheit ist möglich.[300] Dies kann zu der Annahme veranlassen, dass die Befugnis zur inneren Organisation auch die Hinzu-

---

[296] *Forsthoff*, Verwaltungsrecht, Bd. 1, § 27 S. 551.
[297] *Forsthoff*, Verwaltungsrecht, Bd. 1, § 27 S. 536, 551.
[298] *Erbguth/Paßlick*, Kommunale (Unter-)Gremien, NWVBl. 1991, S. 37 (40).
[299] Vgl. *Wurzel*, Usurpation parlamentarischer Kompetenzen durch Stadt- und Gemeinderäte, BayVBl. 1986, S. 417 (420).
[300] Siehe oben C I 4 b dd.

ziehung *beratender* Gremien umfasst,[301] da ein entscheidender Unterschied zur Beteiligung von Einzelpersonen nicht besteht.[302]

Dem ist insoweit zuzustimmen, als die Beteiligung eines Gremiums immer auch die Beteiligung von mehreren einzelnen Personen darstellt. Hinzu kommt, dass die Bayerische Gemeindeordnung die Bildung von Gremien unter der Beteiligung von Personen ohne Mandat jedenfalls nicht ausdrücklich verbietet. Jedoch hat die Bildung eines Gremiums eine völlig andere organisatorische Qualität innerhalb Gemeinde als die Hinzuziehung einzelner Personen. Die Auswirkungen dieser institutionalisierten Beteiligung sind im Hinblick auf die bestehenden Gemeindesubjekte besonders zu prüfen. Schließlich enthält die Bayerische Gemeindeordnung ausführliche Vorgaben an die Gemeindeorganisation. Daher ist die Bildung eines Gremiums, das in einer bestimmten Angelegenheit tätig werden soll, als unzulässig anzusehen, wenn die Bayerische Gemeindeordnung dazu eine andere abschließende Regelung vorsieht.

5. Die Bildung von Gremien mit Entscheidungskompetenz

Die Berufung einzelner Personen ohne Mandat in die Ausschüsse der Gemeinde oder in den Gemeinderat ist, wie gezeigt, unzulässig. Darüber hinaus ist die Gemeinde daran gehindert, anderen Personen als den Mitgliedern des Gemeinderats einen mitgliedschaftsähnlichen Status in diesen Gremien zu gewähren. Die Bayerische Gemeindeordnung gibt die Entscheidungsträger in den Gremien der Gemeinde abschließend vor.[303] Die gesetzlich nicht geregelten Gremien haben ihrerseits keine originären Entscheidungsbefugnisse, da sie von der Bayerischen Gemeindeordnung nicht vorgesehen sind. Entscheidungskompetenz könnte ihnen nur durch die Gemeindeorgane vermittelt werden, die aber zu dieser Kompetenzübertragung berechtigt sein müssten.

---

[301] *Knemeyer*, Bürgerbeteiligung und Kommunalpolitik, S. 181; *Rehn/Cronauge* in: *Kottenberg/Rehn,* Gemeindeordnung für das Land Nordrhein-Westfalen, § 41 Abs. 1; *Troidl*, Kommunale Beiräte, BayVBl. 2004, S. 321 (324); *Widtmann/Grasser*, BayGO, Art. 32 Rn. 1.

[302] So ausdrücklich *Willamowski*, Zur Verteilung der innergemeindlichen Organisationsgewalt in Nordrhein-Westfalen, S. 180.

[303] Siehe oben C I 4 b aa.

a. Bildung des Gremiums durch den Gemeinderat oder seinen Ausschüssen

Überträgt ein Inhaber gemeindlicher Zuständigkeit seine Kompetenzen ganz oder zum Teil auf ein anderes Subjekt spricht man von *Delegation*[304]. In einer Gemeinde ist der wichtigste Fall der Delegation die Übertragung von Entscheidungskompetenzen des Gemeinderats auf beschließenden Ausschüsse nach Art. 32 Abs. 2 BayGO. Schaltet der Ausschuss einen Unterausschuss ein, liegt ein Fall der *Subdelegation* vor. Der Ausschuss überträgt die Befugnisse, die der Gemeinderat ihm zuvor verliehen hat. Dabei können die Ausschüsse ihre Entscheidungskompetenz an Unterausschüsse nur übertragen, wenn der Gemeinderat als Inhaber der Kompetenz ihnen dieses Recht zubilligt. Der Inhaber der Kompetenz muss von dem Subjekt, das die zu delegierende Kompetenz begründet hat, ermächtigt sein.[305] Ein eigenes Delegationsrecht steht den Ausschüssen nicht zu. Der Gemeinderat kann aber weder seinen Ausschüssen das Recht zur Subdelegation einräumen noch seine Kompetenzen unmittelbar auf Subjekte übertragen, die von der Bayerischen Gemeindeordnung nicht genannt werden. Die Delegationsadressaten sind in der Bayerischen Gemeindeordnung abschließend beschrieben.[306] Nach Art. 32 Abs. 2 S. 1 BayGO kann der Gemeinderat die Verwaltung bestimmter Geschäftszweige oder die Erledigung einzelner Angelegenheiten (nur) *„beschließenden Ausschüssen"* übertragen.

Die Ermächtigung in Art. 60 Abs. 2 S. 2 BayGO, Entscheidungsrechte auf die Bezirksausschüsse zu übertragen, hat einen erkennbaren Ausnahmecharakter. Sie kann daher nicht als Grundlage für eine Analogie dienen, die eine Erweiterung des Kreises der Delegationsadressaten zum Ziel hat. Der Ausnahmecharakter folgt insbesondere aus der Entstehungsgeschichte dieser Regelung. Sie wurde nicht vom (parlamentarischen) Gesetzgeber eingeführt, sondern sie ist Ergebnis eines Volks-

---

[304] *Dagtoglou*, Kollegialorgane und Kollegialakte der Verwaltung, 2. Abschnitt § 5 II (S. 62).

[305] *Held/Becker/Decker/Kirchhof/Krämer/Wansleben*, Kommunalverfassungsrecht Nordrhein-Westfalen, § 41 Ziffer 3.2.

[306] Vgl. *Dahlbokum*, Verwaltungskommissionen, SKV 1974, S. 201 (202); *Löwer*, Zur Problematik der Bildung von „Unterausschüssen" auf gemeindlicher Ebene, SKV 1975, S. 35 (38); *Tyska*, Zur Problematik von gemeindlichen „Unterausschüssen", VR 1987, S. 73; *Witte-Wegmann*, Zur rechtlichen Zulässigkeit von Beiräten auf kommunaler Ebene, Kommunalpolitische Blätter 1981, S. 732.

entscheids.[307] Für eine Analogie mangelt es schon an der planwidrigen Regelungslücke.

Nach Art. 37 Abs. 2 S. 1 BayGO kann der Gemeinderat dem Oberbürgermeister durch die Geschäftsordnung weitere Angelegenheiten zur selbständigen Erledigung übertragen. Diese Regelung einer direkten Delegation lässt es ausnahmsweise zu, dass der Gemeinderat in besonderen Fällen weitere Entscheidungsbefugnisse übertragen darf. Als einziger Adressat dieser Delegation ist der Oberbürgermeister vorgesehen. Die Übertragung auf ein beschließendes Gremium, welches sich aus Personen ohne Mandat zusammensetzt, ist nicht vorgesehen. Eine Ermächtigung zur Übertragung kann auch nicht durch Ortsrecht eingeräumt werden, da das Ortsrecht als rangniedrigeres Recht die eindeutige Regelung des Art. 37 Abs. 2 S. 1 BayGO nicht unterlaufen darf.[308] Die allgemeine Ermächtigung zum Erlass von Ortsrecht aus Art. 23 BayGO umfasst nicht gleichzeitig das Recht, diese Ermächtigung auch auf andere Subjekte zu delegieren. Die Ermächtigung zur Delegation müsste in der Bayerischen Gemeindeordnung gesondert ausgesprochen werden.[309]

Ferner enthält die Bayerische Gemeindeordnung auch keine Ermächtigung des Gemeinderats, seinen Ausschüssen die Subdelegation zu ermöglichen. In anderen Gemeindeordnungen ist eine solche Ermächtigung zu finden, so etwa § 41 Abs. 2 S. 2 GO NW, der lautet: *„Der Rat kann ferner Ausschüsse ermächtigen, in Angelegenheiten ihres Aufgabenbereichs die Entscheidung dem Gemeindedirektor zu übertragen."* Somit können weder die Ausschüsse noch der Gemeinderat Kompetenzen auf gesetzlich nicht vorgesehene Gremien übertragen.

---

[307] Die Regelung wurde mit dem durch Volksentscheid vom 01.10.1995 beschlossenen Gesetz zur Einführung des kommunalen Bürgerentscheids eingeführt (BayGVBl. S. 730); vgl. dazu auch *Dahlbokum*, Verwaltungskommissionen, SKV 1974, S. 201 (202).

[308] Vgl. dazu *Löwer*, Zur Problematik der Bildung von „Unterausschüssen" auf gemeindlicher Ebene, SKV 1975, S. 35 (38) und *Dahlbokum*, Verwaltungskommissionen, SKV 1974, S. 201 (202), die ihre Argumentation auf § 28 Abs. 2 und 3 GO NW a.F. stützen. Diese Vorschrift lautete: *„Im übrigen kann der Rat die Entscheidung über bestimmte Angelegenheiten auf Ausschüsse oder den Gemeindedirektor übertragen"*. Die jetzige Vorschrift des § 41 Abs. 2 S. 1 GO NW hat einen vergleichbaren Wortlaut: *„Im übrigen kann der Rat die Entscheidung über bestimmte Angelegenheiten auf Ausschüsse oder den Bürgermeister übertragen."*.

[309] Vgl. *Stober* in: *Wolff*, Verwaltungsrecht, Bd. 1, § 25 Rn. 34.

b. Bildung des Gremiums durch den Oberbürgermeister

Gleichfalls kann der Oberbürgermeister im Rahmen der Geschäftsverteilung nach Art. 39 Abs. 2 BayGO einzelne seiner Befugnisse den weiteren Bürgermeistern, nach deren Anhörung auch einem Gemeinderatsmitglied und in Angelegenheiten der laufenden Verwaltung einem Gemeindebediensteten übertragen. Ein darüber hinausgehende Übertragung auf einen Bediensteten bedarf zusätzlich der Zustimmung des Gemeinderats. Auch in dieser Vorschrift ist der Kreis der möglichen Delegationsadressaten abschließend beschrieben. Eine Subdelegation des Oberbürgermeisters auf ein beschließendes Gremium, das aus Personen ohne Mandat besteht, scheidet demnach von vornherein aus.

Somit können weder der Gemeinderat noch der Oberbürgermeister Gremien mit Entscheidungsbefugnissen einrichten, da die Delegationsadressaten in der Bayerischen Gemeindeordnung abschließend vorgegeben sind. Die Verwaltung selbst ist nicht berechtigt, Kompetenzen zu übertragen, da sie nur die Kompetenzen der beiden Organe Gemeinderat und erster Bürgermeister ausübt.

c. Urteil des Bayerischen Verwaltungsgerichtshof vom 15.03.2004

Der *Bayerische Verwaltungsgerichtshof* hat in seiner Entscheidung vom 15.03.2004 ausgeführt, dass die in der Bayerischen Gemeindeordnung geregelte Kompetenzverteilung die Schaffung weiterer Organe mit Entscheidungsbefugnissen nicht zulasse.[310] Dem Urteil lag folgender Sachverhalt zugrunde:

Der Kläger beantragte einen Standplatz auf dem Volksfest seiner Stadt. Das Verfahren zur Standplatzvergabe lief danach so ab, dass die Verwaltung einem gesetzlich nicht vorgesehenen Volksfestbeirat einen Entscheidungsvorschlag machte und dieser dann eine Stellungnahme abgab. Diese Stellungnahme betrachtete die Verwaltung nicht nur intern als bindende Entscheidung, sondern führte in der Bescheidsbegründung aus, dass das Gremium die *„letztgültige Entscheidung“* über die Vergabe getroffen habe. Gegen den ablehnenden Bescheid der Stadt wehrte sich der Kläger unter anderem mit der Begründung, der Bescheid sei formell rechtswidrig.

---

[310] *BayVGH*, Urteil vom 15.03.2004, BayVBl. 2004, S. 494 ff.

Der *Bayerische Verwaltungsgerichtshof* hielt diese Verfahrensweise für rechtswidrig, da die Auswahlentscheidung von einem gesetzlich nicht legitimierten Kollegialorgan anstelle des zuständigen Oberbürgermeisters beziehungsweise der ihm nachgeordneten Verwaltung getroffen wurde. Eine zulässige Übertragung nach Art. 39 Abs. 2 BayGO liege nicht vor. Auch ein freiwilliger Kompetenzverzicht scheide aus, da alle Gemeindeorgane an die gesetzliche Zuständigkeitsbestimmung gebunden seien. Dem Volksfestbeirat fehle es schon an einer Rechtsgrundlage und seine Tätigkeit verstoße gegen die geltende Kompetenzordnung. Eine nachträgliche Heilung des Verstoßes nach Art. 46 BayVwVfG durch die anschließende Genehmigung des zuständigen Gemeindeorgans sei nicht möglich.

Das Gericht stützte dabei seine Feststellung, dass dem Volksfestbeirat in unzulässiger Weise Entscheidungsbefugnisse übertragen wurden, auch auf interne Aktenvermerke. Aus diesen habe sich ergeben, dass die Verwaltung die Beschlüsse des Gremiums als abschließende, intern verbindliche Entscheidung über die Zulassung der einzelnen Bewerber verstanden habe, und nicht nur als beratende Stellungnahme.

Ausgehend vom Urteil des *Bayerischen Verwaltungsgerichtshofs* ist bei der nachfolgenden Untersuchung zu prüfen, ob auch intern vorgesehene Bindungen und Aufgabenteilungen bestehen, die sich auf die Zulässigkeit des Gremiums in auswirken können.

6. Die Bildung von Gremien mit beratender Funktion

Die Vorschriften der Bayerischen Gemeindeordnung stehen der Bildung von beratenden Gremien entgegen, wenn sie für die Angelegenheiten, in denen das Gremium eingesetzt wird, schon andere Gremien oder Subjekte vorsehen. Da sich die Vorschriften des Oberbürgermeisters und „*seiner*" Verwaltung[311] von den Regelungen des Gemeinderats und seinen Ausschüssen unterscheiden, ist bei der aufgeworfenen Frage zu differenzieren, welchem Subjekt in der Gemeinde das Gremium zugeordnet ist.[312] Dabei ist zwischen beratenden Gremien des Gemeinderats

---

[311] *Knemeyer* spricht von dem Bürgermeister und „*seiner*" Verwaltung, da er Behördenleiter ist. Der Autor weist aber ausdrücklich darauf hin, dass die Verwaltung auch „*Hilfstruppe*" des Gemeinderats ist, soweit diese Entscheidungen des Gemeinderats vorbereiten oder vollziehen, siehe *Knemeyer*, Bürgermeister und Gemeinderat, in: FS 75 Jahre Bayerischer Gemeindetag, S. 239 ff.

[312] Mit dem Begriff „*Verwaltung*" ist die Gemeindeverwaltung und nicht der Gemeinderat in seiner Funktion als Hauptverwaltungsorgan nach Art. 29 BayGO gemeint.

und seiner Ausschüsse sowie beratenden Gremien des Oberbürgermeisters und „*seiner*“ Verwaltung zu unterscheiden.

7. Die Bildung beratender Gremien des Gemeinderats und seiner Ausschüsse

a. Kompetenz für die Bildung eines beratenden Gremiums

Gesetzlich nicht geregelte, beratende Gremien können als Unterorganisationen der Organe nur mit Hilfe einer Geschäftsordnung eingerichtet werden. Die Bildung von Unterausschüssen oder anderen untergeordneten gesetzlich nicht geregelten Gremien ist den Ausschüssen nicht möglich, da ihnen das Recht zum Erlass einer eigenen Geschäftsordnung nicht zusteht.[313] Nach den Vorgaben der Bayerischen Gemeindeordnung besitzen die Ausschüsse keine Geschäftsordnungsautonomie. Gemäß Art. 33 Abs. 1 S. 1 BayGO regelt der Gemeinderat in der Geschäftsordnung die Zusammensetzung der Ausschüsse. Diese Geschäftsordnung muss nach Art. 45 Abs. 2 BayGO Bestimmungen über den Geschäftsgang der Ausschüsse enthalten. Danach können sich weder die vorberatenden noch die beschließenden Ausschüsse eine eigene Geschäftsordnung geben. In Art. 55 Abs. 1 BayGO wird ausdrücklich normiert, dass der *Gemeinderat* in seiner Geschäftsordnung den Geschäftsgang der vorberatenden Ausschüsse regelt.[314]

Danach bleibt es allein dem Gemeinderat überlassen, kraft seiner Organisationshoheit gesetzlich nicht geregelte Gremien durch eine Geschäftsordnung einzurichten. Das gesetzlich nicht geregelte Gremium muss sich aber an die durch die Bayerische Gemeindeordnung gesetzten Grenzen halten.

b. Kein Organ- und ausschussähnlicher Status des Gremiums

aa. Meinungsstand in Rechtsprechung und Literatur

In der Bayerischen Gemeindeordnung ist die äußere Organisation der Gemeinde abschließend festgeschrieben.[315] Zur äußeren Organisation der Gemeinde zählen insbesondere die Benennung der Organe der Ge-

---

[313] Vgl. *Löwer*, Zur Problematik der Bildung von „Unterausschüssen“ auf gemeindlicher Ebene, SKV 1975, S. 35 (38).
[314] Siehe auch *Widtmann/Grasser*, BayGO, Art. 55 Rn. 2 und 4.
[315] Siehe oben C I 4 a.

meinde und ihrer Kompetenzen.[316] In diesem Sinne befand der *Bayerische Verwaltungsgerichtshof* in seinem Urteil vom 16.02.1960[317], dass die Aufzählung der möglichen Gemeindeorgane in den Art. 29 ff. BayGO abschließend sei. Gerade das Begriffpaar *„Der Gemeinderat und seine Ausschüsse"* mache eine Zwischenform zwischen Gemeinderat und Ausschuss unzulässig. Die Einrichtung des Gremiums darf nicht die Neuschöpfung eines Organs oder Organteils darstellen.[318]

Eigene Organe oder öffentliche Stellen mit eigenen Zuständigkeiten oder Entscheidungsbefugnissen können auch nach Ansicht von *Gern* nicht gebildet werden.[319] Es würden sich Bedenken gegen die Einrichtung beratender Gremien ergeben, die ohne Ausschüsse zu sein, selbständig und auf Dauer neben den Ausschüssen und Beiräten eingerichtet werden und deren Funktion übernehmen. Denn die Gemeindeordnung gehe im Interesse des hohen Rechtsguts der Eindeutigkeit der Willensbildung von einem geschlossenen System organschaftlicher Repräsentation aus. Die Organe und beratenden Gremien seien in den Gemeindeordnungen detailliert und enumerativ in ihrer Zusammensetzung geregelt und ihre Funktion sowie ihr Verhältnis zu anderen Gremien klar definiert und abgegrenzt.[320]

Folgerichtig ist die Meinung abzulehnen, nach der die Organisationshoheit auch die Befugnis zur eigenen Organkreation beinhaltet.[321] Diese Ansicht findet keine Grundlage im Gesetz, sondern ist contra legem, in dem sie sich gegen den Wortlaut des Art. 29 BayGO wendet. Die Bayerische Gemeindeordnung regelt abschließend die Anzahl und Art der Organe, welche für die Gemeinde handeln können. Das Gremium muss somit immer dem Organ oder Organteil, dem es zugeordnet ist, auch untergeordnet sein. Dem gesetzlich nicht geregelten Gremium darf keine eigene Organstellung zuwachsen. Dies wird regelmäßig auch nicht der Fall sein, soweit die beratenden Gremien nur die Tätigkeiten des Gemeinderats und seiner Ausschüsse vorbereiten.

---

[316] *BVerfG*, Beschluss vom 26.10.1994, BVerfGE 91, 228 (239); *Stober*, Kommunalrecht in der BRD, S. 44.

[317] *BayVGH*, Urteil vom 16.02.1960, VGH n. F. 13, 24 (26 ff.).

[318] *Hölzl/Hien*, BayGO, Art. 32 Erl. I 6; *Gern*, Zur Zulässigkeit von kommunalen Beiräten, VBlBW 1993, S. 127 (128).

[319] *Gern*, Zur Zulässigkeit von kommunalen Beiräten, VBlBW 1993, S. 127 (128).

[320] *Gern*, Deutsches Kommunalrecht, Rn. 428.

[321] So aber *Schink*, Die Mitwirkung von Ausländern an der kommunalpolitischen Willensbildung unterhalb des Wahlrechts in Nordrhein-Westfalen, VR 1988, S. 269 (271) und *Stern*, Das Staatsrecht der BRD, Bd. I, § 12 II 4 (S. 414), die aber wohl in diesem Zusammenhang den Begriff des Organs sehr weit fassen.

In diesem Zusammenhang ist umstritten, ob die Ausschüsse weitere Organe der Gemeinde sind.[322] Ein Organ ist eine durch Organisationsnormen gebildete Einrichtung, welche einzelne oder alle Zuständigkeiten des jeweiligen Verwaltungsträgers für diesen wahrnimmt.[323] Zurechnungssubjekt seiner Handlungen im Rahmen der Zuständigkeit ist der Verwaltungsträger, dem es angehört.[324]

Demzufolge wird insbesondere die Organeigenschaft der vorberatenden Ausschüsse mit der Begründung bezweifelt, deren vorbereitende Tätigkeit würde der Gemeinde nicht unmittelbar zugerechnet.[325] Dabei wird übersehen, dass die Willensbildung auch in den vorberatenden Ausschüssen in der Gesamtorganisation der Gemeinde eine bedeutende Rolle spielt.[326] Die Stellung der beschließenden und der vorberatenden Ausschüsse in ihrer Funktion als Teil der Willensbildung innerhalb der Gemeinde rechtfertigt die Qualifizierung als weitere Organe der Gemeinde.[327]

In diesem Sinne argumentiert *Dahlbokum*[328] mit § 1 Abs. 1 GO NW. Dieser besagt, dass die Gemeinde durch ihre gewählten Organe selbstverwaltend tätig wird. Im Umkehrschluss müsse gefolgert werden, dass sie nur durch diese Organe tätig werden kann, wenn sie als Verwaltung handelt. Da die beratende Tätigkeit der Ausschüsse auch als Verwaltungshandeln zu qualifizieren ist, können nur die Ausschüsse als Organe für diese Tätigkeit herangezogen werden. Denn mit seiner Willensbildung, die in einer Entscheidungsempfehlung mündet, trägt der Ausschuss erheblich zu der Beschlussfassung des Gemeinderats bei. Die vorberatende Tätigkeit der Ausschüsse sei die Beratung des Gemeinderates in einem kleineren Kreis seiner Mitglieder. Der Kreis der Mitglieder wird durch die Vorschriften über die Zusammensetzung der Ausschüsse

---

[322] Noch ablehnend *BayVGH*, Urteil vom 20.01.1982, VGH n. F. 35, 22 (24 f.); ausführlich zum Streitstand, *Schreiber*, Zur Frage der Organstellung der gemeindlichen Ausschüsse in Bayern, BayVBl. 2000, S. 129 ff.

[323] *Wolff*, Allgemeines Verwaltungsrecht, S. 120.

[324] *Wolff*, Allgemeines Verwaltungsrecht, S. 120.

[325] *Linhart*, Die Geschäftsordnungen der Kollegialorgane der kommunalen Gebietskörperschaften in Bayern, S. 20; *Löwer*, Zur Problematik der Bildung von „Unterausschüssen" auf gemeindlicher Ebene, SKV 1975, S. 35 (38).

[326] Vgl. *Schreiber*, Zur Frage der Organstellung der gemeindlichen Ausschüsse in Bayern, BayVBl. 2000, S. 129 (135 ff.).

[327] *BayVGH*, Urteil vom 09.03.1988, BayVBl. 1988, S. 432 (433); *Dahlbokum*, Verwaltungskommissionen, SKV 1974, S. 201 (202); *Prandl/Zimmermann/Büchner*, BayGO, Art. 29 Erl. 1.

[328] *Dahlbokum*, Verwaltungskommissionen, SKV 1974, S. 201 ff.

gesetzlich bestimmt. Dieses Regelung dient nicht nur dazu, die Beteiligung kleinerer Fraktion in den Ausschüssen sicherzustellen, sondern dass das Verwaltungshandeln von einem Organ ausgeübt wird, das durch die Wahl der Bürgerschaft begründet wurde. Aus diesem Grund sei das Recht des Rates, nach der Gemeindeordnung vorberatende (oder entscheidende) Ausschüsse zu bilden, zugleich eine Pflicht, sich für diese Tätigkeiten ausschließlich nur dieser Ausschüsse zu bedienen.[329]

Unbeschadet dessen, ob man die vorberatenden Ausschüsse als Organe der Gemeinde qualifiziert, sind diese Gremien ausdrücklich in der Bayerischen Gemeindeordnung vorgesehen. Der Gemeinderat kann sich nach Art. 32 BayGO schon von gesetzeswegen beratender Gremien bedienen. Ihm steht das Recht zu, vorberatende Ausschüsse zu bilden, unabhängig von ihrem Aufgabenbereich. Die Zusammensetzung dieser Ausschüsse wird in Art. 33 BayGO festgelegt, der eine Zusammensetzung nach dem Repräsentationsprinzip vorsieht. Die Errichtung anderer Gremien außerhalb der Bayerischen Gemeindeordnung würde eine Umgehung dieser Vorschriften darstellen. Demzufolge hält *Erlenkämper* die Einrichtung sowohl beschließender als auch beratender Gremien für unzulässig. Eine Differenzierung zwischen beschließenden und beratenden Gremien sei nicht gerechtfertigt, da beide Typen in den Gemeindeordnungen abschließend geregelt seien. Daher könne sich der Gemeinderat zur Beratung nur der gesetzlich ausdrücklich vorgesehenen Ausschüsse, mithin der vorberatenden Ausschüsse nach Art. 32 Abs. 1 BayGO, bedienen.[330]

Zustimmend äußert sich auch *Witte-Wegmann*, die eine Überschneidung der Funktionen der gesetzlich nicht geregelten, beratenden Gremien mit den Aufgaben der zuständigen Ausschüsse kritisiert. Sie sieht Risiken vornehmlich in der Außendarstellung der gesetzlich nicht geregelten Gremien. In der Praxis seien für den Bürger die Unterschiede zwischen den beiden Arten von Gremien kaum noch erkennbar. Dadurch erlangen die gesetzlich nicht geregelten Gremien in der Öffentlichkeit ein Gewicht, das eigentlich nur den demokratisch gewählten, nach Verhältniswahlgrundsätzen zusammengesetzten Ausschüssen zustehen sollte.[331] Mit der Einsetzung eines beratenden Gremiums für einen bestimmten Aufgabenbereich würde regelmäßig der Ausschuss entwertet, dem dieser

---

[329] So *Dahlbokum*, Verwaltungskommissionen, SKV 1974, S. 201 (202).
[330] *Erlenkämper*, Entwicklungen im Kommunalrecht, NVwZ 1996, S. 534 (544).
[331] *Witte-Wegmann*, Zur rechtlichen Zulässigkeit von Beiräten auf kommunaler Ebene, Kommunalpolitische Blätter 1981, S. 732.

Bereich eigentlich durch Geschäftsordnung zugewiesen wurde. Letztlich würden dem Ausschuss wichtige Aufgaben und Befugnisse zwar nicht rechtlich, aber praktisch entzogen.[332]

Schmitt Glaeser und *Horn* stellen bei der Statusfrage des gesetzlich nicht geregelten Gremiums zusätzlich darauf ab, inwieweit das gesetzlich nicht geregelte Gremium politische Forderungen erhebt und eine eigene Öffentlichkeitsarbeit leistet. Vor diesem Hintergrund sei die Schaffung eines dauerhaften Ausländerbeirates verfassungsrechtlich bedenklich. Denn durch die eigene Öffentlichkeitsarbeit und das Erheben von politischen Forderungen würde der Beirat auf die Entscheidungen des Gemeinderats Einfluss nehmen, ohne aber politische Verantwortung übernehmen zu müssen.[333] Auch *Knemeyer* weist darauf hin, dass durch die Öffentlichkeitswirkung den Äußerungen der gesetzlich nicht geregelten Gremien je nach politischer Struktur ein faktischer Bindungswert zukommen kann.[334]

Gegen die Argumentation einer möglichen Aufgabenüberschneidung zwischen gesetzlich nicht geregelten, beratenden Gremium und kommunalrechtlich vorgesehenen Ausschuss wendet sich *Tyska*. Er begründet dies damit, dass ein möglicher Unterausschuss, der beratend, vorbereitend und entlastend tätig wird, nicht die Entscheidung trifft, da dies weiterhin dem Ausschuss vorbehalten sei. Die Gemeinde handle deshalb auch nur durch diese Organe. Gesetzlich nicht geregelte Gremien seien als bloße vorbereitende Gremien zulässig.[335]

Zu einem ähnlichen Ergebnis gelangt *Waechter*[336], der sich aber dabei auf das Demokratieprinzip stützt. Ausgangspunkt seiner Überlegung ist die Verpflichtung aus Art. 20 Abs. 2 S. 2, 38 Abs. 1 S. 2 und Art. 28 Abs. 1 GG, die kommunalen Körperschaften im Einklang mit dem Demokratieprinzip zu gestalten. Mit Ablehnung weitreichender plebiszitärer Elemente haben sich die Gesetzgeber für das Prinzip der repräsentativen Demokratie auf kommunaler Ebene entschieden. In Bayern wird dies in Art. 29 BayGO sichtbar, der ausschließlich den gewählten Gemeinde-

---

332 *Witte-Wegmann*, Zur rechtlichen Zulässigkeit von Beiräten auf kommunaler Ebene, Kommunalpolitische Blätter 1981, S. 732 (733).

333 *Schmitt Glaeser/Horn*, Die Novelle zum Kommunalrecht 1992, BayVBl. 1993, S. 1 (8).

334 *Knemeyer*, Bürgerbeteiligung und Kommunalpolitik, S. 119.

335 *Tyska*, Zur Problematik von gemeindlichen „Unterausschüssen“, VR 1987, S. 73 (74).

336 *Waechter*, Kommunalrecht, Rn. 92 c.

rat und den gewählten Bürgermeister als (Haupt-) Organe der Gemeinde ausweist. Die Beteiligung von Personen, die nicht einem dieser Organe angehören, an den kommunalen Entscheidungen kann das Prinzip der repräsentativen Demokratie aushöhlen, da danach jeder Entscheidungsträger demokratisch legitimiert sein muss. Nach der Ansicht von *Waechter* kommt es bei der Frage nach der Notwendigkeit der demokratischen Legitimation des Gremiums allein auf dessen Zielsetzung an. Dient das beratende Gremium der Grundrechtswahrnehmung von Interessenten oder Sachverständigen, so liegt darin ein nicht-legitimationsbedürftiger Freiheitsgebrauch. Dagegen muss ein Gremium demokratisch legitimiert sein und sich an die Kompetenzgrenzen halten, wenn es als eine neue öffentliche Stelle errichtet wird.

bb. Zusammenfassende Stellungnahme

Die Bayerische Gemeindeordnung schließt die Bildung beratender Gremien nicht völlig aus. Der Gemeinderat und seine Ausschüsse können im Einzelfall beratende Personen hinzuziehen. Dies muss auch für ein Gremium als Zusammenschluss einzelner Personen gelten, soweit es nicht die Qualität eines Ausschusses oder eines Organs erlangt. Sicherlich besteht diese Gefahr bei der Bildung eines Gremiums in weit höherem Maße als bei der Hinzuziehung einzelner Personen. Gerade die Verfestigung und nicht zuletzt die Wirkung nach außen können zu Konflikten mit den gesetzlich vorgesehenen Gremien führen. Es kommt entscheidend auf die Funktion und den Status des Gremiums im Einzelfall an.

Im Einzelfall darf der Status des Gremiums nicht die Qualität eines Organs oder eines Ausschusses erreichen. Ein Exekutivgremium hat Organcharakter, wenn es durch organisierende Rechtssätze institutionell gebildet und befugt ist, im eigenen Namen für seinen Träger Entscheidungen zu treffen, die zwar nicht notwendigerweise rechtsverbindlich, aber zu mindest rechtserheblich sein müssen.[337] Eine zulässige Beratung durch ein Gremium ist demnach anzunehmen, wenn die Entscheidung weiterhin dem Ausschuss oder dem Gemeinderat vorbehalten ist und der Ausschuss die ihm zugewiesenen Aufgaben selbst ausübt. Dagegen wird die Grenze der zulässigen Beteiligung überschritten, wenn die Beratungen des Gemeinderats und seiner Ausschüsse innerhalb des gesetzlich nicht geregelten Gremiums vorweggenommen werden und in eine Beschlussempfehlung münden, oder das Gremium Tätigkeiten ausübt, die einem Ausschuss durch die Bayerische Gemeindeordnung und

[337] *Sodan*, Kollegiale Funktionsträger als Verfassungsproblem, S. 110.

der Geschäftsordnung des Gemeinderats ausdrücklich zugewiesen wurden. Das gesetzlich nicht geregelte Gremium darf nicht die Kompetenzordnung der Gemeinde verletzen. Die Entscheidungsfindung muss weiterhin im Gemeinderat und in seinen Ausschüssen stattfinden. Die Grundsätze, dass einer einzelnen Person ohne Mandat nicht ein mitgliedschaftsähnlicher Status in einem Ausschuss oder im Gemeinderat eingeräumt werden kann, sind auch auf die Beteiligung gesetzlich nicht geregelter Gremien übertragbar.[338] Ein unzulässiger mitgliedschaftsähnlicher Status ist danach erreicht, wenn dem Gremium ein Mitberatungsrecht und/oder ein Rederecht für die Sitzungen des Gemeinderats oder seiner Ausschüsse zugestanden wird. Unzulässig ist auch die Vorgabe an den Gemeinderat, einen Antrag des gesetzlich nicht geregelten Gremiums innerhalb einer bestimmten Frist zu behandeln. Denn die Bestimmung der Tagesordnung ist eine organschaftliche Kompetenz, die für die Organe selbst nicht übertragbar ist.[339] Die „*Anträge*“ der Gremien sind daher nicht als förmliche Anträge, sondern als bloße Anregungen zu behandeln.[340]

Die Vorgaben der Bayerischen Gemeindeordnung erfordern eine deutliche Abgrenzung der gesetzlich nicht geregelten Gremien zu den Gemeindeorganen. Mit der Einrichtung eines gesetzlich nicht geregelten Gremiums entsteht die Gefahr, dass den Gemeindeangehörigen das Gefühl vermittelt wird, dieses Gremium sei durch seinen durch die spezifische Zusammensetzung bedingten Sachverstand besonders legitimiert. Die praktische Konsequenz kann in einer öffentlichen Drucksituation liegen. Will der Gemeinderat oder ein Ausschuss von der Meinung des gesetzlich nicht geregelten Gremiums abweichen, kann er sich gezwungen sehen, dies gegenüber der öffentlichen Meinung rechtfertigen zu müssen.[341] Bei Einbeziehung eines gesetzlich nicht geregelten, beratenden Gremiums in den gemeindlichen Meinungsbildungsprozess muss gewährleistet sein, dass die Gemeindeorgane als die alleinigen legitimen Entscheidungsträger von Außenstehenden wahrgenommen werden. Dies muss umso mehr gelten, wenn der Bürger dem gesetzlich nicht geregelten Gremium unmittelbar gegenübersteht. Insbesondere in einem

---

338 Siehe oben C I 4 b cc.

339 *Hölzl/Hien*, BayGO, Art. 32 Erl. I 6; *Pichura*, BayVBl. 1996, S. 528 f; *a. A.*: *Schink*, Die Mitwirkung von Ausländern an der kommunalpolitischen Willensbildung unterhalb des Wahlrechts in Nordrhein-Westfalen, VR 1988, S. 269 (273), der davon ausgeht, dass kein höherrangiges Recht einem Antragsrecht entgegenstünde.

340 *Pichura*, BayVBl. 1996, S. 528 f.

341 Vgl. *Witte-Wegmann*, Zur rechtlichen Zulässigkeit von Beiräten auf kommunaler Ebene, Kommunalpolitische Blätter 1981, S. 732.

Verwaltungsverfahren müssen die Zuständigkeiten für den beteiligten Bürger klar erkennbar sein, da es für ihn von wesentlicher Bedeutung ist, wer die Entscheidung trifft.[342]

Bei der Frage nach der Ausschließlichkeit vorberatender Ausschüsse gemäß Art. 32 Abs. 1 BayGO ist auf die Funktion des jeweiligen gesetzlich nicht geregelten Gremiums abzustellen. Diese Gremien fungieren regelmäßig als bindendes Glied zwischen verschiedenen Einwohnergruppen und dem Gemeinderat.[343] Die Möglichkeit zur Teilnahme an der kommunalen Verwaltung stärkt die Selbstverwaltung durch die Gemeindeangehörigen und die Akzeptanz kommunaler Entscheidungen wird durch die frühzeitige Mitwirkung der Gemeindeangehörigen gefördert. Die Gemeinde kann durch die Beteiligung von Gemeindeangehörigen Entscheidungen sachgerechter treffen und ihre Entscheidungsabläufe transparenter gestalten. Die gesetzlich nicht geregelten Gremien erfullen in dieser Funktion nicht eine Aufgabe, die von der Bayerischen Gemeindeordnung den vorberatenden Ausschüssen ausschließlich zugewiesen wurden. Diese dienen hauptsächlich der Entlastung des Gemeinderats.[344] Die Funktionen beider Gremienarten unterscheiden sich daher deutlich. Jedoch bleibt es den beratenden Gremien in Abgrenzung zu den vorberatenden Ausschüsse verwehrt, bindende Empfehlungen für die Gemeindeorgane zu formulieren. Die beratenden Gremien müssen dem Ausschuss, für den sie tätig sind, untergeordnet sein. Im Einzelfall ist zu untersuchen, inwieweit das beratende Gremium Aufgaben ausübt, die einem Ausschuss durch die Geschäftsordnung zugewiesen wurden. Bei beratenden Gremien, die vergleichbare Themen bearbeiten wie gemeindliche Ausschüsse, ist besondere Aufmerksamkeit geboten. Aus diesem Grund ist die Einrichtung eines Planungsbeirates, der neben einem Bauausschuss existiert, kritischer zu beurteilen, als die Einrichtung eines Ausländerbeirates, für den es regelmäßig keinen vergleichbaren Ausschuss gibt.[345] Dies wird bei der Prüfung des Gestaltungsbeirates zu berücksichtigen sein.

---

[342] Vgl. *Ule/Laubinger*, Verwaltungsverfahrensrecht, § 10 Rn. 15.

[343] Vgl. *Tyska*, Zur Problematik von gemeindlichen „Unterausschüssen", VR 1987, S. 73 (74).

[344] *Prandl/Zimmermann/Büchner*, BayGO, Art. 32 Erl. 1.

[345] Vgl. *Witte-Wegmann*, Zur rechtlichen Zulässigkeit von Beiräten auf kommunaler Ebene, Kommunalpolitische Blätter 1981, S. 732 (733).

8. Die Bildung beratender Gremien des Oberbürgermeisters und der Verwaltung

Der Oberbürgermeister ist nach Art. 29 BayGO ein Organ der Gemeinde, das in Bayern eine Doppelfunktion ausübt. Er ist Vorsitzender des Gemeinderats, der in dieser Funktion die Sitzungen vorbereitet und die Tagesordnung gestaltet, und „geborener" Vorsitzender der Ausschüsse, ausgenommen des Rechnungsprüfungsausschusses Art. 103 Abs. 2 BayGO. Zugleich ist der Oberbürgermeister Leiter der Gemeindeverwaltung. Daneben erfüllt er als selbständiges Organ die ihm nach Art. 37 BayGO zugewiesenen Aufgaben, insbesondere die laufenden Angelegenheiten der Verwaltung, die für die Gemeinde keine grundsätzliche Bedeutung haben und keine erheblichen Verpflichtungen erwarten lassen. Diese unbestimmten Formulierungen über den Zuständigkeitsbereich des Oberbürgermeisters werden regelmäßig in den Geschäftsordnungen der Gemeinden konkretisiert.

Neben den Gremien, die dem Gemeinderat und seinen Ausschüssen zugeordnet sind, können auch solche eingerichtet werden, die den Oberbürgermeister und die Verwaltung unterstützen sollen. Dabei kommen Gremien in Frage, die in die laufenden Angelegenheiten nach Art. 37 BayGO eingeschaltet werden. Häufig lässt sich aber ein Gremium nicht schematisch als Gremium des Gemeinderats und seiner Ausschüsse oder als Gremium des Oberbürgermeisters und der Verwaltung einordnen, da es alle Gemeindeorgane und die Verwaltung unterstützt.

a. Einrichtung durch den Gemeinderat

Gremien, die allein den Oberbürgermeister und die Verwaltung unterstützen sollen, können durch eine Entscheidung des Gemeinderats ins Leben gerufen werden. Ein Gremium ist in dieser Konstellation jedoch unzulässig, wenn dessen Errichtung unter Berücksichtigung der ihm vom Gemeinderat zugedachten Aufgaben sich als eine Verletzung der von der Gemeindeordnung geregelten Aufgabenverteilung und Zuständigkeitskompetenzen zwischen Gemeinderat und Oberbürgermeister darstellen würde.[346] Der Gemeinderat kann sich keine Kompetenzen anmaßen, die dem Oberbürgermeister oder der Gemeindeverwaltung, repräsentiert durch den Oberbürgermeister, kraft Gemeindeordnung zugewiesen sind. Solche Gremien, die dem Gemeinderat zugeordnet sind, dürfen daher nicht mit Aufgaben betraut werden, die in den Aufgabenbe-

---

[346] Vgl. *Dahlbokum*, Verwaltungskommissionen, SKV 1974, S. 201 (201), der sich auf das Verhältnis von Rat und Gemeindedirektor der GO NW stützt.

reich des Oberbürgermeisters und der Gemeindeverwaltung fallen. Dazu zählen alle Aufgaben, für die der Oberbürgermeister kraft Gesetzes oder kraft Übertragung zuständig ist, namentlich die laufenden Angelegenheiten nach Art. 37 Abs. 1 BayGO.[347]

b. Einrichtung durch den Oberbürgermeister

Dagegen kann der Oberbürgermeister im Rahmen seiner Kompetenz selbst ein Gremium einrichten, das ausschließlich ihm und der Verwaltung zugeordnet ist. Die Möglichkeit der Verwaltung, Personen ohne Mandat heranzuziehen, um behördenfremden Sachverstand zu generieren, wird zugleich in einem eigenen Punkt behandelt (siehe D).

9. Zusammenfassung zum Kapitel C II: Bildung gesetzlich nicht geregelter Gremien kraft Organisationshoheit

Für die weitere Prüfung kann als Zwischenergebnis festgehalten werden:

Gemeindliche Gremien finden ihre Rechtfertigung in der Organisationshoheit der Gemeinden. Der Tätigkeitsbereich der Gremien auf Gemeindeebene kann sich sowohl im eigenen als auch im übertragenen Wirkungskreis bewegen, da die Organisationshoheit die gesamte Verwaltung erfasst.

Die Bayerische Gemeindeordnung setzt den Gemeinden aber hinsichtlich der Ausgestaltung der Gremien Grenzen. Die Tätigkeit des kommunalen Gremiums muss sich in der Beratung erschöpfen, da die Zahl und Art der Entscheidungsträger in der Bayerischen Gemeindeordnung abschließend vorgegeben ist. Die Zuständigkeit bestehender Organe darf nicht verschoben werden. Das Gremium darf weder einen organ- noch ausschussähnlichen Status erlangen. Deshalb es unzulässig, Organe oder Ausschüsse mit eigener Zuständigkeit zu bilden, die nicht in der Bayerischen Gemeindeordnung vorgesehen sind. Das gesetzlich nicht geregelte Gremium darf ferner nicht die Aufgaben und Kompetenzen bestehender Organe oder Ausschüsse aushöhlen. Es muss dem Organ oder Ausschuss, für das es tätig wird, auch immer untergeordnet sein.

---

347 *Gern*, Zur Zulässigkeit von kommunalen Beiräten, VBlBW 1993, S. 127 (129).

III. Die Einrichtung des Beirates für Stadtgestaltung auf Grundlage der Organisationshoheit

Nachdem die Reichweite der Organisationshoheit umschrieben ist, wird untersucht, ob sich die Einrichtung des Gestaltungsbeirates auf diese Organisationshoheit stützen kann (1). Dabei ist insbesondere zu prüfen, ob der Gestaltungsbeirat unzulässig mit Entscheidungskompetenzen ausgestattet wurde (2).[348] Die Bayerische Gemeindeordnung hat die Organe und Ausschüsse abschließend geregelt. Der Gestaltungsbeirat darf nicht eine organ- oder ausschussähnliche Rechtsposition einnehmen (3).[349] Daneben stellt sich die Frage, ob sich seine Zusammensetzung an den Vorgaben des Art. 33 Abs. 1 BayGO orientieren muss (4).

1. Die Organisationshoheit als Legitimation

Das Organisationsrecht gibt den Gemeinden die Befugnis, ihre innere Organisation selbst zu regeln. Darunter fällt auch die Einrichtung beratender Gremien. Der Gestaltungsbeirat wird im Rahmen der bauordnungsrechtlichen Prüfung eines Vorhabens eingeschaltet. Dabei handelt die Gemeinde nach Art. 60 Abs. 1 BayBO im übertragenen Wirkungskreis. Die Einschaltung des Gestaltungsbeirates erfolgt daher nicht in dem von Art. 28 Abs. 2 GG geschützten Aufgabenkreis der Gemeinde, da die Bauaufsicht keine *„örtliche Angelegenheit"* ist. Das Organisationsrecht der Gemeinde erfasst aber die gesamte Verwaltung und nicht nur die Erfüllung des eigenen Wirkungskreises.[350] Die Stadt Regensburg kann sich deshalb grundsätzlich für die Einrichtung eines Gestaltungsbeirates auf ihr Organisationsrecht aus Art. 28 Abs. 2 GG stützen.

2. Entscheidungskompetenz

Die Gemeindeorgane können nach der Bayerischen Gemeindeordnung ihre Kompetenzen nur auf Subjekte übertragen, die ausdrücklich genannt werden.[351] Da der Gestaltungsbeirat kein vorgesehener Delegationsadressat ist, muss sich seine Tätigkeit auf eine Beratung der Gemeindeorgane beschränken. Folgerichtig ist dem Gestaltungsbeirat formell durch die Geschäftsordnung kein eigener Kompetenzbereich übertragen worden. Alle formellen Entscheidungen, darunter auch über die bauordnungsrechtliche Zulässigkeit des Vorhabens im Hinblick auf

---

348 Siehe oben C II 5.
349 Siehe oben C II 7 b.
350 Siehe oben C I 1.
351 Siehe oben C II 5.

Art. 11 BayBO, werden ausschließlich durch das jeweils zuständige Gemeindeorgan getroffen.

In dem Zwischenbericht des Gestaltungsbeirates von 2002 wird die Verteilung der Aufgaben im Rahmen des Baugenehmigungsverfahrens aber wie folgt beschrieben:[352]

> *„Die Stadtverwaltung, insbesondere das Bauordnungsamt als untere Bauaufsichtsbehörde, prüft die materiell rechtlichen Rahmenbedingungen in bauplanungsrechtlicher (z. B. Einfügungsgebot) und bauordnungsrechtlicher Hinsicht (z. B. Abstandsflächenrecht). Die Beurteilung des Bauvorhabens unter baugestalterischen und architektonischen Ansprüchen erfolgt hingegen ausschließlich durch den Gestaltungsbeirat."*

Auch im Werkbericht des Gestaltungsbeirates von 2004 heißt es noch:[353]

> *„Allein der Gestaltungsbeirat beurteilt die ihm vorgelegten Projekte im Hinblick auf architektonische, zum Teil auch städtebauliche Grundsatzfragen und Baugestaltung."*

Höchst bedenklich ist auch die nachfolgende Äußerung eines berufsmäßigen Stadtratsmitglieds der Stadt Regensburg:

> *„Für Bauvorhaben, deren städtebauliche Bedeutung für Regensburg augenscheinlich ist, wurde 1998 ein Gestaltungsbeirat eingerichtet. Der soll die Beratung der Bauherren sowie deren Architekten übernehmen und der Verwaltung gegenüber Empfehlungen formulieren, die diese als für sich selbst bindend ansieht. Stadtrat und Oberbürgermeister, die als Beobachter an den Sitzungen des Beirates teilnehmen können, akzeptieren die Vorgaben, die vom Beirat formuliert werden."*[354]

Unter Berücksichtigung des Urteils des *Bayerischen Verwaltungsgerichtshofs* vom 15.03.2004[355] ist darin eine unzulässige Übertragung von Entscheidungsbefugnissen mit einem unzulässigen Kompetenzverzicht der Gemeindeorgane zu sehen. Das Gericht hat in seinem Urteil die unzulässige Übertragung von Entscheidungsbefugnissen auch mit Hilfe

---

[352] Zwischenbericht des Gestaltungsbeirates 1998-2001, S. 11.
[353] Werkbericht des Gestaltungsbeirates 2002-2004, S. 5.
[354] Zwischenbericht des Gestaltungsbeirates 1998-2001, S. 3.
[355] *BayVGH*, Urteil vom 15.03.2004, BayVBl. 2004, S. 494 ff., siehe oben C II 5 c.

interner Aktenvermerke und einer intern vorgesehenen Aufgabenteilung angenommen. Bei der Beurteilung des Gestaltungsbeirates ist damit nicht allein auf den in seiner Geschäftsordnung zugewiesenen Kompetenzbereich abzustellen, sondern auf die praktische Umsetzung seiner Tätigkeit im Baugenehmigungsverfahren. Die Äußerungen sprechen für die unzulässige Übertragung von Entscheidungsbefugnissen.

3. Organ- und Ausschussähnlichkeit

a. Rechtswidrige Stellung des Gestaltungsbeirates im Verfahren

Diese oben im Bericht beschriebene strikte Aufgabenteilung zwischen Gemeindeverwaltung und Gestaltungsbeirat gewinnt auch bei der Frage nach der Organ- und Ausschussähnlichkeit an Bedeutung.[356] In Abgrenzung zu den gesetzlich geregelten vorberatenden Ausschüssen nach Art. 32 Abs. 1 BayGO müssen die beratenden Gremien dem Ausschuss, dem sie zugeordnet sind, untergeordnet sein, soweit sie in ihrer Funktion einen Ausschuss unterstützen.[357] Der Gestaltungsbeirat unterstützt den Bauausschuss, soweit dieser für ein Vorhaben zuständig ist, mithin wenn sich das Vorhaben nach § 11 Nr. 5 Ziffer a Geschäftordnung für den Stadtrat der Stadt Regensburg erheblich auf das Straßenbild oder die Struktur der Altstadt oder auf die bauliche Entwicklung der Stadt auswirkt. Jedoch ist hier besondere Aufmerksamkeit geboten, da der Gestaltungsbeirat verwandte Themen des Bauausschusses behandelt. Mit dem Bauausschuss besteht schon ein auf Art. 32 BayGO gestütztes Gremium aus fachkundigen Stadtratsmitgliedern. Gleichwohl darf der Status des Gestaltungsbeirates auch in seiner Funktion als Berater des Oberbürgermeisters, soweit dieser für Vorhaben zuständig ist, nicht die Qualität eines Gemeindeorgans erreichen. Sonst hätte das gesetzlich nicht geregelte Gremium nicht mehr eine untergeordnete Stellung zu dem Organ, dem es zugeordnet ist.

Dabei kommt es auf die Unterschiede in der Aufgabenstellung des Gestaltungsbeirates im Verhältnis zu der Stadtverwaltung im Sinne der eigentlichen Verwaltung an. Die Stadtverwaltung, etwa das Bauordnungsamt, bereitet selbstverständlich auch die Entscheidungen für das zuständige Gemeindeorgan vor. Eine Aufgabenteilung zwischen dem Gestaltungsbeirat für die gestalterischen Aspekte auf der einen Seite und dem Bauordnungsamt für die weiteren rechtlichen Gesichtspunkte auf

---

[356] Siehe oben C II 7 b.
[357] Siehe oben C II 7 b.

der anderen Seite wäre auf dieser Ebene für die Frage der Organ- und Ausschussähnlichkeit zunächst unproblematisch. Der Gestaltungsbeirat ist insoweit dem jeweils zuständigen Gemeindeorgan in seiner rein vorbereitenden Tätigkeit noch untergeordnet. Jedoch bleibt die Aufgabenteilung auch auf der Ebene zu dem zuständigen Gemeindeorgan bestehen, da jedenfalls nach der Aussage des berufsmäßigen Stadtratsmitgliedes sowohl der Stadtrat und sein Bauausschuss als auch der Oberbürgermeister die Empfehlungen des Gestaltungsbeirates als bindend erachten.[358] Damit entscheidet der Gestaltungsbeirat neben dem zuständigen Gemeindeorgan selbständig über baugestalterischen und architektonischen Ansprüche an Vorhaben. Dabei ist auch der Status des Gestaltungsbeirates im Gegensatz zu der vorbereitenden Stadtverwaltung zu berücksichtigen. Der Gestaltungsbeirat ist ein unabhängiges Fachgremium, das keinen Weisungen unterworfen ist. Die Mitglieder sind weder bei der Stadt Regensburg angestellt noch stehen sie zu ihr in irgendeiner Funktion als Beamte. Dadurch besteht ein qualitativer Unterschied zwischen der Beratung durch den Gestaltungsbeirat und der Vorbereitung durch die Stadtverwaltung. Das Votum des Gestaltungsbeirates hat durch seine exponierte Stellung, insbesondere in der Wahrnehmung der Öffentlichkeit, ein anderes Gewicht als die vorbereitende Tätigkeit der Stadtverwaltung.

Mit der Aufgabenteilung, wie sie danach zwischen der Stadtverwaltung in ihrer vorbereitenden Tätigkeit für die Gemeindeorgane und dem Gestaltungsbeirat vorgesehen ist, wird dem Gestaltungsbeirat ein unzulässiger organähnlicher beziehungsweise ausschussähnlicher Status gewährt. Die Gewährung eines eigenen abgegrenzten ausschließlichen Aufgabenbereichs lässt den Gestaltungsbeirat nicht mehr als einen untergeordneten „Bei" –rat erscheinen, der ausschließlich von einem übergeordneten Subjekt zur Begutachtung eingeschaltet wird, sondern das Gremium bietet das Bild eines gleichberechtigten Subjekts neben der Stadtverwaltung. In diese Wertung ist auch die Außenwahrnehmung durch die Öffentlichkeit aufzunehmen. Die Zuweisung eines eigenen Prüfungsbereichs macht es für Außenstehende schwer, festzustellen, wer letztlich die abschließende umfassende Entscheidung trifft. Dies wird durch die besondere Aufmerksamkeit, die das Verfahren vor dem Gestaltungsbeirat genießt, weiter verstärkt. Die nach außen hin determinierte Trennung zwischen den einzelnen Prüfungsbereichen verschleiert demnach die Verantwortung für die abschließende Entscheidung. Zuständigkeiten und Kompetenzen müssen aber im Verwaltungsverfahren klar erkennbar

[358] Zwischenbericht des Gestaltungsbeirates 1998-2001, S. 3.

sein, da es für den Bürger von wesentlicher Bedeutung ist, wer die Entscheidung trifft.[359]

Der unmittelbare Kontakt des Gestaltungsbeirates zum Bauherrn im Rahmen der mündlichen Diskussion verstärkt den Eindruck der Organähnlichkeit. Der Gestaltungsbeirat tritt gegenüber dem Bauherrn und dem Architekten als eigenständige „Prüfungsinstanz" auf. Gegen diese selbständige Wahrnehmung von Aufgaben und die besondere Stellung im Verfahren spricht auch das Verbot eines mitgliedschaftsähnlichen Status.[360] Denn wenn eine Person ohne Mandat nicht Mitglied im Ausschuss werden kann, dann kann auch ein Gremium aus Personen ohne Mandat nicht teilweise die Aufgaben des Ausschusses übernehmen. Wegen des Verbots einer mitgliedschaftsähnlichen Beteiligung in einem Ausschuss darf einer Person ohne Mandat kein Rede- und Beratungsrecht eingeräumt werden, um eine unzulässige Einflussnahme zu verhindern. Zwar hat der Gestaltungsbeirat kein Beratungsrecht unmittelbar im Ausschuss, aber durch seine eigen-ständige vorweggenommene Einflussnahme auf die Gestaltung des Vorhabens bestimmt er das Ergebnis der Ausschussentscheidung faktisch wesentlich mit.

b. Möglichkeit der rechtmäßigen Einbeziehung des Gestaltungsbeirates

Diesen Eindruck einer neuen Prüfungsinstanz könnte durch eine Beschränkung der Gutachtertätigkeit entgegengewirkt werden. Berechtigte die Geschäftsordnung den Gestaltungsbeirat nur dazu, zu dem jeweiligen Vorhaben lediglich *einmal* Stellung zu nehmen, so bliebe das Machtverhältnis zwischen Gestaltungsbeirat und Gemeinde gewahrt. Eine entsprechende Klausel könnte lauten:[361]

> *„Ein Tagesordnungspunkt wird nur einmal von dem Gestaltungsbeirat behandelt. Ausnahmen können von dem Vorsitzen-*

---

[359] Vgl. *Ule/Laubinger*, Verwaltungsverfahrensrecht, § 10 Rn. 15.

[360] Siehe oben C I 4 b cc.

[361] Vgl. dazu § 9 Abs. 3 Satzung des Beirates für Stadtgestaltung der Stadt Castrop-Rauxel vom 26.06.2003, der aber wohl vor allem der Beschleunigung dient. Die Vorschrift lautet: *„Es muss sichergestellt sein, dass die Beratungen des Gestaltungsbeirates nicht zu Verzögerungen in bauaufsichtlichen Verfahren führen. Entsprechende Tagesordnungspunkte sollen daher nur einmal im Gestaltungsbeirat behandelt werden. Ausnahmen können von dem Vorsitzenden im Einvernehmen mit den Technischen Beigeordneten / Leiter des Bereichs Stadtentwicklung und Stadtplanung zugelassen werden."*.

den im Einvernehmen mit der Geschäftstelle zugelassen werden."

Dadurch würde verhindert, dass der Gestaltungsbeirat zu großen Einfluss auf ein einzelnes Vorhaben hat, in dem er wiederholt an den nachgebesserten Entwürfen Kritik üben kann. Der Gestaltungsbeirat würde lediglich einmal beratend Stellung nehmen. Dem zuständigen Gemeindeorgan würde es weiterhin obliegen, auf Grundlage dieser Stellungnahme mit dem Bauherrn eine Lösung zu finden. Dadurch könnte dem Anschein entgegengewirkt werden, dass der Gestaltungsbeirat eine unabhängige eigene Prüfung vornimmt. Der Schwerpunkt der Tätigkeit des Gremiums würde mehr auf der Beratung des Bauherrn als auf der Beratung der Gemeindeorgane und der Stadtverwaltung liegen.

4. Die Zusammensetzung und der Repräsentationsgedanke

Auf die Beteiligung von sachkundigen Einwohnern wird bei der Berufung der Mitglieder des Gestaltungsbeirates aus Gründen der Neutralität verzichtet. Dadurch sollen Interessenkonflikte von vornherein vermieden werden.

Die Mitglieder des Gestaltungsbeirates sind ausschließlich ortsfremde Sachverständige. Mit dieser Zusammensetzung wird ein Wesensmerkmal der kommunalen Beiräte, die durch die Partizipation der Gemeindeangehörigen gekennzeichnet sind, nicht erfüllt. Aus diesem Grund fällt es schwer, den Gestaltungsbeirat unter den Begriff „*kommunales Gremium*" zu subsumieren.

a. Der Repräsentationsgedanke

Die in den Gemeinden bereits eingerichteten gesetzlich nicht geregelten Gremien sind häufig gemischte Gremien, die sich aus Personen ohne Mandat sowie aus Gemeinderatsmitgliedern zusammensetzen. Regelmäßig sind die Personen ohne Mandat Gemeindeangehörige, die besonders sachkundig oder von der Entscheidung des Gemeinderats selbst betroffen sind. Daneben existieren reine Fachgremien ohne Beteiligung von Gemeinderatsmitgliedern, zu denen etwa der Gestaltungsbeirat der Stadt Regensburg zählt. Gegen beide Formen können Bedenken erhoben werden.

Gegen die Beteiligung von Gemeinde*einwohnern* und ortsfremden Personen in derartigen Gremien kann Art. 19 Abs. 1 BayGO angeführt werden. Diese Vorschrift bringt zum Ausdruck, dass die Gemeinde*bürger* nach den gesetzlichen Vorschriften an der Verwaltung der Gemeinde teilnehmen. Im Umkehrschluss könnte die Teilnahme an der Verwaltung der Gemeinde ausschließlich den Gemeindebürgern vorbehalten sein. Die Mitwirkung von Gemeindeeinwohnern oder ortsfremden Personen ist aber in den gesetzlich nicht geregelten Gremien keineswegs ausgeschlossen, da diese Gremien nur beratend, mithin im Vorfeld *„gemeindlicher Verwaltung"* im Sinne des Art. 19 Abs. 1 BayGO, tätig werden.[362]

Gegen die gemischten Gremien spricht aber ihre Außenwirkung. Die Mitwirkung von Gemeinderatsmitgliedern, welche selbst demokratisch gewählt sind, vermitteln dem ansonsten aus Personen ohne Mandat bestehenden, gesetzlich nicht geregelten Gremium in der Öffentlichkeit eine *„demokratische Scheinlegitimation"*[363] Darüber hinaus bindet die Beteiligung von Gemeinderatsmitgliedern, die häufig noch in Ausschüssen tätig sind, wertvolle Zeit der Mandatsträger.

Dagegen fällt es schwer, bei reinen Sachverständigengremien oder Gremien, die sich nur aus ortsfremden Personen zusammensetzen, noch von einem *„kommunalen Gremium"* im klassischen Sinne zu sprechen. Zugleich bestehen bei dieser Art der Zusammensetzung Bedenken in Bezug auf das Prinzip der repräsentativen Demokratie. Der dem Demokratieprinzip zugrunde liegende Repräsentationsgedanke besagt, dass das Volk im Parlament durch die Abgeordneten repräsentiert wird. Sind der Willensbildung und der Entscheidung im Parlament schon beratende und beschließende Ausschüsse vorgelagert, müssen die demokratischen Anforderungen der Repräsentation auch auf diese Institutionen übertragen werden. Aus diesem Grund müssen die Ausschüsse und Gremien ein Abbild der politischen Kräfteverhältnisse, zum Beispiel im Bundestag sein.[364] Eine generelle Übertragung der Grundsätze des Parlamentsrechts auf den Gemeinderat ist mangels Strukturgleichheit nicht

---

[362] *Widtmann/Grasser*, BayGO, Art. 19 Rn. 4, der dies bei der Mitwirkung von Ausländern in einem Ausländerbeirat annimmt.

[363] So ausdrücklich *Witte-Wegmann*, Zur rechtlichen Zulässigkeit von Beiräten auf kommunaler Ebene, Kommunalpolitische Blätter 1981, S. 732 (733); dazu auch *Troidl*, Kommunale Beiräte, BayVBl. 2004, S. 321 (325 f.).

[364] *Erbguth/Paßlick*, Kommunale (Unter-)Gremien, NWVBl. 1991, S. 37 (43 ff.), die die Maßstäbe für die Besetzung parlamentarischer Gremien auf die Zusammensetzung von kommunalen Gremien übertragen, da das Strukturprinzip der demokratisch-parlamentarischen Volksvertretung auch für die kommunalen Vertretungen gelte.

denkbar.[365] Der Gemeinderat ist kein Parlament, sondern ein kollegiales Organ zur Verwaltung der Gemeinde.[366] Gleichwohl ist auch die Bayerische Gemeindeordnung der repräsentativen Demokratie verpflichtet. So dient nach Art. 11 Abs. 4 BV die Selbstverwaltung der Gemeinden dem Aufbau der Demokratie in Bayern von unten nach oben.

Der Repräsentationsgedanke hat seinen Niederschlag auch im einfachen Recht gefunden. Die Bayerische Gemeindeordnung sieht für die kommunalen Körperschaften im Einklang mit der Verpflichtung aus Art. 28 Abs. 1 GG die repräsentativ demokratische Organisation vor. Als Merkmal der repräsentativ demokratischen Organisation bleibt die Willensbildung dem gewählten Gemeinderat mit seinen Ausschüssen und dem gewählten Oberbürgermeister nach Art. 29 BayGO vorbehalten. Das Bürgerbegehren und der Bürgerentscheid nach Art. 18 a BayGO bilden als plebiszitäres Element die Ausnahme. Der Repräsentationsgedanke setzt sich in der Zusammensetzung der vorberatenden und beschließenden Ausschüsse fort. Nach Art. 33 Abs. 1 S. 2 BayGO hat der Gemeinderat bei der Zusammensetzung der Ausschüsse dem Stärkeverhältnis der in ihm vertretenen Parteien und Wählergruppen Rechnung zu tragen. Jeder Ausschuss soll ein *„verkleinertes Abbild des Gemeinderats*" darstellen.[367]

Es stellt sich die Frage, inwieweit auf diesen Repräsentationsgedanken bei der Zusammensetzung gesetzlich nicht geregelter Gremien Rücksicht zu nehmen ist. Ein Anwendung der Vorgaben aus Art. 33 Abs. 1 BayBO wird überwiegend abgelehnt, da es sich bei gesetzlich nicht geregelten Gremien nicht um Ausschüsse im Sinne des Art. 33 Abs. 1 BayGO handle.[368]

b. Stellungnahme

Eine direkte Anwendung von Art. 33 Abs. 1 BayGO auf gesetzlich nicht geregelte Gremien ist nicht möglich, da diese, wie geprüft, gerade keine Ausschüsse nach Art. 31 BayGO sind und nicht sein dürfen. Im Rahmen der Bayerischen Gemeindeordnung ist aber zu berücksichtigen, dass der Anwendungsbereich von Art. 33 Abs. 1 BayGO sich sowohl auf beschließende als auch auf vorberatende Ausschüsse erstreckt. Die vorbe-

---

[365] Siehe oben C II 3 b.

[366] *BayVerfGH*: Entscheidung vom 16.02.1966, VerfGH 5, 66 (76).

[367] *BayVGH*, Urteil vom 26.11.1954, VGH n. F. 8, 5 (8).

[368] *Hölzl/Hien*, BayGO, Art. 32 Erl. I 6; *Prandl/Zimmermann/Büchner*, BayGO, Art. 32 Erl. 1.

ratenden Ausschüsse sind damit dem Repräsentationsprinzip verpflichtet, obwohl sie nur eine Beschluss*empfehlung* abgeben können. Die Bayerische Gemeindeordnung unterscheidet insofern nicht zwischen vorberatender und beschließender Tätigkeit. Die vorgegebene Zusammensetzung der Ausschüsse soll eine einheitliche Willensbildung innerhalb der Gemeinde gewährleisten.[369] Die gemeindliche Willensbildung und Entscheidungsfindung vollzieht sich nach der Bayerischen Gemeindeordnung ausschließlich durch die Gemeinderatsmitglieder einschließlich des Oberbürgermeisters sowie durch die Gemeindebürger mit Hilfe unmittelbarer Beteiligungsrechte. Die gemeindliche Selbstverwaltung ist durch eine besonders enge Beziehung zwischen dem „*Volk*", den Gemeindebürgern und der Gemeindeverwaltung geprägt. Organe und Amtswalter der öffentlichen Verwaltung sind regelmäßig nur mittelbar durch eine ununterbrochene Legitimationskette demokratisch legitimiert. Hingegen schreibt das Grundgesetz im Blick auf die Bedeutung dieser Gebietskörperschaften als Träger dezentraler öffentlicher Verwaltung für die Vertretungen der Gemeinden und Kreise eine unmittelbare personelle Legitimation vor.[370] Darüber hinaus stützt sich das gesetzlich nicht geregelte Gremium auf die Organisationshoheit, die Teil des Selbstverwaltungsrechts ist. Daher können die Grundsätze der Selbstverwaltung bei der Einrichtung derartiger Gremien nicht unberücksichtigt bleiben. Dabei sind Demokratie und Selbstverwaltung miteinander verknüpft. Dies wird an dem schon erwähnten Art. 11 Abs. 4 BV besonders deutlich, der festschreibt, dass die Selbstverwaltung der Gemeinden dem Aufbau der Demokratie in Bayern von unten nach oben dient.[371]

Die gemischten Gremien unter der Beteiligung von Gemeindeangehörigen und Gemeinderatsmitgliedern entsprechen nicht den Vorgaben des Art. 33 Abs. 1 BayGO. Der Gemeinderat wird durch ihre Zusammensetzung nicht gemäß Art. 33 Abs. 1 S. 2 BayGO repräsentiert, da Personen ohne Mandat teilnehmen. Ein „*verkleinertes Abbild des Gemeinderats*" ist nicht erkennbar. Zunächst ist dadurch ein Widerspruch zum Repräsentationsprinzip offenbart. Aber dem Verzicht auf die Repräsentation steht hier ein Mehr an unmittelbarer Beteiligung der Gemeindeangehörigen gegenüber.[372] Mit der Beteiligung der Gemeindeeinwohner wird der

---

[369] Vgl. *Gern*, Deutsches Kommunalrecht, Rn. 428.
[370] *BVerfG*, Urteil vom 31.10.1990, BVerfGE 83, 60 (72.).
[371] Vgl. *Wurzel*, Usurpation parlamentarischer Kompetenzen durch Stadt- und Gemeinderäte, BayVBl. 1986, S. 417 (420).
[372] Ähnlich *Erbguth/Paßlick*, Kommunale (Unter-)Gremien, NWVBl. 1991, S. 37 (44 f.), die aber in den Gremien ein zahlenmäßiges Übergewicht der Mandatsträger gegenüber den beteiligten Einwohner als notwendig erachten.

Gedanke der Selbstverwaltung in die Wirklichkeit überführt. Obwohl die Willensbildung der Bürger in den größeren Gemeinden vor allem durch die Parteien erfolgt, gehört es zum Wesen der kommunalen Selbstverwaltung, dass sie von der Mitwirkung der mit den heimischen Verhältnissen besonders vertrauten Mitbürger lebt.[373] Insbesondere können die gesetzlich nicht geregelten Gremien Einwohnergruppen abbilden, die ansonsten nicht in den Gemeindeorganen repräsentiert werden. Dies gilt insbesondere für Nicht-EU-Ausländer, denen das Kommunalwahlrecht verwehrt ist.

Anders stellt sich die Lage bei Gremien dar, die sich wie der Gestaltungsbeirat ausschließlich aus ortsfremden sachverständigen Personen zusammensetzen. Im Hinblick auf die Neutralität und den gebotenen Sachverstand bietet diese Art der Zusammensetzung sicherlich Vorteile. Dies relativiert sich jedoch durch den fehlenden kommunalen Bezug des Gremiums. Reine Sachverständigengremien stellen kein Partizipationsinstrument dar, umso mehr, wenn die Sachverständigen keine Gemeindebürger, oder zumindest Gemeindeeinwohner, sind.[374] Aus diesem Grund fällt es schwer, die Abweichung von den Vorgaben des Art. 33 Abs. 1 BayGO zu begründen. Durch die im Grundgesetz vorgesehene unmittelbare personelle Legitimation der Gemeindevertretung ist die Verwaltung der Gemeinde weitaus enger mit den Gemeindebürgern verknüpft als andere öffentliche Verwaltungen. In diesem Zusammenspiel von gewählten Gemeinderatsmitgliedern und Gemeindebürgern, die sich an der gemeindlichen Willensbildung und Entscheidungsfindung beteiligen, bilden gesetzlich nicht geregelte Gremien aus ausschließlich ortsfremden Personen einen Fremdkörper. Darüber hinaus ist zu hinterfragen, ob derartige neutrale Gremien im Sinne der Gemeindordnung sind. Alle Gemeindegremien kennzeichnen sich durch die Beteiligung von Gemeinderatsmitgliedern aus. Dies gewährleistet die Vertretung der Interessen aller Gemeindeangebürger. Reine Sachverständigengremien ohne Bezug zur Gemeinde sehen sich der Gefahr ausgesetzt, nur ihren sachverständigen Standpunkt vorzubringen. Folgerichtig setzen die in einigen Gemeindeverfassungen bestehenden Regelungen über die Einrichtung sonstiger Gremien den kommunalen Bezug voraus. Gremien aufgrund des § 47 SächsGemO können sich nur aus Mitgliedern des Gemeinderats und sachkundigen *Einwohnern* zusammensetzen. In Schleswig-Holstein können sich nach § 47 d SchlHGO sonstige Beiräte nur aus „*gesellschaftlich bedeutsamen Gruppen*“ (der Gemeinde) bilden.

---

373 *BVerfG*, Beschluss vom 12.07.1960, BVerfGE 11, 266 (276).

374 Vgl. *Hendler*, Zur Organisation der Bürgerbeteiligung an der städtebaulichen Planung, Der Städtetag 1980, S. 402 (403).

Danach können gesetzlich nicht geregelte Gremien von den Vorgaben des Art. 33 Abs. 1 BayGO abweichen, wenn sie der Repräsentation einzelner Bevölkerungsgruppen und damit der Selbstverwaltung dienen. Dagegen kann sich die Einrichtung reiner Sachverständigengremien nicht allein auf das Organisationsrecht der Gemeinde stützen. Die Organisationshoheit ist Ausdruck des Selbstverwaltungsrechts und muss daher auch in dessen Lichte betrachtet werden. Daher stellt ein Gremium, das nicht in der Bayerischen Gemeindeordnung geregelt ist und durch seine Zusammensetzung keinen kommunalen Bezug aufweist, keine Form der Selbstverwaltung dar, die allein durch die Organisationshoheit gedeckt ist.

Danach bietet die Organisationshoheit keine ausreichende Legitimation für die Errichtung eines des Gestaltungsbeirates, welcher sich ausschließlich aus ortsfremden Personen zusammensetzt.

5. Zusammenfassung zum Kapitel C III: Die Einrichtung des Beirates für Stadtgestaltung auf Grundlage der Organisationshoheit

Der Gestaltungsbeirat verstößt in seiner derzeitigen Form gegen die Bayerische Gemeindeordnung. Die Tätigkeit des Gestaltungsbeirates greift in unzulässiger Weise in die Zuständigkeiten der in der Bayerischen Gemeindeordnung gesetzlich vorgesehenen Organe und Ausschüsse ein. Dem Gremien wird ein unzulässiger organ- beziehungsweise ausschussähnlicher Status im Rahmen des Baugenehmigungsverfahrens eingeräumt. Der auf Grundlage der Bayerischen Gemeindeordnung eingerichtete Bauausschuss wird dadurch teilweise entwertet. Auch der äußere Anschein verstärkt den Eindruck, dass die Stadt Regensburg dem Gremium eigene Prüfungskompetenzen übertragen hat. Dies ist unzulässig, da eine Übertragung nach Art. 39 Abs. 2 BayGO nicht vorliegt. Ein freiwilliger Kompetenzverzicht durch die Gemeindeorgane ist nicht möglich.[375] Ferner steht der in der Bayerischen Gemeindeordnung innewohnende Repräsentationsgedanke der Bildung eines Gremiums entgegen, das sich ausschließlich aus ortsfremden Personen zusammensetzt.

Die Geschäftsordnung des Gestaltungsbeirates bedarf insoweit einer Überarbeitung. Dabei ist insbesondere die Teilnahme der Gemeindeorgane an der vorgelagerten Willensbildung zu gewährleisten. Die Zu-

---

[375] *BayVGH*, Urteil vom 15.03.2004, BayVBl. 2004, S. 494 ff.

sammensetzung könnte dahingehend geändert werden, dass ein gemischtes Gremium aus Stadtratsmitgliedern und Sachverständigen eingerichtet wird. Die Bildung derartiger Gremien muss sich vielmehr auf entsprechende Vorschriften in den Fachgesetzen stützen oder sich aus dem Recht der Verwaltung ableiten, sachverständigen Rat heranziehen zu können. Dies wird im nächsten Kapitel behandelt.

D. Die Beteiligung von Sachverständigen und Fachgremien aufgrund der Pflicht der Verwaltung zur sachgerechten Entscheidung

I. Einleitende Darstellung

1. Die Pflicht der Verwaltung zur sachgerechten Entscheidung

Als Mitglieder des Gestaltungsbeirates können nach § 2 Abs. 3 Geschäftsordnung des Beirates Fachleute aus den Gebieten Städtebau, Landschaftsplanung und Architektur herangezogen werden, die jeweils die Qualifikation zum Preisrichter besitzen müssen. Der Gestaltungsbeirat ist danach vor allem ein Sachverständigengremium und kein Institut zur Bürgerbeteiligung.

Der Schwerpunkt der bisherigen Untersuchung galt der Frage, ob die Gemeinden neben den gesetzlich vorgesehenen Beteiligungsmöglichkeiten andere Formen der Beteiligung auf Grundlage ihre Organisationshoheit einrichten können. Richtet man sein Augenmerk nunmehr verstärkt auf den Bereich der Verwaltung einer Gemeinde, ist von der Pflicht der Verwaltung zur sachgemäßen Aufgabenerledigung auszugehen. So müssen auch nach Art. 56 Abs. 1 BayGO die gemeindlichen Verwaltungstätigkeiten mit der Verfassung und den Gesetzen in Einklang stehen und sie dürfen nur von sachlichen Gesichtspunkten geleitet sein. Diese Pflichten könnten als Grundlage für die Heranziehung des Gestaltungsbeirates als sachverständiges Gremium dienen und werden daher im Folgenden untersucht.

Für jede Verwaltung besteht ein im Rechtsstaatsprinzip verwurzeltes Sachgerechtigkeits- und Effektivitätsgebot. Als Exekutive muss die Verwaltung auf Grundlage der vom Parlament erlassenen Gesetze sachgerechte Entscheidungen treffen. Bei Gesetzen mit komplexen, außerjuristisch-naturwissenschaftlich geprägten Materien kann die Einschaltung von internem oder externem Sachverstand notwendig sein, um dem Gesetzen zur Geltung zu verhelfen.[376] Der Sachverstand wird für die Ausfüllung der in den Gesetzen verwendeten unbestimmten Rechtsbegriffe

---

[376] *Di Fabio*, Verwaltungsentscheidung durch externen Sachverstand, VerwArch Bd. 81 (1990), S. 210; *Vomhof*, Rechtsprobleme der Einbindung von sachverständigen Gremien in das Umwelt- und Technikrecht, S. 14 ff.

und außerjuristischen Maßstäbe benötigt. Beispielhaft sei hier die in einigen Vorschriften verwendete dynamische Verweisung auf den jeweiligen Stand der Technik genannt.[377] Das *Bundesverfassungsgericht* spricht von einem „*Regelungsdefizit*“, das bei der Rechtsanwendung durch Behörden und Gerichte ausgeglichen werden müsse.[378] Die effektive Durchsetzung solcher Vorschriften erfordert einen besonderen Sachverstand der Behörde. Verfügt die Behörde nicht selber über ausreichend Sachverstand, ist sie gehalten und berechtigt, dieses Defizit durch sachkundigen Rat zu kompensieren.[379]

Dabei ist es unerheblich, aus welchen Quellen die Behörde ihre Sachkunde schöpft. In vielen Fällen kann es ausreichend sein, die Fachliteratur zu Rate zu ziehen, den Austausch mit einem anderen Amtsträger zu suchen oder eine Auskunft oder gutachtliche Stellungnahmen einer anderen Behörde einzuholen. Reicht dies nicht aus, um das kognitive Defizit der Behörde auszugleichen, ist diese berechtigt, auch außerbehördlichen Sachverstand heranzuziehen.[380] Sie kann Sachverständige befragen oder ein schriftliches Sachverständigengutachten einholen.

Die Pflicht zur Informationsbeschaffung hat ihren Niederschlag in den Art. 24 ff. BayVwVfG gefunden. In Art. 24 Abs. 1 S. 1 BayVwVfG ist der im Verwaltungsverfahren maßgebliche Untersuchungsgrundsatz statuiert. Die Behörde ermittelt den Sachverhalt von Amts wegen und ist nicht an das Vorbringen der Beteiligten gebunden. Zur Erforschung des Sachverhalts bedient sich die Behörde gemäß Art. 26 Abs. 1 S. 1 BayVwVfG der Beweismittel, „*die sie nach pflichtgemäßen Ermessen zur Ermittlung des Sachverhalts für erforderlich hält*“. Sie ist gemäß Art. 26 Abs. 1 S. 2 Nr. 2 BayVwVfG befugt, Beteiligte anzuhören, Zeugen und Sachverständige zu vernehmen oder die schriftliche Äußerung von Beteiligten, Sachverständigen und Zeugen einzuholen. Mit Art. 26 BayVwVfG ist den bayerischen Behörden eine Vorschrift an die Hand gegeben, nach der sie sich in allen Verwaltungsverfahren im Sinne des Art. 9 BayVwVfG sach-

---

377 Vgl. etwa § 5 Abs. 1 Nr. 2 BImSchG, § 7 Abs. 2 Nr. 3 AtomG, § 8 Abs. 5 WHG.

378 *BVerfG*, Beschluss vom 08.08.1978, BVerfGE 49, 89 (135).

379 *Baedeker*, Die Organisationsgewalt im Bund und der Vorbehalt des Gesetzes, S. 147; *Brückner*, Die Organisationsgewalt des Staates im kommunalen Bereich, S. 51; *Dagtoglou*, Der Private in der Verwaltung, S. 73; *Engelhardt*, Die Mitwirkung des Bürgers in der Verwaltung baden-württembergischer Großstädte, S. 47; *Skouris*, Grundfragen des Sachverständigenbeweises im Verwaltungsverfahren und im Verwaltungsprozess, AöR 1982, S. 215 (226 ff.); *Wohlfarth*, Der Ausländerbeirat in der neuen saarländischen Gemeindeverfassung, VR 1990, S. 306 (308).

380 *Lukas*, Die Mehrfachtätigkeit von Sachverständigen unter besonderer Berücksichtigung der Gutachtertätigkeit im atomrechtlichen Verwaltungsverfahren, S. 10.

verständigen Rates bedienen können. Dabei ist Art. 26 Abs. 1 S. 1 BayVwVfG weit auszulegen. Aufgabe des Sachverständigen ist nicht allein die Ermittlung des Sachverhalts durch Feststellung bestimmter Tatsachen, zu deren Beurteilung der Behörde die notwendige Sachkunde fehlt.[381] Vielmehr begutachtet er einen von der Behörde abschließend festzustellenden und zu würdigenden Sachverhalt. Dabei kann die durch das Gutachten erfolgende Wissensvermittlung in zweifacher Hinsicht geschehen: Entweder teilt der Sachverständige der Behörde in allgemeiner Form *abstrakte* Lehr- und Erfahrungssätze mit, oder er soll auf Grundlage des feststehenden Sachverhalts *konkrete* Schlussfolgerungen im Einzelfall ziehen.[382] Strikt zu trennen ist diese Aufgabe von der rechtlichen Bewertung des Sachverhalts. Diese bleibt ausschließlich der Behörde vorbehalten, da Gegenstand der Beweiserhebung einschließlich der Heranziehung eines Sachverständigen als Beweismittel im Sinne des Art. 26 Abs. 1 S. 2 Nr. 2 BayVwVfG nur Tatsachen sein können. Bewertend darf der Sachverständige im Rahmen des Art. 26 Abs. 1 S. 2 Nr. 2 BayVwVfG nur für die Ableitung von Erfahrungssätzen, nicht aber für die Subsumtion des Sachverhalts unter Rechtsnormen genutzt werden.[383] Dies hat zur Folge, dass die Heranziehung von Sachverständigen zu rechtlichen Fragestellungen nicht von dem Anwendungsbereich des Art. 26 BayVwVfG gedeckt und damit unzulässig ist.

Die Behörde ist verpflichtet, Sachverständige heranzuziehen, wenn sie die für die Beurteilung eines Sachverhalts notwendige besondere Sachkunde nicht hat.[384] Dabei hat die Behörde für die Beurteilung, ob die eigene Sachkunde ausreicht, einen gewissen Beurteilungsspielraum.[385] Für die Ermessensausübung im Rahmen des Art. 26 Abs. 1 BayVwfG ist in dem Fall kein Raum mehr, wenn die Einholung von sachverständiger Hilfe zur Vermeidung von Gefahren für Leib und Leben erforderlich ist. Das Recht der Behörde zur Einholung sachverständigen Rats erwächst nunmehr zur Pflicht. Unterlässt die Behörde in einem solchen Fall die

---

381 Etwa die fehlende Eignung zum Führen von Kraftfahrzeugen im Sinne des § 3 Abs 1 StVG; dies gilt auch für das Gericht im gerichtlichen Verfahren, siehe *BVerwG*, Urteil vom 17.09.1987, NJW 1988, S. 925; allgemein dazu *Giehl*, BayVwVfG, Art. 26 VII 2.

382 Unterscheidung nach *Skouris*, Grundfragen des Sachverständigenbeweises im Verwaltungsverfahren und im Verwaltungsprozess, AöR 1982, S. 215 (219); vgl. dazu auch *BVerwG*, Urteil vom 06.02.1985, NJW 1986, S. 2268; *Stelkens/Kallerhoff* in *Stelkens/Bonk/Sachs*, VwVfG, § 26 Rn. 68.

383 *Seidel*, Privater Sachverstand, S. 103.

384 *BGH*, Urteil vom 02.07.1987, NVwZ 1988, S. 283 (284); *Kopp/Ramsauer*, VwVfG, § 26, Rn. 29 m. w. N.

385 *Kopp/Ramsauer*, VwVfG, § 26, Rn. 29.

Einholung sachverständiger Hilfe, verletzt sie eine ihr gegenüber den Dritten obliegende Amtspflicht im Sinne des Art. 34 GG und § 839 BGB.[386] Kommt ein Dritter wegen der auf dem mangelnden Sachverstand beruhenden falschen Entscheidung zu Schaden, haftet der Staat oder die Körperschaft des Amtswalters nach den Grundsätzen der Staatshaftung auf Schadensersatz.

2. Die Beteiligung von Sachverständigen in den Fachgesetzen

In Verwaltungsverfahren, die komplexe wissenschaftliche Materien zum Gegenstand haben, ist die Beteiligung von Sachverständigen regelmäßig fakultativ oder obligatorisch in den Fachgesetzen vorgesehen.[387] Neben den Art. 24 ff. BayVwVfG haben diese Regelungen wegen der Subsidiarität des Verfahrensrechts nach Art. 1 und 2 BayVwVfG eigenständige Bedeutung.

In dem Genehmigungsverfahren für Arzneimittel spielen beispielsweise Sachverständige in der Form von Kommissionen eine tragende Rolle.[388] Über die für die Zulassung nachzuweisende Wirksamkeit und Unbedenklichkeit eines Arzneimittels hat nach § 24 Abs. 1 S. 1 AMG oder § 25 Abs. 6 S. 1 AMG eine Sachverständigenkommission zu befinden. Die besondere Stellung dieses Gremiums offenbart sich an der Begründungspflicht. Die Zulassungsbehörde kann von dem erstellten Gutachten der Sachverständigenkommissionen nach § 25 Abs. 7 S. 4 und 5 AMG nur mit einer gesonderten wissenschaftlichen Begründung abweichen.

Auch in baurechtlichen Verfahren wird Nutzen aus außerbehördlichem Sachverstand gezogen. Im Baugesetzbuch ist in den §§ 192 ff. BauGB die Einrichtung von unabhängigen und selbstständigen Gutachterausschüssen aus sachkundigen und erfahrenen Personen vorgesehen, die den Wert von bebauten und unbebauten Grundstücken sowie Rechten an Grundstücken ermitteln sollen, wenn dies von den Behörden oder von

---

386 *BGH*, Urteil vom 02.07.1987, NVwZ 1988, S. 283 (284).

387 Vgl. etwa § 31 a Abs. 1 S. 2 BImSchG; einen Überblick über sachverständige Gremien im Umwelt- und Technikrecht findet sich in: *Vomhof*, Rechtsprobleme der Einbindung von sachverständigen Gremien in das Umwelt- und Technikrecht, S. 35 ff.

388 Ausführlich dazu *Di Fabio*, Verwaltungsentscheidung durch externen Sachverstand, VerwArch Bd. 81 (1990), S. 193 ff.

Gerichten beantragt wird.[389] Das Bauordnungsrecht gibt den Bauaufsichtsbehörden nach Art. 60 Abs. 4 BayBO die Möglichkeit, zur Erfüllung ihrer Aufgaben und Befugnisse Sachverständige und sachverständige Stellen heranzuziehen. Diese Vorschrift wird im Rahmen der Einordnung des Beirates für Stadtgestaltung genauer beleuchtet, da die Stadt Regensburg sie als Grundlage für die Einrichtung des Gremiums anführt.

3. Die Beteiligung von Sachverständigen in den Gemeindeverfassungen

Wie bereits angesprochen, ist in einigen Gemeindeverfassungen die Beteiligung von Sachverständigen ausdrücklich geregelt.[390] Diese Vorschriften gehen insoweit über die jeweiligen Verfahrensgesetze der Länder hinaus, als sie die Hinzuziehung von Sachverständigen nicht nur im Rahmen eines Verwaltungsverfahrens ermöglichen.

4. Typisierung der privaten Verwaltungshilfe

Gegenstand dieser Untersuchung ist die Heranziehung von Privaten bei der Erfüllung hoheitlicher Aufgaben. In diesem Zusammenhang wird der Begriff der (privaten) Verwaltungshilfe verwendet.[391] Die Personen lassen sich in zwei Gruppen teilen: einerseits solche, die selbständig Verwaltungsaufgaben wahrnehmen, andererseits die privaten Personen, die unselbständig an der Erfüllung von Verwaltungsaufgaben beteiligt sind.[392] Die erste Gruppe lässt sich auch mit dem Begriff „Öffentliche Verwaltung *durch* Private" veranschaulichen. Von „Privaten *in* der Öffentlichen Verwaltung" wird bei der zweiten Gruppe gesprochen. Zu den wichtigsten Formen der ersten Gruppe zählt die Beleihung, die *Steiner* als die Übertragung staatlicher Aufgaben (im Sinne staatlicher Kompetenzen) und insbesondere von Verwaltungsaufgaben auf Private zur (organisationsrechtlich) selbständigen Erledigung definiert.[393] Aus der zweiten Gruppe ist insbesondere der Verwaltungshelfer zu nennen, welcher als eine Art Erfüllungsgehilfe in eine öffentlich-rechtlich zu erledi-

---

[389] Ähnlich strukturiert sind die Gutachten der Handwerkskammern nach den §§ 90 ff. HandwO.

[390] Siehe oben B II 9.

[391] *Steiner*, Öffentliche Verwaltung durch Private, S. 2; *Stober* in: *Wolff*, Verwaltungsrecht, Bd. 1, § 22 Rn. 61.

[392] Einteilung nach *Steiner*, Öffentliche Verwaltung durch Private, S. 2 und Fn. 6; siehe auch *Dagtoglou*, Der Private in der Verwaltung, S. 26.

[393] *Steiner*, Öffentliche Verwaltung durch Private, S. 4.

gende Aufgabe eingeschaltet wird.[394] Daran wird deutlich, dass mit den Begriffen „*Verwaltungshilfe*“ und „*Verwaltungshelfer*“ zwei verschiedene Objekte umschrieben werden. Unter den Begriff des Verwaltungshelfers fallen auch Sachverständige, die an der Erfüllung hoheitlicher Aufgaben zwar mitwirken, dabei aber nicht selbständig hoheitlich tätig sind, insbesondere wenn ihr Beitrag sich auf Information und Aufklärung der entscheidungszuständigen Behörde beschränkt.[395] Sachverständige, die verfahrensmitgestaltend und entwurfsarbeitend tätig sind, werden als *selbständige* Verwaltungshelfer bezeichnet.[396] Diese Rechtsfigur nähert sich der Gruppe der Beliehenen an, in dem der Sachverständige durch seine Arbeit die Entscheidung wesentlich präjudiziert und die Behörde mangels Sachverstand meist nur noch die formelle Entscheidungsgewalt behält. Wird ein Sachverständiger tatsächlich so intensiv in das behördlich Verfahren eingeschaltet, dass dieser faktisch die Staatsaufgabe der zuständigen Behörde wahrnimmt, liegt eine „*faktische Beleihung*“ vor, die sich gleichfalls an den Rechtmäßigkeitsvoraussetzungen einer Beleihung messen lassen muss.[397]

Danach sind die Mitglieder eines gesetzlich nicht geregelten Gremiums, das sich aus Sachverständigen zusammensetzt, (unselbständige) Verwaltungshelfer, soweit sie lediglich beratend tätig sind.

---

[394] *Maurer*, Allgemeines Verwaltungsrecht, § 23 Rn. 60; kritisch dazu *Burgi* in: *Erichsen/Ehlers*, AllgVerwR, § 52 Rn.4 m. w. N., der den Begriff des Verwaltungshelfers zur Kennzeichnung des Ergebnisses einer funktionalen Privatisierung verwenden will.

[395] *Seidel*, Privater Sachverstand, S. 31

[396] *Seidel*, Privater Sachverstand, S. 31; vgl. zum Begriff auch *Burgi*, Funktionale Privatisierung und Verwaltungshilfe, S. 155; *Eickmeier*, Die Haftung des gerichtlichen Sachverständigen für Vermögensschäden, S. 133.

[397] *Seidel*, Privater Sachverstand, S. 32.

II. Die Beteiligung von Sachverständigen und Fachgremien in den Bayerischen Gemeinden

1. Die Beteiligung einzelner Sachverständiger

Die Organisationshoheit gewährt den Gemeinden das Recht, Personen ohne Mandat im Einzelfall beratend heranzuziehen. Dazu gehört auch die Möglichkeit zur Beteiligung von Sachverständigen.[398] Diese dürfen wie auch die anderen Personen keine Entscheidungsbefugnisse wahrnehmen, soweit dies nicht ausdrücklich im Gesetz vorgesehen ist.

Gleichfalls lässt sich aus der Pflicht der Verwaltung zur sachgerechten Entscheidung das Recht der Gemeinden zur Einholung sachverständigen Rates herleiten. Dabei ist zu beachten, dass nach der Bayerischen Gemeindeordnung der Gemeinderat nicht ein Parlament, sondern ein Verwaltungsorgan ist. Eine Magistratverwaltung wie in Hessen wurde nicht verwirklicht. Bei diesem Kommunalsystem wird die Verwaltung durch ein Kollegialorgan, den Magistrat, geleitet, dessen Vorsitzender und Mitglied der urgewählte Bürgermeister ist.[399] Aus diesem Grund sind in Bayern der Bürgermeister, die Verwaltung sowie der Gemeinderat und seine Ausschüsse berechtigt, Sachverständige zur Informationsbeschaffung heranzuziehen.

2. Die Einrichtung von Fachgremien mit Entscheidungsbefugnissen

a. Delegationsadressaten nach der Bayerischen Gemeindeordnung

Die Bayerische Gemeindeordnung gibt die Entscheidungsträger abschließend vor. Die Gemeindeorgane können ihre Entscheidungsbefugnisse nicht auf einzelne Sachverständige oder Fachgremien verlagern, da diese keine geeigneten Delegationsadressaten nach der Bayerischen Gemeindeordnung sind.[400]

---

[398] *Masson/Samper*, BayGO, Art. 33 Rn. 6; *Prandl/Zimmermann/Büchner*, BayGO, Art. 33 Erl. 1; *Widtmann/Grasser*, BayGO, Art. 33 Rn. 3.
[399] *Knemeyer*, Kommunalrecht, Rn. 293.
[400] Siehe oben C II 5.

b. Allgemeine Grenzen der Zuständigkeitsverlagerung

Der Beteiligung von Sachverständigen ist auch eine Form der Beteiligung von Privaten in der Verwaltung, welche sich an den Vorgaben der Verfassung und der einfachen Gesetze messen lassen muss. Bei der Beteiligung von Sachverständigen sind, unabhängig vom Kommunalrecht, besondere Gesichtspunkte zu beachten.

aa. Verfassungsrechtliche Dimension

Die Verfassung stellt kein Verbot der Beteiligung von Privaten auf. Die Beteiligung von Privaten kann aber bei Begründung einer neuen Zuständigkeit wegen des institutionellen oder organisationsrechtlichen Gesetzesvorbehalts eine Regelung durch Gesetz oder aufgrund eines Gesetzes bedürfen.[401] Als sachliche Zuständigkeit ist die Berechtigung und Verpflichtung einer bestimmten Behörde, eine dem Gegenstand nach bestimmte Aufgabe wahrzunehmen, zu verstehen.[402] Danach widerspräche die flexible Übertragung von Entscheidungszuständigkeiten auf private Dritte den Grundprinzipien der Verfassung. Wie bereits oben bei der Frage nach den Gesetzesvorbehalten angesprochen,[403] verlagert sich aber das Problem von der verfassungs-rechtlichen auf die einfachgesetzliche Ebene, da regelmäßig die Zuständigkeiten durch bestehende Gesetze abschließend geregelt sind und keine neuen Zuständigkeiten begründet, sondern bestehende übertragen werden.

bb. Einfachgesetzliche Dimension

Soweit der Gesetzgeber einer Behörde die Wahrnehmung einer Aufgabe ausdrücklich zugewiesen hat, ist die Behörde verpflichtet, diese auch zu erfüllen.[404] Letztlich darf die Einbeziehung von privaten Dritten nicht in einer Übertragung von Entscheidungszuständigkeiten gipfeln, die den Willen des Gesetzgebers bei der Verteilung der sachlichen Zuständigkeit konterkariert.[405] Die Befugnis der Behörde zur Letztentscheidung, mithin zum Treffen sämtlicher verfahrensleitenden und verfahrensbestimmenden oder nach außen wirksamen Entscheidungen, darf durch die Beteili-

---

[401] Vgl. *OVG Münster*, Urteil vom 13/27.09.1979, DÖV 1980, S. 528 (529); *Kopp/Ramsauer*, VwVfG, § 3 Rn. 7; *Peine*, Verfahrensprivatisierung in der Verkehrswegeplanung, S. 95 (106 f.).
[402] *Ule/Laubinger*, Verwaltungsverfahrensrecht, § 10 Rn. 5.
[403] Siehe oben C I 3 c bb.
[404] *Maurer*, Allgemeines Verwaltungsrecht, § 21 Rn. 52.
[405] Vgl. *Peine*, Verfahrensprivatisierung in der Verkehrswegeplanung, S. 95 (107 f.).

gung von privaten Dritten nicht ausgehöhlt werden.[406] Eine der gesetzlich begründeten Rechtszuständigkeit eines Hoheitsträgers entgegenstehende Übertragung der Zuständigkeit ist ohne gesetzliche Grundlage unzulässig. Aus diesem Grund kann die Beleihung nur durch Gesetz erfolgen.[407]

Dabei ist zwischen der Übertragung einer Aufgabe im kompetenzrechtlichen Sinne und der Überlassung einer Aufgabe zu unterscheiden. Nach *Steiner*[408] bedürfen die Formen von Verwaltungshilfen keiner gesetzlichen Grundlage, die keinen kompetenzrechtlichen Anteil an der in Frage stehenden Verwaltungsaufgabe vermitteln. Die Einschaltung eines *„technischen Erfüllungsgehilfen"*[409] beschränkt sich auf die Vornahme von Realakten, die die Kompetenzordnung unberührt lässt. Die Aufgabe bleibt eine öffentliche, allein ihre technische Durchführung geschieht durch private Dritte.

Unberührt bleibt die Letztentscheidungskompetenz auch, wenn die Behörde den privaten Dritten nur mit entscheidungsvorbereitenden Tätigkeiten betraut. Soweit der Sachverständige lediglich vorbereitende und unterstützende Aufgaben wahrnimmt, ist keine gesetzliche Regelung nötig.[410] Als verfahrensführende Behörde mit Letztentscheidungskompetenz muss sie aber zu jedem Zeitpunkt die Aufsicht und Kontrolle des privaten Dritten gewährleisten und sicherstellen, dass er die öffentlich-rechtlichen Bindungen beachtet.[411]

Ausgehend von den vorangegangenen Überlegungen ist die Einrichtung von Fachgremien mit Entscheidungsbefugnissen, unabhängig der kommunalrechtlichen Aspekte, ohne gesetzliche Grundlage nicht zulässig. Den gesetzlich nicht geregelten Gremien können aber keine Verwaltungsaufgaben zur eigenständigen Erledigung übertragen werden. Sie

---

406 *Erbguth*, Die Zulässigkeit der funktionalen Privatisierung im Genehmigungsrecht, UPR 1995, S. 369 (378); *Hoppe/Bleicher*, Rechtsprobleme bei der Verfahrensprivatisierung von Standortauswahlverfahren im Abfallrecht, NVwZ 1996, S. 421 (423).

407 *Peine*, Verfahrensprivatisierung in der Verkehrswegeplanung, S. 95 (106 f.); *Seidel*, Privater Sachverstand, S. 113.

408 *Steiner*, Öffentliche Verwaltung durch Private, S. 113 ff.; vgl. auch *Schoch*, Rechtsfragen der Privatisierung von Abwasserbeseitigung und Abfallentsorgung, DVBl. 1994, S. 1 (8).

409 *Peine*, Verfahrensprivatisierung in der Verkehrswegeplanung, S. 95 (98).

410 *Hoppe/Bleicher*, Rechtsprobleme bei der Verfahrensprivatisierung von Standortauswahlverfahren im Abfallrecht, NVwZ 1996, S. 421 (423).

411 *Erbguth*, Die Zulässigkeit der funktionalen Privatisierung im Genehmigungsrecht, UPR 1995, S. 369 (378).

dürfen lediglich vorbereitende und beratende Funktionen gegenüber den Entscheidungsträgern ausüben. Dabei bleibt noch unberücksichtigt, dass sich die Beratung bei komplexen Sachverhalten zu einer faktischen Bindungswirkung verdichten kann. Auf diese Problematik wird im Folgenden eingegangen.

cc. Letztverantwortung und faktische Bindung

Vorbereitende Aufgaben können übertragen werden, wenn die Behörde die Letztentscheidungskompentenz behält. Problematisch sind die Fallgestaltungen, in denen die Entscheidungskompetenz durch eine materielle Präjudizierung faktisch ausgehöhlt wird. Diese Gefahr besteht, wenn die Behörde zwar die endgültige formelle Entscheidung fällt, aber eine inhaltliche Prüfung nicht mehr selbständig durchführt, da sie die komplexe Prüfung der Sachverständigen nicht mehr nachvollzieht oder mangels Sachverstand nicht mehr nachvollziehen kann. Der Behörde wird materiell die Aufgabe und damit die Letztentscheidungsverantwortung entzogen, wenn sie nur noch die von dem Dritten getroffene Entscheidung übernimmt.[412] Bei der Heranziehung eines Sachverständigen für die Prüfung einzelner kleinerer Teilbereiche eines Verfahrens besteht dieses Problem in geringerem Maße, als wenn ganze Verfahrensabschnitte von dem Sachverständigen selbständig in die Hand genommen werden.

Das Problem der faktischen Bindungswirkung eines Gutachtens mangels Sachverstand der Behörde spielt bei gesetzlich nicht geregelten Gremien auf Gemeindeebene regelmäßig keine Rolle, da diese nicht mit vergleichbar komplexen Sachverhalten betraut werden. Dagegen können die gemeindlichen Entscheidungsträger durch die Einrichtung von gesetzlich nicht geregelten Gremien eine durch die Öffentlichkeit bedingte faktische Bindung eingehen. Mit der Fixierung eines Gremiums innerhalb der Gemeindeverwaltung ergibt sich die Gefahr, dass die Entscheidungsträger gegenüber der Öffentlichkeit in Rechtfertigungsnot geraten, wenn sie von dem Votum „ihres" Gremiums abweichen wollen.

Unabhängig von dieser schwer nachzuprüfenden faktischen Bindung aufgrund öffentlichen Drucks ist eine materielle Präjudizierung durch das Gutachten des Sachverständigen nicht von vornherein unzulässig. Im Hinblick auf das verfassungsrechtliche objektive Effektivitätsgebot, nach dem die Organisation und Struktur sowie die Ausgestaltung des Verwaltungsverfahrens in erster Linie auf die Zielverwirklichung ausgerichtet

---

[412] *Peine*, Verfahrensprivatisierung in der Verkehrswegeplanung, S. 95 (108).

sein muss, bestehen gegen die faktische Bindung der Behörde an das Votum der Sachverständigen keine Bedenken.[413]

Jedenfalls sind bei der Verwendung von Gutachten, die durch beteiligte Sachverständige erstellt werden, besondere Grundsätze einzuhalten. Die Behörde ist nicht an die Beurteilung und Entscheidung des Gutachtens gebunden.[414] Sie muss die darin enthaltenen Feststellungen und Schlussfolgerungen im Rahmen freier Beweiswürdigung selbstverantwortlich überprüfen und nachvollziehen.[415] Sie muss sich ein eigenes Bild machen und darf die Tatsachen nicht einfach blindlings übernehmen.[416] Der Spielraum für das Nachvollziehen der Behörde ist dabei nicht statisch, sondern richtet sich nach der Komplexität des begutachteten Sachverhaltes. Handelt es sich um eine dem Nicht-Sachverständigen kaum mögliche Auswertung komplizierter technischer Unterlagen, kann von der Behörde eine erschöpfende nachvollziehende Prüfung nicht erwartet werden.[417] Im Gegensatz dazu sind strengere Anforderungen an die nachvollziehende Prüfung zu stellen, wenn sich der Sachverhalt einer Nachprüfung auch ohne eigenen umfassenden Sachverstand erschließt. Ferner muss die Behörde bei den in dem Gutachten vorgenommenen Schlussfolgerungen des Sachverständigen jeweils selbständig prüfen, ob für sie eine rechtliche Grundlage besteht.[418]

dd. Erforderlichkeitsgrundsatz und Untersuchungsgrundsatz

Nach Art. 26 Abs. 1 S. 1 BayVwVfG bedient sich die Behörde der Beweismittel, die sie nach *pflichtgemäßem* Ermessen zur Ermittlung des Sachverhalts für erforderlich hält. Dies macht den Grundsatz deutlich, dass die Behörde Sachverständige nicht nach freiem Ermessen heranziehen kann. Die Behörde muss bei der Ausübung ihres Ermessens den Erforderlichkeitsgrundsatz sowie den Untersuchungsgrundsatz der Art. 24, 26 Abs. 1 BayVwVfG berücksichtigen.[419]

---

[413] *Di Fabio*, Verwaltungsentscheidung durch externen Sachverstand, VerwArch Bd. 81 (1990), S. 210 ff.

[414] *Franz* in: *Simon/Busse*, BayBO 1998, Art. 60, Rn. 215.

[415] *BVerwG*, Beschluss vom 13.08.1970, BayVBl. 1971, S. 160 für Sachverständigengutachten im gerichtlichen Verfahren.

[416] *Clausen* in: *Knack*, VwVfG, § 26 Rn. 23; *Kopp/Ramsauer,* VwVfG, § 26 Rn. 30.

[417] *Koch/Molodovsky/Rahm*, BayBO, Art. 60 Ziff. 9.5.

[418] *Koch/Molodovsky/Rahm*, BayBO, Art. 60 Ziff. 9.5.

[419] *Franz* in: *Simon/Busse*, BayBO 1998, Art. 60, Rn. 194.

ee. *Verfahrensrechtliche Dimension*

Mit der Einschaltung von Sachverständigen kommt es zu einer Vorverlagerung der Ermittlung des Sachverhalts, welcher der Entscheidung zugrunde liegt. Die bei komplexen Verwaltungsverfahren dadurch bedingte vorgelagerte materielle (faktische) Entscheidung ist nur unter bestimmten Voraussetzungen als zulässig zu erachten. Dem objektivrechtlichen Effektivitätsgebot, das bestimmte Anforderungen an die Fachkompetenz des Entscheidungsträgers stellt, um die Durchsetzung der Gesetze zu gewährleisten, steht ein subjektiv-rechtliches Verfahrensstrukturierungsgebot gegenüber.[420] Danach muss dem Betroffenen im Rahmen der vorgelagerten Sachverhaltsermittlung durch die Sachverständigen das Recht auf Gehör eingeräumt werden. Je komplexer die Beteiligung der Sachverständigen ist, desto wichtiger ist die frühzeitige Beteiligung der durch die Entscheidung Betroffenen.[421]

Das subjektiv-rechtliche Verfahrensstrukturierungsgebot gewinnt bei gesetzlich nicht geregelten Gremien auf Gemeindeebene regelmäßig keine Bedeutung, da diese Gremien nicht mit vergleichbar komplexen Sachverhaltungsermittlungen, wie etwa im Arzneimittelrecht, betraut werden. Darüber hinaus werden die Gremien meist nicht unmittelbar an einem Verwaltungsverfahren beteiligt.

3. Die Einrichtung beratender Fachgremien aus ortsfremden Sachverständigen

Die Bildung von Gremien aus ausschließlich ortsfremden Sachverständigen kann sich mangels kommunalen Bezugs nicht allein auf das Organisationsrecht der Gemeinde stützen.[422] Allerdings hat die Verwaltung das Recht, Sachverständige zur Beratung hinzuziehen. Dieses Recht umfasst grundsätzlich auch die Einrichtung beratender kollegialer Gremien.[423] Dabei ist aber zu berücksichtigen, dass die Bildung eines Gremiums innerhalb der Gemeindeverwaltung ein besonderer organisatorischer Akt ist, da die Bayerische Gemeindeordnung ausführliche Re-

---

[420] *Di Fabio*, Verwaltungsentscheidung durch externen Sachverstand, VerwArch Bd. 81 (1990), S. 193 (213 ff.).

[421] *Di Fabio*, Verwaltungsentscheidung durch externen Sachverstand, VerwArch Bd. 81 (1990), S. 193 (213).

[422] Siehe oben C III 4.

[423] Vgl. *Brückner*, Die Organisationsgewalt des Staates im kommunalen Bereich, S. 51; *Engelhardt*, Die Mitwirkung des Bürgers in der Verwaltung baden-württembergischer Großstädte, S. 64 f.; *Herbert*, Beratung in der Gemeinde, NVwZ 1995, S. 1056 (1060).

gelungen über die Willensbildung und Entscheidungsfindung innerhalb der Gemeinde enthält. Bei der Bildung beratender Gremien innerhalb der Gemeinde ist daher wie folgt zu differenzieren:

a. Beratung des Gemeinderats und seiner Ausschüsse

Die Bayerische Gemeindeordnung enthält genaue Vorgaben hinsichtlich der Willensbildung und Entscheidungsfindung des Gemeinderats und seiner Ausschüsse. Bei der Bildung von Gremien, die für den Gemeinderat und seine Ausschüsse tätig werden, sind diese Vorgaben auch dann einzuhalten, wenn sich die Hinzuziehung des Sachverständigen auf das Recht der Verwaltung stützt, sachverständigen Rat einzuholen. Es macht keinen Unterschied, ob das beratende Gremium, welches innerhalb der Gemeindeverwaltung gebildet wird, auf die Organisationshoheit oder auf das Recht auf Beratung gestützt wird. Unabhängig von der Grundlage seiner Legitimation, muss sich das Gremium in die Bayerische Gemeindeordnung einfügen, die insoweit Vorrang hat. Es gelten dieselben Vorgaben wie auch im Rahmen der Organisationshoheit. Danach sind Gremien aus ausschließlich ortsfremden Sachverständigen nicht möglich.[424]

b. Beratung der Gemeindeverwaltung und des Oberbürgermeisters

Dagegen enthält die Bayerische Gemeindeordnung keine Regelungen über die Willensbildung und Entscheidungsfindung des Oberbürgermeisters und der Gemeindeverwaltung. Dies liegt daran, dass der Oberbürgermeister und die Gemeindeverwaltung keine vergleichbare „Willensbildung" vollziehen. Der Oberbürgermeister ist eine einzelne Person und die Gemeindeverwaltung übt nur die Kompetenzen der Gemeindeorgane aus. Ein eigener „Wille" steht ihr nicht zu. Ist das gesetzlich nicht geregelte Gremium somit ausschließlich für den Oberbürgermeister und/oder für die Gemeindeverwaltung tätig, enthält die Bayerische Gemeindeordnung keine Vorgaben.[425] Ein Gremium, das sich aus ortsfremden Personen zusammensetzt, ist daher möglich, soweit es nur für den Bürgermeister oder die Gemeindeverwaltung tätig wird.

Die Frage, ob ein Gremium allein für die Gemeindeverwaltung tätig sein wird, ist aber im Einzelfall schwierig zu beantworten. Regelmäßig wird ein gesetzlich nicht geregeltes Gremium nicht nur die Gemeindeverwal-

---

[424] Siehe oben C III 4.

[425] Vgl. *Herbert*, Beratung in der Gemeinde, NVwZ 1995, S. 1056 (1060 f.).

tung und den Oberbürgermeister beraten, sondern auch den Gemeinderat und seine Ausschüsse. Schließlich treffen diese die grundlegenden Entscheidungen in der Gemeinde. Ferner kommt es auf den Status des gesetzlich nicht geregelten Gremiums an, ob es allein der Gemeindeverwaltung zugeordnet ist. Ein gesetzlich nicht geregeltes Gremium ist nur dann allein für die Gemeindeverwaltung tätig, wenn es der Gemeindeverwaltung untergeordnet ist. Hat es einen mit der Gemeindeverwaltung vergleichbaren Status, dann berät es *neben* der Gemeindeverwaltung den Gemeinderat und seine Ausschüsse unmittelbar.

Bei einem unabhängigen Sachverständigengremium, das im Gegensatz zur Gemeindeverwaltung nicht weisungsgebunden ist, ist davon auszugehen, dass es nicht der Gemeindeverwaltung untergeordnet ist. Die Beratung durch ein Gremium mit dieser besonderen Stellung hat ein solches Gewicht, dass dadurch auf die abschließende Entscheidung des Gemeinderats und seiner Ausschüsse unmittelbar Einfluss genommen werden kann. Daher berät das Gremium nicht nur die Gemeindeverwaltung, sondern auch den Gemeinderat und seine Ausschüsse. Ist ein Gremium danach im Einzelfall auch im Zuständigkeitsbereich des Gemeinderats und seiner Ausschüsse tätig, muss es sich wiederum an die Vorgaben der Bayerischen Gemeindeordnung halten. Ein Gremium, das sich ausschließlich aus ortsfremden Personen zusammensetzt, wäre dann auch nicht möglich, wenn sich dessen Bildung auf das Recht der Verwaltung auf sachverständige Beratung stützt.[426]

Ferner ist zu beachten, dass auch die Bildung beratender Gremien, die ausschließlich für die Gemeindeverwaltung und/oder den Oberbürgermeister tätig werden, nicht gegen sonstige Vorgaben der Bayerischen Gemeindeordnung verstoßen darf. Das Gremium darf demnach vor allem keinen organ- oder ausschussähnlichen Status erreichen, da die Bayerische Gemeindeordnung insoweit abschließend ist.[427]

Vermittelt dagegen ein Fachgesetz ausdrücklich das Recht, Sachverständige heranzuziehen, muss sich die Zusammensetzung nicht an der Bayerischen Gemeindeordnung messen lassen, auch wenn das Gremium den Gemeinderat und seine Ausschüsse berät. Der Rechtsgrund für die Heranziehung ist nicht die auf dem Selbst-verwaltungsrecht beruhende Organisationshoheit, welche von der Bayerischen Gemeindeordnung beschränkt wird. Vielmehr stützt sich die Beteiligung auf eine Regelung eines Fachgesetzes, das im Hinblick auf die Bayerische Gemein-

[426] Siehe oben C III 4.
[427] Siehe oben C III 4.

deordnung Vorrang genießt.[428] Die Bayerische Gemeindeordnung kann aus diesem Grund keine Vorgaben für die Zusammensetzung enthalten. Deutlich wird dies beispielsweise beim Sozialhilfeausschuss, dessen Zusammensetzung durch ein Bundesgesetz bestimmt wird.[429]

III. Die Person des Sachverständigen

Als Sachverständiger kann herangezogen werden, wer über besondere Sachkunde verfügt.[430] Die öffentliche Bestellung als Sachverständiger ist nur bei erheblich über dem Durchschnitt liegenden Kenntnissen und Fähigkeiten gerechtfertigt.[431] Mit dem Begriff des Sachverständigen verbinden sich vier charakteristische Kriterien: Sachkunde, Objektivität, Neutralität und Unabhängigkeit. Sachkunde ist die Fähigkeit, aufgrund besonderer Kenntnisse Feststellungen in einem bestimmten Sachgebiet treffen und zutreffend würdigen zu können. Die Kriterien der Objektivität und Neutralität werden im Sinne einer unparteiischen Begutachtung eines Sachverhaltes verstanden, wobei der Sachverständige unbeeinflusst von Vorurteilen, Gefühlen oder Neigungen bei seiner Tätigkeit nur auf sachliche Gründe abstellen und nur der Wissenschaft und dem Gemeinwohl verpflichtet sein soll. Unabhängigkeit beschreibt sowohl die fachliche als auch die wirtschaftliche Freiheit des Sachverständigen.[432]

---

[428] Vgl *Widtmann/Grasser*, BayGO, Art. 32 Rn. 1.

[429] Vgl. § 71 Abs. 1 Nr. 2 SGB VIII (stimmberechtigte Mitglieder).

[430] *Stelkens/Kallerhoff* in: *Stelkens/Bonk/Sachs*, VwVfG, § 26 Rn. 68.

[431] *BVerwG*, Urteil vom 27.06.1974, BVerwGE 45, 235 (238); kritisch zu dieser Definition *Stober*, Der öffentlich bestellte Sachverständige zwischen beruflicher Bindung und Deregulierung, S. 15 ff., der von einem Typusbegriff ausgeht, da seiner Meinung nach verbindliche und erschöpfende Kriterien für eine Bestimmung des Sachverständigenbegriffs fehlen würden.

[432] *Vomhof*, Rechtsprobleme der Einbindung von sachverständigen Gremien in das Umwelt- und Technikrecht, S. 9.

IV. Zusammenfassung zum Kapitel D: Die Beteiligung von Sachverständigen aufgrund der Pflicht der Verwaltung zur sachgerechten Entscheidung

Die Gemeinde kann als Selbstverwaltungskörperschaft kraft ihrer Organisationshoheit Personen ohne Mandat im Einzelfall heranziehen. Daneben ist die Gemeinde als Verwaltungsbehörde berechtigt, Sachverständige heranzuziehen, falls ihr der erforderliche Sachverstand fehlt. Diese können auch in der Form eines Gremiums beteiligt werden.

Die Beteiligung des Sachverständigen darf aber nicht die bestehenden gesetzlichen Zuständigkeiten verschieben. Die Gemeinde muss die in dem Gutachten des Sachverständigen enthaltenen Schlussfolgerungen und Feststellungen eigenverantwortlich nachprüfen. Die Entscheidung über die Heranziehung außerbehördlichen Sachverstands fällt die Behörde im pflichtgemäßen Ermessen. Dabei sind der Untersuchungsgrundsatz sowie der Erforderlichkeitsgrundsatz zu berücksichtigen.

Die Einrichtung beratender Gremien, die sich ausschließlich aus ortsfremden Personen zusammensetzen, kann nicht allein auf die Organisationshoheit gestützt werden, da dies nicht den Vorgaben der Bayerischen Gemeindeordnung entspricht. Dagegen können beratende Fachgremien aufgrund des Rechts der Verwaltung auf Beratung herangezogen werden. Auch in seiner Funktion als Verwaltungsorgan muss der Gemeinderat jedoch die Vorgaben der Bayerischen Gemeindeordnung zur Meinungs- und Willensbildung beachten. Danach kann der Gemeinderat sich nicht eines beratenden Gremiums bedienen, das sich ausschließlich aus ortsfremden Sachverständigen zusammensetzt. Denn die Gremien, die den Gemeinderat und seine Ausschüsse beraten, müssen sich an dem Repräsentationsgedanke der Bayerischen Gemeindeordnung orientieren.[433]

Dagegen können Gremien gebildet werden, die ausschließlich aus ortsfremden Personen zusammensetzen, wenn diese allein für die Gemeindeverwaltung und/oder den Oberbürgermeister tätig sind. Die Bayerische Gemeindeordnung enthält keine vergleichbaren Vorschriften über eine Meinungs- und Willensbildung des Oberbürgermeisters und seiner Verwaltung, die dem entgegenstehen. Es ist daher im Einzelfall zu prüfen, ob das betreffende Gremium nur für die Gemeindeverwaltung und den Oberbürgermeister tätig wird, oder, ob es gleichzeitig den Gemeinderat und seine Ausschüsse berät.

---

[433] Siehe oben C III 4.

Im Gegensatz dazu ist die Bildung eines Gremiums, das sich aus ortsfremden Sachverständigen zusammensetzt, zulässig, wenn dies auf einer entsprechenden Ermächtigung aus einem Fachgesetz beruht.

V. Die Einrichtung des Beirates für Stadtgestaltung aufgrund des Rechts der Verwaltung auf sachverständige Beratung

Als Gremium aus Sachverständigen könnte der Gestaltungsbeirat seine Legitimation in dem Recht der Gemeinde auf sachverständige Beratung finden. Die Tätigkeit des Gestaltungsbeirates ist an den herausgearbeiteten Kriterien zu messen. Zu prüfen ist, ob das Recht der Verwaltung auf sachverständige Beratung als Legitimation für die Einrichtung des Gestaltungsbeirates dienen kann (1). Dem Gestaltungsbeirat darf keine Entscheidungskompetenz übertragen werden (2). Auch muss das subjektivrechtliche Verfahrensstrukturierungsgebot beachtet werden (3). Ferner ist zu untersuchen, ob die besondere Zusammensetzung des Gestaltungsbeirates zulässig ist (4).

1. Legitimation

Der Stadtrat und der Oberbürgermeister sind in ihrer Funktion als Verwaltungsorgane grundsätzlich berechtigt, sachverständige Beratung heranzuziehen, um eine sachgerechte Entscheidung zu erreichen. Dies beinhaltet grundsätzlich auch das Recht auf Heranziehung eines beratenden Gremiums.[434]

2. Faktische Bindung des Gutachtens

a. Unzulässige materielle Präjudizierung durch die Beteiligung des Beirates für Stadtgestaltung

Problematisch ist die rechtlich schwer zu greifende faktische Bindung des Gutachtens des Gremiums für die nachfolgende formelle Entscheidung des Gemeindeorgans. Eine faktische Bindung ist bei komplexen Sachverhalten nicht von vornherein unzulässig.[435] Jedenfalls muss die Behörde aber die Feststellungen der Sachverständigen selbständig nachprüfen und eine eigene Entscheidung treffen. Dies muss im besonderen Maße im Baugenehmigungsverfahren als verhältnismäßig einfa-

---

[434] Siehe D II 3.

[435] Siehe oben D II 2 b cc.

chem Verfahren gelten. Eine selbst verordnete Bindung an das Gutachten ist rechtswidrig, da sie zu einer unzulässigen Übertragung von Entscheidungsbefugnissen führt. Verfehlt ist daher auch in diesem Zusammenhang die bereits oben erwähnte Formulierung:[436]

> *„Die Beurteilung des Bauvorhabens unter baugestalterischen und architektonischen Ansprüchen erfolgt hingegen ausschließlich durch den Gestaltungsbeirat."*

Eine derartige Aufgabenverteilung zwischen einem Gemeindeorgan und einem gesetzlich nicht geregelten Gremium ist unzulässig, da sie die Übertragung von Kompetenzen voraussetzen würde. Zu einem solchen Schritt sind die Gemeindeorgane nach der Bayerischen Gemeindeordnung, welche die Delegationsadressaten abschließend nennt, nicht befugt.[437] Das Gemeindeorgan ist entsprechend den Grundsätzen bei der Einschaltung von Sachverständigen verpflichtet, die in dem Gutachten enthaltenen Feststellungen und Schlussfolgerungen im Rahmen freier Beweiswürdigung selbstverantwortlich zu überprüfen und nachzuvollziehen. Das für die Baugenehmigung zuständige Gemeindeorgan muss sich ein eigenes Bild machen und darf die Tatsachen nicht einfach übernehmen.[438] Die bereits oben erwähnte Äußerung des berufsmäßigen Stadtrates steht dem entgegen:[439]

> *„Für Bauvorhaben, deren städtebauliche Bedeutung für Regensburg augenscheinlich ist, wurde 1998 ein Gestaltungsbeirat eingerichtet. Der soll die Beratung der Bauherren sowie deren Architekten übernehmen und der Verwaltung gegenüber Empfehlungen formulieren, die diese als für sich selbst bindend ansieht. Stadtrat und Oberbürgermeister, die als Beobachter an den Sitzungen des Beirates teilnehmen können, akzeptieren die Vorgaben, die vom Beirat formuliert werden."*

Eine im Sinne dieser Äußerung organisierte Verwaltung ist aus mehreren Gesichtspunkten rechtswidrig. Durch eine strikte Aufgabentrennung würde der Beirat seine zulässige beratende Funktion verlieren und zu einem Subjekt mit (unzulässigen) eigenem Kompetenzbereich erstarken. Fer-

---

[436] Zwischenbericht des Gestaltungsbeirates 1998-2001, S. 11, siehe bereits oben bei der Frage nach der unzulässigen Übertragung von Entscheidungsbefugnissen, C III 2.

[437] Siehe oben C II 5.

[438] Siehe oben D II 2 b cc.

[439] Zwischenbericht des Gestaltungsbeirates 1998-2001, S. 3.

ner rechtfertigt die Einschaltung von Sachverständigen nicht die ungeprüfte Übernahme der gutachtlichen Feststellungen durch die Behörde. Auch würde die Gemeinde sich als zuständige Bauaufsichtsbehörde durch die Aufgabentrennung und damit verbundene Selbstbindung in unzulässiger Weise ihrer Letztentscheidungsverantwortung entledigen.[440]

Die Gefahr einer vollständigen materiellen Präjudizierung wird durch die Art und Weise der Beteiligung des Gremiums an dem Verfahren weiter verstärkt. Der Gestaltungsbeirat übernimmt im Hinblick auf die gestalterischen Aspekte des Vorhabens die äußere Leitung des Verfahrens. Das Gremium tritt quasi selbständig nach außen gegenüber dem Bauherrn und dem planenden Büro auf. Diese Personen sehen sich insoweit ausschließlich mit den Mitgliedern des Gremiums konfrontiert, denen gegenüber sie ihre Standpunkte rechtfertigen müssen. Der Gestaltungsbeirat nimmt durch die Einflussnahme in der Diskussion über das Vorhaben die sachliche Weichenstellung vor und präjudiziert die nachfolgende Entscheidung des zuständigen Gemeindeorgans zumindest faktisch erheblich.

Gefördert wird der Eindruck einer vorverlagten Entscheidung durch die in § 8 Geschäftsordnung des Beirates verwendete Formulierung, dass dem Bauherrn die Möglichkeit zur weiteren Bearbeitung einzuräumen ist, wenn ein Vorhaben nicht die *„Zustimmung"* des Beirates erhält. Diese Formulierung suggeriert eine eigene Prüfungskompentenz des Gestaltungsbeirates, die als solche unzulässig wäre.

Dieses Verfahren entspricht auch nicht dem Regelfall einer Hinzuziehung von Sachverständigen. Im Regelfall begutachtet der Sachverständige den Sachverhalt und *danach* prüft die Behörde selbständig, ob sich für die von dem Sachverständigen vorgeschlagenen Schlussfolgerungen eine gesetzliche Grundlage findet.[441] Dagegen besteht durch die unmittelbare Einflussnahme des Gestaltungsbeirates auf den Entwurf die Gefahr der Überschreitung rechtlicher Grenzen.

---

[440] Vgl. *Peine*, Verfahrensprivatisierung in der Verkehrswegeplanung, S. 95 (108).
[441] Vgl. *Koch/Molodovsky/Rahm*, BayBO, Art. 60 Ziff. 9.5.

b. Möglichkeiten der rechtmäßigen Einbeziehung des Gestaltungsbeirates

Vor diesem Hintergrund ist eine Klarstellung durch die Gemeinde zwingend, dass der Gestaltungsbeirat keinen eigenen Kompetenzbereich erhalten hat, sondern in die Tätigkeit der Gemeindeorgane allein beratend eingeschaltet wird. Die eigentliche Beratung muss weiterhin in dem zuständigen Gemeindeorgan stattfinden und darf nicht vollständig in das gesetzlich nicht geregelte Gremium vorverlagert werden, da dieses nur vorbereitend tätig werden darf. Die Entscheidungsfindung darf nicht verlagert werden, da ansonsten die Kompetenz der Gemeindeorgane ausgehöhlt wird.

Der in der Öffentlichkeit vermittelte Eindruck muss im Hinblick auf die Letztentscheidungskompetenz der Gemeinde vor allem das Bild festigen, dass die Gemeinde unabhängig von dem Votum des Gestaltungsbeirates ihre Entscheidung selbst treffen kann. Die Gemeindeorgane dürfen sich nicht einem selbst verordneten Zwang unterwerfen, dem Votum eines einmal eingerichteten Gremiums immer folgen zu müssen. Eine gegenüber der Öffentlichkeit bestehende Rechtfertigungsnot, weshalb vom Votum des Gestaltungsbeirates abgewichen wird, muss schon im Vorfeld durch eine entsprechende Außendarstellung vermieden werden.

Die materielle Präjudizierung kann einerseits durch eine Stärkung der Rolle des Bauordnungsamts verhindert werden. Zumindest die Leitung der Diskussion mit dem Bauherrn und dem planenden Büro ist in die Hand des Bauordnungsamts zu geben. So muss die Gemeinde als verfahrensführende Behörde mit Letztentscheidungskompetenz die Aufsicht und Kontrolle des Gremiums gewährleisten und sicherstellen, dass es die öffentlich-rechtlichen Bindungen beachtet.[442] Die Gemeinde hat zu jedem Zeitpunkt die Pflicht, darauf zu achten, dass insbesondere nicht die verfassungsrechtlich vorgegebene Baufreiheit eingeschränkt wird. Die selbständige Einflussnahme des Gestaltungsbeirates auf den Bauherrn und das planende Büro kann jedoch dazu führen, dass der durch das Bauordnungsrecht gesetzte Rahmen verlassen wird und eine im Bauordnungsrecht nicht vorgesehene Gestaltungspflege betrieben wird.[443]

---

[442] Vgl. *Erbguth*, Die Zulässigkeit der funktionalen Privatisierung im Genehmigungsrecht, UPR 1995, S. 369 (378).

[443] Zu den bestehenden gestalterischen Anforderungen nach Bundes- und Landesrecht, siehe unten E II 6 a.

Andererseits kann die Gefahr der materiellen Präjudizierung durch eine Änderung der Zusammensetzung des Gestaltungsbeirates beseitigt werden. Ein gemischtes Gremium, das sich sowohl aus Stadtratsmitgliedern als auch aus ortsfremden Sachverständigen zusammensetzt, gewährleistet eine Beteiligung der Gemeindeorgane an der vorgelagerten Willensbildung. Die bloße Beteiligung einzelner Stadtratsmitglieder als Zuhörer ist keine ausreichende Teilnahme an der Willensbildung. Mit der Beteiligung der Stadtratsmitglieder wird auch verhindert, dass sich das Gremium auf gestalterische Aspekte fixiert und ein einseitiges, von anderen kommunalen und wirtschaftlichen Erwägungen gelöstes Votum fällt. Die Stadtratsmitglieder haben im Gegensatz zu den ortsfremden Sachverständigen als Repräsentanten der örtlichen Gesamtbevölkerung die Belange der Allgemeinheit zu wahren und zu fördern.[444]

Die materielle Präjudizierung könnte auch durch die bereits oben vorgeschlagene Beschränkung der Tätigkeit des Gestaltungsbeirates auf eine einmalige Beratung verhindert werden.[445]

3. Das subjektiv-rechtliche Verfahrensstrukturierungsgebot

Das subjektiv-rechtliche Verfahrensstrukturierungsgebot[446] spielt regelmäßig bei gesetzlich nicht geregelten Gremien auf Gemeindeebene keine Rolle, da die Gremien nicht unmittelbar an einem Verwaltungsverfahren beteiligt werden. Die Mitwirkung des Beirates für Stadtgestaltung der Stadt Regensburg im Rahmen eines laufenden Baugenehmigungsverfahrens bildet hierzu eine Ausnahme. Die Anhörung des Betroffenen im Verfahren des Beirates für Stadtgestaltung ist stark ausgeprägt, obwohl die Beurteilung der gestalterischen Aspekte eines Bauvorhabens nicht mit den komplexen Sachverhaltsermittlungen verglichen werden kann, die zur Annahme des subjektiv-rechtlichen Verfahrensstrukturierungsgebots geführt haben.[447] Vielmehr ist es das erklärte Ziel, durch eine Diskussion zwischen Bauherrn, Architekt und dem Gremium auf die Gestaltung des Vorhabens Einfluss zu nehmen. Die frühzeitige Beteiligung der

---

[444] *Hendler*, Die Bürgerschaftliche Mitwirkung an der städtebaulichen Planung, S. 148 f.

[445] C III 3 b.

[446] Siehe oben D II 2 b ee.

[447] So wendet *Di Fabio* das subjektiv-rechtlichen Verfahrensstrukturierungsgebot in Bezug auf die komplexen arzneimittelrechtliche Zulassungs- und Überwachungsverfahren an, *Di Fabio*, Verwaltungsentscheidung durch externen Sachverstand, VerwArch Bd. 81 (1990), S. 193 (213 ff.).

Betroffenen dient somit in besonderem Maße der frühzeitigen Einflussnahme, um eine negatives Votum des Sachverständigengremiums schon im Vorfeld zu vermeiden. Bauherr und Architekt oder das planende Büro stellen in einer mündlichen Anhörung ihr Projekt vor und können auf Kritik reagieren. Bei Ablehnung des Vorhabens steht dem Bauherr nach § 9 Geschäftsordnung des Beirates das Recht auf Nachbearbeitung zu, die in einer zweiten Begutachtung durch den Gestaltungsbeirat mündet.

Die frühzeitige Anhörung genügt in jedem Fall den Anforderungen des subjektiv-rechtliche Verfahrensstrukturierungsgebots.

4. Zusammensetzung des Gremiums

Es stellt sich die Frage, ob das Recht der Gemeinde auf sachverständige Beratung die Errichtung des Gestaltungsbeirates umfasst. Gremien, die ausschließlich für die *Gemeindeverwaltung* tätig wären, könnten sich allein aus ortsfremden Personen zusammensetzen. So gibt es hinsichtlich der vorbereitenden Tätigkeit der Gemeindeverwaltung keine Vorschriften in der Bayerischen Gemeindeordnung, die mit den Art. 32 f. BayGO vergleichbar sind.[448] Der Gestaltungsbeirat wird jedoch nicht nur für die Stadtverwaltung tätig, sondern seine Gutachten werden auch im Bauausschuss oder dem Stadtrat behandelt, soweit das Vorhaben in deren Zuständigkeitsbereich fällt. Dafür spricht insbesondere der Status des Gestaltungsbeirates. Als unabhängiges, nicht weisungsgebundenes Sachverständigengremium ist es der Stadtverwaltung nicht mehr untergeordnet, sondern es berät neben der Stadtverwaltung den Stadtrat und seinen Bauausschuss. Eine Unterordnung wäre nur in dem Fall anzunehmen, wenn die Stadtverwaltung sich vom Gestaltungsbeirat zu einen Sachgebiet beraten lassen und dann eine eigene Entscheidung in diesem Bereich treffen würde. Der Gestaltungsbeirat ist aber allein für die Beurteilung des Bauvorhabens unter baugestalterischen und architektonischen Ansprüchen zuständig. Die Stadtverwaltung bereitet die Entscheidung für diesen Bereich des Baugenehmigungsverfahrens nicht vor. Der Gestaltungsbeirat steht insoweit neben der Stadtverwaltung und berät damit unmittelbar das jeweils zuständige Gemeindeorgan, mithin den Gemeinderat und seinen Bauausschuss, falls das Bauvorhaben in deren Zuständigkeit fällt. Der Gestaltungsbeirat tangiert danach den Zuständigkeitsbereich des Stadtrats und seines Bauausschusses. Demzufolge muss sich die Zusammensetzung des Gestaltungsbeirates auch

[448] Siehe oben D II 3 b.

nach den Vorgaben der Bayerischen Gemeindeordnung richten. Danach ist die Bildung eines gesetzlich nicht geregelten Gremiums ohne kommunalen Bezug nicht zulässig.[449]

Andererseits muss sich ein Gremium, das sich auf eine sondergesetzliche Vorschrift wie Art. 60 Abs. 4 BayBO stützt, nicht an die Vorgaben der Bayerischen Gemeindeordnung halten. Die Frage, ob die Stadt sich bei der Errichtung des Beirates für Stadtgestaltung auf Art. 60 Abs. 4 BayBO stützen konnte, wird im folgenden Kapitel behandelt.

5. Zusammenfassung zum Kapitel D V: Die Einrichtung des Beirates für Stadtgestaltung aufgrund des Rechts der Verwaltung auf sachverständige Beratung

Die bisherige Ausgestaltung der Tätigkeit des Gestaltungsbeirates der Stadt Regensburg lässt sich nicht auf das Recht der Gemeinde auf sachverständige Beratung stützen.

Die Qualität der Beteiligung des Gremiums entspricht der Einräumung einer vorverlagerten Entscheidungskompetenz, die als solche unzulässig ist. Dem Gestaltungsbeirat wird ein eigener Aufgabenbereich zugewiesen, den er ohne ausreichende Kontrolle durch die Stadt Regensburg selbständig ausübt. Die Stadt Regensburg fühlt sich an das Gutachten gebunden, obwohl sie als Verwaltungsbehörde verpflichtet ist, die in dem Gutachten enthaltenen Feststellungen und Schlussfolgerungen im Rahmen freier Beweiswürdigung selbstverantwortlich zu überprüfen und nachzuvollziehen. Die unzulässige materielle Präjudizierung hat ihre Ursache auch in der Art und Weise der Beteiligung des Gremiums an dem Baugenehmigungsverfahren. Der Gestaltungsbeirat übernimmt im Hinblick auf die gestalterischen Aspekte des Vorhabens die äußere Leitung des Verfahrens.

Da der Gestaltungsbeirat sowohl den Zuständigkeitsbereich des Stadtrats als auch seines Bauausschusses tangiert, muss sich die Zusammensetzung des Gestaltungsbeirates nach den Vorgaben der Bayerischen Gemeindeordnung richten. Danach kann auch das Recht der Gemeinde auf sachverständige Beratung nicht die Zusammensetzung aus ausschließlich ortsfremden Sachverständigen rechtfertigen.

---

[449] Siehe oben C III 4.

E. Der Beirat für Stadtgestaltung auf Grundlage des Art. 60 Abs. 4 Bayerische Bauordnung

Da die Organisationshoheit der Gemeinde allein nicht geeignet ist, Fachgremien mit ausschließlich ortsfremden Personen ohne Mandat zu bilden, und dies sich auch nicht aus dem Recht der Verwaltung zur Heranziehung sachverständigen Rates ergibt, ist nun zu untersuchen, ob Art. 60 Abs. 4 BayBO als Rechtsgrundlage für die Einrichtung des Beirates für Stadtgestaltung denkbar ist. Als Fachgesetz genießt die Bayerische Bauordnung insoweit gegenüber der Bayerischen Gemeindeordnung Vorrang. Der Gestaltungsbeirat findet in den formellen Gesetzen keine Erwähnung. Die Stadt Regensburg in ihrer Funktion als Bauaufsichtsbehörde bedient sich der Hilfe des Beirates im Rahmen ihrer Zuständigkeit und ihrer Prüfungsbefugnisse. Die Stadt Regensburg stützt den Gestaltungsbeirat insbesondere auf Art. 60 Abs. 4 BayBO.

I. Die Errichtung eines Gremiums auf Grundlage des Art. 60 Abs. 4 Bayerische Bauordnung

1. Abgrenzung zu Art. 90 Abs. 6 Nr. 3 Bayerische Bauordnung

Die Bauaufsichtsbehörden können nach Art. 60 Abs. 4 BayBO zur Erfüllung ihrer Aufgaben und Befugnisse Sachverständige und sachverständige Stellen heranziehen. Das Heranziehen nach dieser Vorschrift ist von der Übertragung von Prüfaufgaben einschließlich der Bauüberwachung im Sinne von Art. 90 Abs. 6 Nr. 3 BayBO zu unterscheiden. Im Rahmen des Art. 60 Abs. 4 überträgt die Bauaufsichtsbehörde nicht Teilbereiche der ihr obliegenden Aufgabe einer anderen Stelle zur selbständigen Erledigung, sondern die Sachverständigen werden in die von der Bauaufsichtsbehörde betriebene Prüfung eingeschaltet. Die Sachverständigen werden mit der Erstellung eines Gutachtens beauftragt, ohne dass damit Prüfaufgaben der Behörde auf diese übertragen werden. Ein Verstoß gegen den Funktionsvorbehalt des Art. 33 Abs. 4 GG scheidet von vornherein aus. Die gutachtliche Äußerung des Sachverständigen ist ein Beweismittel im Sinne des Art. 26 Abs. 1 BayVwVfG.[450]

---

[450] *Koch/Molodovsky/Rahm*, BayBO, Art. 60 Ziff. 9.1.

2. Art. 60 Abs. 4 Bayerische Bauordnung als Rechtsgrundlage für die Bildung eines dauerhaften Gremiums

Bei der Übersicht über die gesetzlich geregelten Beteiligungsformen wurde ein Unterschied zwischen Hinzuziehung und Anhörung festgestellt.[451] Mit der Hinzuziehung ist ein Anhörungsrecht nicht zwangsläufig verbunden. Es liegt allein im Ermessen der Bauaufsichtsbehörde, welchen qualitativen Inhalt sie der Zuziehung beimisst, insbesondere inwieweit sie dem zugezogenen Sachverständigen das Wort erteilt.

Ferner ist der Anwendungsbereich des Art. 60 Abs. 4 BayGO zu klären, insbesondere ob die in dieser Vorschrift verwendete Formulierung *„heranziehen"* die Bildung dauerhafter Gremien zulässt.[452] Die Vorschrift ermöglicht der Behörde, jedenfalls im Einzelfall, zur Erfüllung ihrer Aufgaben und Befugnisse den Rat sachverständiger Personen oder Stellen einzuholen.[453] Über die Heranziehung des Sachverständigen entscheidet die Bauaufsichtsbehörde nach pflichtgemäßem Ermessen.[454] In die Ermessensausübung sind die Erfordernisse des Untersuchungsgrundsatzes und der Beschleunigungsgrundsatz nach Art. 69 Abs. 1 BayBO einzustellen.[455] Es ist zu berücksichtigen, welche Maßnahme für den Betroffenen den geringeren Eingriff darstellt und wie das Genehmigungsverfahren zweckmäßiger und zügiger durchgeführt werden kann.[456] Eine Heranziehung ist bei schwierigen oder ungewöhnlichen Bauvorhaben möglich, bei denen die Behörde das erforderliche Fachwissen oder die nötige Sachkunde nicht hat.[457] Die Behörde ist sogar verpflichtet, Sachverständige heranzuziehen, wenn ihr in einem Genehmigungsverfahren die erforderliche Sachkunde fehlt.[458]

Demnach steht der Wortlaut des Art. 60 Abs. 4 BayBO der Bildung eines dauerhaften Gremiums nicht entgegen und kann als Rechtsgrundlage dienen, soweit es weiterhin im Ermessen der Behörde liegt, das Gremi-

---

[451] Siehe oben B II 6.

[452] Bejahend *Lechner* in *Simon/Busse*, BayBO 1998, Art. 11, Rn. 922.

[453] *Franz* in: *Simon/Busse*, BayBO 1998, Art. 60, Rn. 192.

[454] *Eisenreich* in: *Jäde/Dirnberger/Bauer/Weiß*, BayBO, Art. 60 Rn. 134; *Koch/ Molodovsky/Rahm*, BayBO, Art. 60 Ziff. 9.2; *Schwarzer/König*, BayBO, Art. 60 Rn. 28.

[455] *Koch/Molodovsky/Rahm*, BayBO, Art. 60 Ziff. 9.2.

[456] *Eisenreich* in: *Jäde/Dirnberger/Bauer/Weiß*, BayBO, Art. 60 Rn. 124.

[457] *Franz* in: *Simon/Busse*, BayBO 1998, Art. 60, Rn. 206; *Koch/Molodovsky/Rahm*, BayBO, Art. 60 Ziff. 9.2.

[458] *BGH*, Urteil vom 02.07.1987, NVwZ 1988, 283 (284).

um zu beteiligen. Im Falle seiner Heranziehung ist das Gremium eine *sachverständige Stelle* im Sinne des Art. 60 Abs. 4 BayBO.[459]

Der Gestaltungsbeirat wird nicht bei jedem Baugenehmigungsverfahren zu Rate gezogen, sondern nur bei den in § 4 seiner Geschäftsordnung genannten Fällen. Nach § 4 Abs. 2 Geschäftsordnung des Beirates erfolgt bei sonstigen Vorhaben von Bedeutung für das Stadtbild die Beurteilung durch den Gestaltungsbeirat nach Entscheidung durch die Geschäftsstelle. Bei dieser Gruppe steht es im Ermessen der Bauaufsichtsbehörde, den Gestaltungsbeirat für bestimmte Vorhaben heranzuziehen. Bei allen Vorhaben, die aufgrund ihrer Größenordnung und Bedeutung für das Stadtbild prägend in Erscheinung treten, ist die Beurteilung durch den Gestaltungsbeirat nach § 4 Abs. 1 Geschäftsordnung des Beirates obligatorisch. Danach hat die Gemeinde als Bauaufsichtsbehörde keinen Ermessensspielraum hinsichtlich der Beteiligung von Sachverständigen, wenn ein Vorhaben bestimmte Voraussetzungen erfüllt. Sie hat nur einen gerichtlich nachprüfbaren Beurteilungsspielraum bei der Auslegung der unbestimmten Formulierung, dass das Vorhaben aufgrund seiner *„Größenordnung und Bedeutung für das Stadtbild prägend in Erscheinung“* tritt. Die Gemeindeverwaltung stellt eigenständig fest, welches Vorhaben die Voraussetzungen dieser Vorschrift erfüllt. Mit dieser Feststellung wird gleichzeitig die Heranziehung des Beirates in das vorliegende (einzelne) Verfahren angeordnet. Dabei ist jedoch zu berücksichtigen, dass die zwingende Heranziehung des Gestaltungsbeirates gerade für Vorhaben mit besonderer Bedeutung für das Stadtbild vorgesehen ist, bei denen die Beteiligung von Sachverständigen auch nach dem oben genannten Grundsätzen nahe liegt. Auch ist die Verwaltung berechtigt, das ihr eingeräumte Ermessen in Anwendung von ermessenssteuernden Verwaltungsvorschriften auszuüben.[460]

Trotzdem ist eine obligatorische Beteiligung des Gestaltungsbeirates abzulehnen, da eine Ermessenentscheidung im Einzelfall zu Gunsten des Bauherrn möglich sein muss. Der Bauherr trägt zwar keine unmittelbaren Kosten, aber die mittelbaren Aufwendungen, die durch eine Beteiligung des Gestaltungsbeirates an dem Verfahren verursacht werden, sind beträchtlich. Der Bauherr ist verpflichtet, die notwendigen Unterlagen in zehnfacher Ausfertigung zu übermitteln, wobei diese Kosten entweder er selbst oder das planende Büro trägt. Erhebliche Kosten entstehen auch im Falle eines Gutachterverfahrens, das die Einschaltung meh-

---

[459] *Eisenreich* in: *Jäde/Dirnberger/Bauer/Weiß*, BayBO, Art. 60 Rn. 129.

[460] Vgl. *Henneke* in: *Knack*, VwVfG, § 40 Rn. 54; *Liebetanz* in *Obermayer*, VwVfG, § 40, Rn. 40.

rerer Büros erfordert.[461] Daneben bindet die Vorbereitung auf die Sitzung des Gestaltungsbeirates und deren Wahrnehmung Zeit. Schwerwiegend ist vor allem die durch den zweimonatigen Sitzungsturnus bedingte mögliche zeitliche Verzögerung der Baugenehmigung. Auch ist im Hinblick auf die Unbestimmtheit der Formulierung von § 4 Abs. 1 Geschäftsordnung des Beirates, die eine klare Klassifizierung von Vorhaben in eine der beiden Gruppen erschwert, die Einräumung eines Ermessens zu fordern.[462] Dazu müsste in der Vorschrift das Wort „*ist*" mit dem Wort „*kann*" ersetzt werden. Dies würde der Bauaufsichtsbehörde ermöglichen, trotz der Einordnung eines Vorhabens in die Gruppe 1, im Hinblick auf den Beschleunigungsgrundsatz, unter Berücksichtigung der erheblichen Mehraufwendungen für den Bauherrn, und der Zweckmäßigkeit einer Begutachtung auf eine Beteiligung des Gestaltungsbeirates im Einzelfall nach pflichtgemäßer Ermessensausübung zu verzichten. Die Vorabbindung des Ermessens ist aufgrund der gegebenen Unsicherheiten in der Auslegung der unbestimmten Rechtsbegriffe mit den dadurch verbundenen weitreichenden Folgen für den Bauherrn nicht interessengerecht.

3. Der Anwendungsbereich des Art. 60 Abs. 4 Bayerische Bauordnung

Mit der umfassenden Generalklausel des Art. 60 Abs. 4 BayBO wird es den Bauaufsichtsbehörde ermöglicht, sich in ihrem gesamten Wirkungsbereich Sachverständiger und sachverständigen Stellen zu bedienen. Dieser Anwendungsbereich geht über den Regelungswert des subsidiären Art. 26 Abs. 1 Nr. 2 BayVwVfG hinaus, als sich diese Vorschrift nur auf Verwaltungsverfahren bezieht.[463]

Zur Aufgabe der Bauaufsichtsbehörde zählt die Prüfung der Bauanträge im Genehmigungsverfahren nach den Art. 72 ff. BayBO. Die klassischen Anwendungsfälle des Art. 60 Abs. 4 BayBO bewegen sich auf technischem Gebiet. Im Rahmen ihrer Tätigkeit prüft die Bauaufsichtsbehörde, ob die technischen Anforderungen an die bauliche Anlage nach Maßgabe der öffentlich-rechtlichen Vorschriften erfüllt sind. Dabei können die Bauaufsichtsbehörden der fortschreitenden Entwicklung der

---

[461] Siehe oben A II 6.

[462] *Troidl* sieht in der „*Unbestimmtheit der Eingriffsvoraussetzungen*" negative Auswirkungen auf die Baufreiheit, da die Einschaltung des Gestaltungsbeirates und damit ein Eingriff in die Baufreiheit nicht objektiv nachprüfbar sei; *Troidl*, Kommunale Beiräte, BayVBl. 2004, S. 321 (324).

[463] *Eisenreich* in: *Jäde/Dirnberger/Bauer/Weiß*, BayBO, Art. 60 Rn. 122.

Bautechniken unter dem Einsatz neuer Baustoffe und Bauarten nicht immer Schritt halten. Aus diesem Grund gibt ihnen Art. 60 Abs. 4 BayBO die Möglichkeit, ihre fehlende Sachkunde durch externen Sachverstand zu kompensieren.

Nach § 1 Geschäftsordnung des Beirates hat der Gestaltungsbeirat die Aufgabe, die ihm vorgelegten Vorhaben im Hinblick auf städtebauliche, architektonische und gestalterische Qualitäten zu überprüfen und zu beurteilen.

Mit der Einrichtung eines Beirates für Stadtgestaltung entfernt man sich von dem technisch orientierten klassischen Anwendungsbereich der Vorschrift. Technische Anforderungen lassen häufig die Gestalt eines Bauwerks nicht unberührt, wie auch gestalterische Anforderungen mit technischen Vorgaben einhergehen. Betrachtet man beide Bereiche strikt getrennt, zeigen sich aber wesentliche Unterschiede in der Art und Weise ihrer Bewertung. Technische Vorgaben sind standardisiert und daher an Hand eines Zahlen- und Normwerkes nachvollziehbar, dagegen sind gestalterische Anforderungen einer wissenschaftlich nachprüfbaren Bewertung nicht oder zumindest schwer zugänglich. Dieses Dilemma führt zu der Frage, ob die Heranziehung von Sachverständigen bei gestalterischen Fragen möglich ist.

Gleichzeitig wird der Gestaltungsbeirat von den Bauaufsichtsbehörden im Rahmen des Art. 60 Abs. 4 BayBO nur *„zur Erfüllung ihrer Aufgaben und Befugnisse“* in das Baugenehmigungsverfahren eingeschaltet. Der Tätigkeitsbereich des Gremiums wird durch den Prüfungsrahmen der Bauaufsichtsbehörde in diesem Verfahren festgelegt. Danach kann der Gestaltungsbeirat seinen Prüfungsumfang nicht selbständig bestimmen, sondern die Reichweite seiner Prüfungskompetenz richtet sich nach den allgemeinen gestalterischen Anforderungen des Bundes- und Landesrechts. Die Gemeinde ist stets verpflichtet, bei den Schlussfolgerungen, die der Gestaltungsbeirat in seinem abschließenden Gutachten formuliert, nachzuprüfen, ob für diese eine rechtliche Grundlage besteht.[464]

Dabei ist zu berücksichtigen, dass der Gestaltungsbeirat in seinen gutachterlichen Aussagen seinen Wirkungsbereich relativ weit fasst. Beispielsweise wird bei einem Vorhaben bemängelt, dass die vorgestellte Planung nicht überzeugen könne, da das Potential des Grundstücks nicht genutzt werde. So gehe etwa der Eingang nicht zur Straßenseite.

---

[464] Vgl. *Franz* in: *Simon/Busse*, BayBO 1998, Art. 60, Rn. 215; *Koch/Molodovsky/Rahm*, BayBO, Art. 60 Ziff. 9.5.

Bei einem anderen Vorhaben wird eine Putzfassade vorgeschlagen und dem Bauherrn aufgegeben, die Formate der Fenster zu überprüfen. Ein Vorhaben schaffe durch seine Fassadengestaltung eine Kreuzung an einer Stelle, an der es keine gebe. Eine weitere Planung gebe nur eine unpräzise Antwort auf die nachbarschaftliche Bebauung.

Es stellen sich daher zwei Fragen: einerseits, wieweit die Bauaufsichtsbehörde und damit auch der Gestaltungsbeirat im Baugenehmigungsverfahren Einfluss auf die Gestaltung des Bauwerks nehmen kann und andererseits, ob die Einschaltung von Sachverständigen bei gestalterischen Fragen überhaupt möglich ist. Dies macht es nötig, einen Überblick über die gestalterischen Anforderungen nach Bundes- und Landesrecht zu geben.

II. Überblick über die gestalterischen Anforderungen nach Bundes- und Landesrecht

Die Baugenehmigung darf nach Art. 72 Abs. 1 S. 1 BayBO nur versagt werden, wenn das Vorhaben öffentlich-rechtlichen Vorschriften widerspricht, die im bauaufsichtlichen Genehmigungsverfahren zu prüfen sind. Im Baugenehmigungsverfahren sind daher grundsätzlich alle öffentlich-rechtlichen Vorschriften des Baurechts zu beachten. In der Praxis ist jedoch das vereinfachte Genehmigungsverfahren die Regel,[465] das bei allen baulichen Anlagen außer bei Sonderbauten nach Art. 2 Abs. 4 S. 2 BayBO Anwendung findet.[466] Die Bauaufsichtsbehörde ist im vereinfachten Genehmigungsverfahren im Umfang ihrer Prüfung beschränkt. In gestalterischer Hinsicht prüft die Bauaufsichtsbehörde im vereinfachten Verfahren nach Art. 73 BayBO nur die Übereinstimmung der baulichen Anlage mit den Vorschriften des Bauplanungsrechts, soweit es sich um ein Vorhaben im Sinne des § 29 BauGB handelt. Weiter muss die bauliche Anlage in Übereinstimmung mit den örtlichen Bauvorschriften nach Art. 91 BayBO und den Vorschriften des Bauordnungsrechts (Art. 11 BayBO) stehen. Gestalterische Anforderungen können sich auch aus dem Denkmalschutzrecht (insbesondere Art. 6 BayDSchG) und dem Naturschutzrecht (insbesondere Art. 6 BayNatSchG) ergeben, da sowohl die denkmalschutzrechtliche Erlaubnis als auch die naturschutzrechtliche Gestattung und Befreiung durch die Baugenehmigung entfällt oder er-

---

[465] *Koch/Molodovsky/Rahm*, BayBO, Art. 73 Ziff. 1.2.

[466] Sonderbauten sind nach Art. 2 Abs. 4 S. 2 BayBO etwa bauliche Anlagen mit mehr als 30 m Höhe, Hochhäuser, bauliche Anlagen und Räume mit mehr als 1600 m² Grundfläche (ausgenommen Wohngebäude) sowie Gaststätten mit mehr als 60 Gastplätzen.

setzt werden kann.[467] Im Folgenden werden die gestalterischen Anforderungen, die sich an die bauliche Anlage durch diese Vorschriften stellen, aufgezeigt.[468] Dabei kommt dem jeweiligen Maßstab für die Beurteilung der einzelnen gestalterischen Anforderung besondere Bedeutung zu. Die Frage, ob sich die Bauaufsichtsbehörde zur Prüfung der genannten Vorschriften Sachverständiger bedienen kann, hängt davon ab, auf welchen Maßstab sie bei der Beurteilung, etwa einer Verunstaltung, abzustellen hat.

1. Örtliche Bauvorschriften

Die Gemeinde kann vor allem durch den Erlass örtlicher Bauvorschriften nach Art. 91 BayBO Einfluss auf die Gestaltung von Bauwerken nehmen. Seit jeher ist es umstritten, in welchem Wirkungskreis die Gemeinde bei Erlass dieser Satzungen handelt.[469]. Die praktische Bedeutung der unterschiedlichen Einordnung ist gering, da auch die im Falle des übertragenen Wirkungskreises gegebene Fachaufsicht nur unter den engen Voraussetzungen des Art. 109 Abs. 2 S. 2 BayGO über eine reine Rechtskontrolle hinausgehen darf.[470]

Gestalterische Anforderungen können sich vor allem aufgrund der Ermächtigung aus Art. 91 Abs. 1 Nr. 1 BayBO ergeben. Danach können die Gemeinden durch Satzung örtliche Bauvorschriften erlassen, die besondere Anforderungen an die äußere Gestaltung baulicher Anlagen zur Erhaltung und Gestaltung von Ortsbildern stellen. Der Anwendungsbereich geht über das Verunstaltungsverbot nach Art. 11 BayBO hinaus,

---

[467] Entfallen der denkmalschutzrechtlichen Erlaubnis gemäß Art. 6 Abs. 3 S. 1 BayDSchG; Ersetzung der naturschutzrechtlichen Befreiung gemäß Art. 49 Abs. 3 S. 2 BayNatSchG und Ersetzung der Gestattung gemäß Art. 13a Abs. 2 BayNatSchG.

[468] *Lechner* stellt die Unterschiede zwischen den einzelnen Rechtsbereichen in Hinblick auf den Gegenstand der Beurteilung, den Beurteilungsmaßstab sowie den Beurteilenden in einer Übersicht deutlich dar, siehe *Lechner* in: *Simon/Busse*, BayBO 1998, Art. 11, Rn. 24.

[469] Im übertragenen Wirkungskreis noch *BayVGH*, Urteil vom 29.10.1985, BayVBl. 1986, S. 213; *Koch/Molodovsky/Rahm*, BayBO, Art. 91 Ziff. 4.1.1.; dagegen geht der *Bayerische Verwaltungsgerichtshof* nun davon aus, dass die Gemeinde örtliche Bauvorschriften im eigenen Wirkungskreis erlässt, *BayVGH*, Urteil vom 16.12.1996, NVwZ 1998, S. 205 (206 f.); Urteil vom 30.07.1997, BayVBl. 1998, S. 81 (82). Eine ausführliche Auseinandersetzung mit dieser Problematik findet sich bei *Manssen*, Stadtgestaltung durch örtliche Bauvorschriften, S. 107 ff.

[470] *Schwarzer/König*, BayBO, Art. 91 Rn. 3.

da die örtlichen Bauvorschriften nicht nur die bloße Unschönheit und Störungen der architektonischen Harmonie verhindern sollen.

In diesem Zusammenhang tauchen häufig die Begriffe der positiven und negativen Gestaltungspflege auf. Das Verunstaltungsverbot nach Art. 11 BayBO vermittle nur einen negativen Schutz, da sich sein Anwendungsbereich schon nach dem Gesetzeswortlaut auf die Abwehr von Verunstaltung beschränke.[471] Dagegen sollen örtliche Bauvorschriften der Gemeinde die Möglichkeit einräumen, „*positive Gestaltungspflege*" zu betreiben, da die Einflussnahme auf die äußere Gestaltung einer Anlage durch die Anwendung strengerer Maßstäbe eröffnet wird.[472] Nach diesem Verständnis bedeutet positive Gestaltungspflege inhaltlich ein Mehr als reiner Verunstaltungsschutz, auch wenn weiterhin nur das Ziel verfolgt wird, dadurch Beeinträchtigungen des status quo zu verhindern.[473] Nach *Manssen* besteht dagegen zwischen der Verunstaltungsabwehr und der in diesem Sinne verstandenen positiven Gestaltungspflege nur ein quantitativer, aber kein qualitativer Unterschied, der die Verwendung des Begriffspaares „*negativ*" und „*positiv*" rechtfertigen würde.[474] Anders ausgedrückt verfeinert die in diesem Sinne verstandene positive Gestaltungspflege nur das Raster im Vergleich zum Verunstaltungsverbot, das nur grobe gestalterische Verletzungen erfasst. Er spricht daher in diesem Zusammenhang nicht von positiver Gestaltungspflege, sondern verwendet die Bezeichnung „*erweiterter Umgebungsschutz*" oder „*erweiterte Gebietspflege*". Dagegen umfasse positive Gestaltungspflege alles, was den Zweck verfolgt, über die Erhaltung des vorhandenen Straßen- und Ortsbildes hinauszugehen.[475] Legt man diese Unterteilung zugrunde, geht die Zielrichtung des Gestaltungsbeirates sowohl von positiver Gestaltungspflege als auch von erweiterter Gebietspflege aus, da das Gremium nach § 1 Geschäftsordnung des Beirates[476] zur *Verbesserung* des Stadtbildes beitragen, die architektonische Qualität auf einem hohen Standard sichern sowie städtebauliche und architektonische Fehlentwicklungen *verhindern* soll.

---

[471] So *Lechner* in: *Simon/Busse*, BayBO 1998, Art. 11, Rn. 14 ff.

[472] *BVerwG*, Beschluss vom 10.07.1997, NVwZ-RR 1998, S. 486 (487); *Decker* in: *Simon/Busse*, BayBO 1998, Art. 91, Rn. 98; *Koch/Molodovsky/Rahm*, BayBO, Art. 91 Ziff. 1.2.

[473] Vgl. *Manssen*, Stadtgestaltung durch örtliche Bauvorschriften, S. 215 f.

[474] *Manssen*, Stadtgestaltung durch örtliche Bauvorschriften, S. 215 ff.

[475] *Manssen*, Stadtgestaltung durch örtliche Bauvorschriften, S. 216.

[476] Geschäftsordnung des Beirates für Stadtgestaltung der Stadt Regensburg vom 30.04.1998, Quelle: Zwischenbericht des Gestaltungsbeirates 1998-2001, S. 51 f.

Die sich aus einer örtlichen Bauvorschrift nach Art. 91 Abs. 1 Nr. 1 BayBO ergebenden Anforderungen an die äußere Gestaltung baulicher Anlagen müssen der Erhaltung und Gestaltung von Ortsbildern dienen. Mit Gesetz vom 26.07.1997[477] wurde die in der Abgrenzung zum Bauplanungsrecht problematische Formulierung aufgegeben, dass diese Anforderungen *„zur Durchführung bestimmter städtebaulicher Absichten erforderlich"* sein müssen. Nunmehr ist klargestellt, dass nur baugestalterische Aspekte eine derartige Satzung rechtfertigen.[478] So darf es sich bei den örtlichen Bauvorschriften nicht um bodenrechtliche Regelungen *„im Gewande von bauordnungsrechtlicher Gestaltungsvorschriften"*[479] handeln. Zur bodenrechtlichen Ortsbildgestaltung mit Hilfe eines Bebauungsplans steht der Gemeinde der in § 9 Abs. 1 abschließend umschriebene Festsetzungskatalog zu Verfügung. Dagegen lässt das landesrechtliche Bauordnungsrecht Gestaltungsregelungen nur dann zu, wenn sie über den in § 9 Abs. 1 BauGB umschriebenen Festsetzungskatalog hinausgehen und nicht den Grund und Boden unmittelbar zum Gegenstand haben.[480] Aus diesem Grund sind etwa örtliche Bauvorschriften unzulässig, die eine vorhandene *„Siedlungsstruktur"* bewahren sollen, da es sich dabei um ein städtebauliches Ziel handelt.[481]

Welche Anforderungen im Einzelnen aufgrund der Ermächtigung aus Art. 91 Abs. 1 Nr. 1 BayBO an die äußere Gestaltung gestellt werden können, hängt von der Auslegung der Formulierung *„zur Erhaltung und Gestaltung von Ortsbildern"* ab. Das Ortsbild wird definiert als die Zusammenfassung der Eindrücke, die ein Beschauer von einem bestimmten Standort aus von einem in sich geschlossenen Bauten-Komplex mit einem gewissen Gewicht erhält.[482] Soll es um die Erhaltung gehen, sind die das vorhandene Ortsbild prägenden Gestaltungselemente aufzugreifen und festzuschreiben. Neue bauliche Anlagen müssen sich in diesen Rahmen einordnen.[483] Dagegen dienen Regelungen vornehmlich der Gestaltung, wenn sie durch Festsetzung bestimmter Eckdaten (Stellung, Grundriss, Höhe der Gebäude, Dachform, Dacheindeckung) dazu bei-

---

[477] Zweites Gesetz zur Vereinfachung und Beschleunigung baurechtlicher Verfahren vom 26.07.1997 (BayGVBl. S. 323).

[478] *Decker* in: *Simon/Busse*, BayBO 1998, Art. 91, Rn. 112.

[479] *BVerwG*, Beschluss vom 10.07.1997, BRS 59, Nr. 19 (S. 65).

[480] *BVerwG*, Beschluss vom 10.07.1997, BRS 59, Nr. 19 (S. 64 ff.).

[481] Mit dieser Begründung hat der *Bayerische Verwaltungsgerichtshof* in seinem Urteil vom 30.05.2003 (Az. 2 BV 02.689) die zentrale Vorschrift der so genannten Gartenstadtsatzung der Landeshauptstadt München über Mindestabstandflächen für unwirksam erklärt.

[482] *Koch/Molodovsky/Rahm*, BayBO, Art. 91 Ziff. 2.1.3.

[483] *Schwarzer/König*, BayBO, Art. 91 Rn. 10.

tragen sollen, dass ein von dem Betrachter als charakteristisch wahrgenommenes Ortsbild entsteht.[484] Dabei sind das Übermaßverbot und das Bestimmtheitsgebot besonders zu beachten.[485]

Mit Hilfe örtlicher Bauvorschriften lässt demnach eine „*Feinsteuerung*"[486] bei der Einflussnahmen auf die bauliche Gestaltung des Gemeindegebiets erzielen. Örtliche Bauvorschriften geben einen Katalog von gestalterischen Anforderungen für eine Vielzahl von baulichen Anlagen vor. Darüber hinaus gehende gestalterische Einzelfälle, die nicht von den in der Satzung aufgenommenen Anforderungen erfasst werden, sind an dem Verunstaltungsverbot des Art. 11 BayBO zu messen.

Soweit die örtlichen Bauvorschriften unbestimmte Rechtsbegriffe enthalten, ist deren Auslegung als Rechtsfrage ausschließlich den Behören vorbehalten.[487]

2. Art. 11 Bayerische Bauordnung

Die Bayerische Bauordnung enthält mehrere Vorschriften, in denen auf die gestalterischen Gesichtspunkte der baulichen Anlage abgestellt wird. Die Errichtung von Einfriedungen in Vorgärten kann nach Art. 9 Abs. 2 BayBO untersagt werden, wenn dies die einheitliche Gestaltung des Straßenbildes erfordert. Nach Art. 10 Abs. 1 BayBO kann zur Vermeidung einer Störung des Straßen-, Orts- oder Landschaftsbildes verlangt werden, dass die Oberfläche des Grundstücks erhalten oder in ihrer Höhenlage verändert wird. Nach Art. 5 Abs. 1 BayBO sollen die nicht überbauten Flächen der bebauten Grundstücke als Grünflächen oder gärtnerische angelegt und unterhalten werden, soweit diese Flächen nicht für andere zulässige Nutzung benötigt werden. Diese Vorschriften regeln jedoch nur Einzelfälle und sind nicht im Prüfungsrahmen des vereinfachten Genehmigungsverfahrens nach Art. 73 BayBO vorgesehen und werden daher nicht behandelt. Die zentrale Norm für die Baugestaltung in der Bayerischen Bauordnung ist Art. 11 BayBO, den die Bauaufsichtsbehörde auch im vereinfachten Genehmigungsverfahren zu prüfen hat. Das seit 1982 in Art. 12 Abs. 3 BayBO enthaltene Einfügungsgebot wurde gestrichen. Danach sollten sich bauliche Anlagen in die Bebauung

---

[484] *Schwarzer/König*, BayBO, Art. 91 Rn. 10.

[485] *OVG NW*, Urteil vom 29.01.1999, BauR 2000, S. 92 (94).

[486] *Manssen*, Stadtgestaltung durch örtliche Bauvorschriften, S. 46.

[487] *BVerfG*, Urteil vom 01.07.1953, BVerfGE 2, 380 (395 f.); *BVerwG*, Urteil vom 22.08.1985, BVerwGE 72, 73 (77); *Stober* in: *Wolff*, Verwaltungsrecht, Bd. 1, § 31 Rn. 9.

der näheren Umgebung einfügen, soweit kein Bebauungsplan oder keine örtliche Bauvorschriften über die Gestaltung bestand.[488]

Nach Art. 11 Abs. 1 BayBO[489] sind bauliche Anlagen nach den anerkannten Regeln der Baukunst durchzubilden und so zu gestalten, dass sie nach Form, Maßstab, Verhältnis der Baumassen und Bauteile zueinander, sowie nach Werkstoff und Farbe nicht verunstaltend wirken. Darüber hinaus sind nach Art. 11 Abs. 2 S. 1 BayBO bauliche Anlagen mit ihrer Umgebung derart in Einklang zu bringen, dass sie das Straßen-, Orts- oder Landschaftsbild oder deren beabsichtigte Gestaltung nicht verunstalten. Für Werbeanlagen enthält Art. 11 Abs. 2 S. 2 BayBO eine Sonderregelung. Danach sind auch die störende Häufung von Werbeanlagen und Werbeanlagen an Ortsrändern, soweit sie in die freie Landschaft hineinwirken, verunstaltend. Da sich der Gestaltungsbeirat grundsätzlich nicht mit Werbeanlagen beschäftigt, wird diese Sonderregelung im Folgenden vernachlässigt.

Systematisch gesehen stellen diese Regelungen die Konkretisierung der allgemeinen Anforderung aus Art. 3 Abs. 1 S. 3 BayBO dar, nach der die baulichen Anlagen einwandfrei zu gestalten sind und nicht das Gesamtbild ihrer Umgebung verunstalten dürfen. Gliedert man Art. 11 BayBO nach den an die bauliche Anlage gestellten Anforderungen auf, lassen sich folgende drei Tatbestände unterscheiden. Es besteht sowohl ein umgebungsunabhängiges als auch ein umgebungsabhängiges Verunstaltungsverbot sowie die Verpflichtung, die bauliche Anlage nach den anerkannten Regeln der Baukunst durchzubilden. Die Forderung, nach den anerkannten Regeln „*durchzubilden*", stellt aufgrund ihres Wortlauts umgebungsunabhängige Anforderungen an die bauliche Anlage.

---

488 Zum Anwendungsbereich dieser gestrichenen Vorschrift siehe, *Hüffer*, Verunstaltungsverbot und Einfügungsgebot Teil B., BayVBl. 1984, S. 12 f.; *Jäde*, Verunstaltungsverbot und Einfügungsgebot Teil A., BayVBl. 1984, S. 10 ff.

489 Im Vergleich dazu lautet § 12 Musterbauordnung von 1990: „*Bauliche Anlagen müssen nach Form, Maßstab, Verhältnis der Baumassen und Bauteile zueinander, Werkstoff und Farbe so gestaltet sein, dass sie nicht verunstaltend wirken. Bauliche Anlagen sind mit ihrer Umgebung derartig in Einklang zu bringen, dass sie das Straßenbild, Ortsbild oder Landschaftsbild nicht verunstalten oder deren beabsichtigte Gestaltung nicht stören.*"

a. Umgebungsunabhängige Anforderungen

aa. Umgebungsunabhängiges Verunstaltungsverbot

Art. 11 BayBO dient schon ihrem Wortlaut nach nur der Verhinderung von Verunstaltungen. Eine Gestaltungspflege im Sinne eines Strebens nach Schönheit der Gestaltung ist den Verunstaltungsverboten fremd.[490] Das Verbot greift nicht schon bei bloß kontroverser Architektur, sondern erst bei einem möglichst weitgehenden Konsens über deren Nichthinnehmbarkeit.[491]

Maßgebend für den engen Wortlaut der Verunstaltungsverbote in den Landesbauordnungen war die Entscheidung des *Bundesverwaltungsgerichts* vom 28.06.1955[492] über die Auslegung des § 1 Baugestaltungsverordnung von 1936[493]. Danach ist dem rechtsstaatlichen Erfordernis der inhaltlichen Bestimmbarkeit nur dann Rechnung getragen, wenn man mit ausreichender Bestimmtheit ermitteln kann, was von den pflichtigen Personen verlang werde. Daher ist der Zweck der Vorschrift[494] dahin zu begrenzen, dass durch sie nicht bereits jede Störung der architektonischen Harmonie, also die bloße Unschönheit, sondern nur die Verunstaltung verhindert werden soll, also ein hässlicher, das ästhetische Empfinden des Beschauers nicht bloß beeinträchtigender, sondern verletzender Zustand.[495] Die Vorschrift wäre zu unbestimmt, wenn sie jede Beeinträchtigung des ästhetischen Empfindens des Beschauers erfassen soll. Die Anschauungen darüber, was ästhetisch befriedigend ist, sind innerhalb der Bevölkerung ganz verschieden, ohne dass eine allgemeine Richtschnur zu finden wäre.[496] Bei der Beurteilung des Vorliegens einer Verletzung der genannten Vorschrift ist daher nicht auf den ästhetisch besonders empfindsamen oder geschulten Betrachter abzustellen, da die Auswahl dieses Personenkreises nicht zuverlässig möglich sei.[497]

---

[490] *OVG Berlin*, Urteil vom 19.02.1971, BRS Nr. 119 (S. 170).

[491] *Jäde* in: *Jäde/Dirnberger/Bauer/Weiß*, BayBO, Art. 11 Rn. 9.

[492] *BVerwG*, Urteil vom 28.06.1955, BVerwGE 2, 172 ff.

[493] Baugestaltungsverordnung vom 10.11.1936 (RGBl. I S. 938), die sich auf das Gesetz über die einstweiligen Maßnahmen zur Ordnung des deutschen Siedlungswesen vom 03.07.1934 (RGBl. I S. 568) stützt.

[494] § 1 Baugestaltungsverordnung lautete: „*Bauliche Anlagen und Änderungen sind so auszuführen, dass sie Ausdruck anständiger Baugesinnung und werkgerechter Durchbildung sind sich der Umgebung einwandfrei einfügen. Auf die Eigenart oder die beabsichtigte Gestaltung des Orts-, Straßen- und Landschaftsbildes, auf Denkmale und bemerkenswerte Naturgebilde ist Rücksicht zu nehmen.*".

[495] *BVerwG*, Urteil vom 28.06.1955, BVerwGE 2, 172 (176 f.).

[496] *BVerwG*, Urteil vom 28.06.1955, BVerwGE 2, 172 (176).

[497] *BVerwG*, Urteil vom 28.06.1955, BVerwGE 2, 172 (177).

Nach der zu dem umgebungsunabhängigen Verunstaltungsverbot ergangenen Rechtsprechung ist der Inhalt des Verbots hinreichend bestimmbar, wenn bei der Beurteilung das Empfinden jedes für ästhetische Eindrücke offenen Betrachters, des so genannten gebildeten Durchschnittsmenschen, zugrunde gelegt wird. Ausgehend von diesem Maßstab wirkt eine bauliche Anlage an sich verunstaltend, wenn das ästhetische Empfinden des gebildeten Durchschnittsmenschen nicht bloß beeinträchtigt, sondern verletzt wird.[498] Plakativ formuliert fallen darunter nur Vorhaben, deren *„Hässlichkeit ins Auge springt und Unlust erregt"*.[499]

Dieser Maßstab für die Beurteilung einer Verunstaltung wurde vielfach kritisiert.[500] Anknüpfungspunkt der Kritik ist die von dem *Bundesverwaltungsgericht* abgelehnte Heranziehung einer fachmännischen Meinung. Die Argumentation des Gerichts, dass die Auswahl dieses Personenkreises nicht zuverlässig möglich und damit die jeweilige Entscheidung aufgrund der unterschiedlichen Ansichten der einzelnen Fachleute schwerer vorauszubestimmen seien, als bei der Verwendung der Figur des gebildeten Durchschnittsmenschen, überzeugt nach Ansicht der Kritiker nicht. Die der Entscheidung des *Bundesverwaltungsgerichts* nachfolgende Rechtsprechung habe zu keiner Objektivierung des Maßstabs des gebildeten Durchschnittsmenschen geführt.[501] Auch könne sich ein Amtsträger schwerlich von seinem eigenen Empfinden frei machen und sich von einem fremden Empfinden, mithin von dem Empfinden des Durchschnittsbetrachters, leiten lassen.[502] Aus diesen Gründen sei bei der Beurteilung einer Verunstaltung auf die Meinung eines Fachmannes

---

[498] *BayVGH*, Urteil vom 05.05.1969, BayVBl. 1969, S. 318 f; *BayVGH*, Urteil vom 04.04.1973, BauR 1974, S. 117 (118); vgl. auch *BayVGH*, Urteil vom 30.11.1976, BRS 30 Nr. 110 (S. 219); *BayVGH*, Urteil vom 08.11.1991, VGH n. F. 45, 47 (48), für den Maßstab des Durchschnittsbetrachters bei dem umgebungsunabhängigen Verunstaltungsverbot.

[499] *OVG Berlin*, Urteil vom 03.07.1981, NVwZ 1982, S. 255; für umgebungsabhängiges Verunstaltungsverbot.

[500] *Engelmann*, Der baurechtliche Verunstaltungsbegriff bei den Anlagen der Außenwerbung, S. 139 ff.; *Kretschmer*, Nochmals: Der „gebildete Durchschnittsmensch", DVBl. 1970, S. 55 ff.; *Schmidt-Tophoff*, Ist § 1 der Baugestaltungsverordnung nur mit Einschränkungen rechtsgültig?, BBauBl. 1957, S. 232 (233); *Schweiger*, Der „gebildete Durchschnittsmensch" und der unbestimmte Rechtsbegriff, DVBl. 1968, S. 481 ff.

[501] *Kretschmer*, Nochmals: Der „gebildete Durchschnittsmensch", DVBl. 1970, S. 55 (56).

[502] *Schweiger*, Der „gebildete Durchschnittsmensch" und der unbestimmte Rechtsbegriff, DVBl. 1968, S. 481 (488).

abzustellen[503], auf das Empfinden des künstlerisch geschulten Menschen.[504] Schließlich falle die Auswahl der Fachleute leichter, da diese schon aufgrund ihrer Ausbildung leichter zu bestimmen seien.[505]

Dem ist nicht zuzustimmen. Ohne Zweifel lassen sich bei Fragen über das Vorliegen einer Verunstaltung objektive Regeln nicht ohne weiteres aufstellen. Der Maßstab des Geschulten oder Fachmannes ist jedoch kein geeigneter Maßstab für die Beurteilung umgebungsunabhängiger Gestaltungsanforderungen. Gerade die fachliche Eignung ist nicht notwendigerweise ein Vorteil, da aufgrund der unterschiedlichen Stil- und Gestaltungsvorstellungen, die der einzelne Sachverständig durch seine Ausbildung erlangen kann, die Entscheidungen nicht besser vorauszubestimmen sind. Die Vorbildung macht den Sachverständigen regelmäßig zu einem empfindsameren Betrachter. Es besteht die Gefahr, dass schon geringe Beeinträchtigungen des Bauwerks in den Augen einzelner Sachverständiger „*verunstaltend*“ wirken. Die Kritik der Autoren ist wohl vor allem auf das Ansinnen zurückzuführen, durch einen feineren Maßstab einen verbesserten Schutz der Städte zu erreichen.[506] Aber der begrenzte Anwendungsbereich der Verunstaltungsverbote ist notwendige Folge des engen Wortlauts dieser Vorschriften. Denn Beeinträchtigungen, die erst ein geschultes Auge zu erkennen vermag, werden noch nicht vom Verunstaltungsverbot erfasst. Der enge Wortlaut selbst ist Resultat des Verständnisses der in Art. 14 GG geschützten Freiheit des Eigentums. Die gestalterischen Anforderungen sind an Art. 14 GG zu messen.[507] Die Baugestaltungsvorschriften sind zwar Inhalts- und Schrankenbestimmungen, bei denen der soziale Bezug des Eigentums besonders ausgeprägt ist. So wirken Bauwerke schon deshalb stark in den öffentlichen Raum hinein, weil sich ihrem Eindruck keiner, der mit ihnen konfrontiert wird, entziehen kann.[508] Bei umgebungsunabhängigen Anforderungen an die Gestaltung von Bauwerken ist der soziale Bezug aber nicht besonders ausgeprägt. Daher sind diese Anforderungen auf

---

503 *Kretschmer*, Nochmals: Der „gebildete Durchschnittsmensch“, DVBl. 1970, S. 55 (56).

504 *Engelmann*, Der baurechtliche Verunstaltungsbegriff bei den Anlagen der Außenwerbung, S. 143.

505 *Engelmann*, Der baurechtliche Verunstaltungsbegriff bei den Anlagen der Außenwerbung, S. 143; *Watzke*, Die Baugestaltung als Aufgabe der Baupolizei, S. 108, der aber im Ergebnis der Auffassung des Bundesverwaltungsgerichts folgt.

506 Vgl. *Kretschmer*, Nochmals: Der „gebildete Durchschnittsmensch“, DVBl. 1970, S. 55, der als Folge der Verwendung dieser Rechtsfigur des Durchschnittsbetrachters ansieht, dass eine positive, gestalterische Baupflege unmöglich sei.

507 Vgl. dazu *BVerwG*, Urteil vom 29.08.1961, NJW 1962, S. 552 ff.

508 *BVerwG*, Beschluss vom 06.12.1999, BRS 62 Nr. 131 (S. 559).

die Abwehr von Verunstaltungen zu beschränken. Der Staat ist aus eigentumsrechtlichen Gründen gehindert, strengere ästhetische Maßstäbe anzulegen.[509].

bb. Anerkannte Regeln der Baukunst

Mit der Verpflichtung aus Art. 11 Abs. 1 BayGO, die bauliche Anlage nach den „*anerkannten Regeln der Baukunst durchzubilden*", schuf der Bayerische Gesetzgeber einen Ersatz für die im früheren § 1 Baugestaltungsverordnung von 1936 geforderte „*werkgerechte Durchbildung*" der baulichen Anlage.[510]

Nach der Rechtsprechung[511] und großen Teilen der Literatur[512] hat die Verpflichtung, die bauliche Anlage nach den anerkannten Regeln der Baukunst durchzubilden, gegenüber dem Verunstaltungsverbot eine eigenständige Bedeutung. Der Gesetzgeber hat die Begriffe getrennt voneinander verwendet, so dass nach den Regeln der Grammatik die Abhängigkeit einer Forderung von anderen dergestalt, dass diese jene abwandeln oder einschränken würde, nicht feststellbar ist.[513]

Der Regelungsgehalt der Verpflichtung, die bauliche Anlage nach den anerkannten Regeln der Baukunst durchzubilden, ist nicht unumstritten. Verwendet man den Begriff „*Regeln der Baukunst*" und den Begriff „*Regeln der Technik*" einheitlich, hat dies zur Folge, dass nur technische Standards erfasst werden.[514] Nur im Einzelfall kann die Einhaltung der technischen Standards auch Auswirkungen auf die Gestaltung eines Bauwerks haben.[515] Nach diesem Verständnis geht der Begriff der Baukunst nicht weiter als der Begriff der „*werkgerechten Durchbildung*" des

---

509 *Jäde* in: *Jäde/Dirnberger/Bauer/Weiß*, BayBO, Art. 11 Rn. 3 ff.; *Manssen*, Stadtgestaltung durch örtliche Bauvorschriften, S. 176 ff.

510 *Lechner* in: *Simon/Busse*, BayBO 1998, Art. 11, Rn. 75.

511 *BVerwG*, Beschluss vom 06.12.1999, BRS 62 Nr. 131; *BayVGH*, Urteil vom 08.11.1991, VGH n. F. 45, 47; *BayVGH*, Urteil vom 20.07.1999, VGH n. F. 52, 127 (128).

512 *Koch/Molodovsky/Rahm*, BayBO, Art. 11 Ziff. 1.1.; *Lechner* in: *Simon/Busse*, BayBO 1998, Art. 11, Rn. 85; *Schwarzer/König*, BayBO, Art. 11 Rn. 8; *a. A.*: *Jäde* in: *Jäde/Dirnberger/Bauer/Weiß*, BayBO, Art. 11 Rn. 14.

513 *BayVGH*, Urteil vom 08.11.1991, VGH n. F. 45, 47; *BayVGH*, Urteil vom 20.07.1999, VGH n. F. 52, 127 (128 f.); *Maier*, Bauordnungsrechtliche Anforderungen, BayVBl. 1980, S .5 (6).

514 *Jäde* in: *Jäde/Dirnberger/Bauer/Weiß*, BayBO, Art. 11 Rn. 14; *Manssen*, Stadtgestaltung durch örtliche Bauvorschriften, S. 166.

515 *Manssen*, Stadtgestaltung durch örtliche Bauvorschriften, S. 166.

§ 1 Baugestaltungsverordnung von 1936, worunter man die Ausführung der Bauarbeiten nach den allgemein anerkannten handwerklichen Regeln verstand.[516]

Der *Bayerische Verwaltungsgerichtshof* subsumiert dagegen auch gestalterische Elemente unter den Begriff *„Regeln der Baukunst“*. Aus der Systematik der Bayerischen Bauordnung lasse sich eine Beschränkung auf die Überprüfung allein technischer Regeln nicht herleiten. In der in Art. 3 Abs. 2 S. 4 BayBO begründeten Regelvermutung, wonach bei Beachtung der allgemein anerkannten Regeln der Technik und Baukunst die entsprechenden bauaufsichtlichen Anforderungen als eingehalten gelten, werden die Begriffe der *„Regeln der Technik“* und der *„Baukunst“* ausdrücklich getrennt genannt. Wenn in Art. 11 Abs. 1 BayBO nur von den Regeln der Baukunst die Rede ist, sind andere Regeln als bloße technische Konstruktionsgrundsätze und Erkenntnisse der Statik und der Materialkunde gemeint. Erfasst werden auch weitergehende nichttechnische bauhandwerkliche und architektonische Grundsätze, zu denen gerade auch solche „baukünstlerisch-“ gestalterischer Art gehören.[517] Für diese Auffassung spricht auch die Abschnitts- und die Artikelüberschrift *„Baugestaltung“*.[518] Die enge Definition der *„werkgerechten Durchbildung“* des § 1 Baugestaltungsverordnung von 1936 kann kein Maßstab für den Begriff der Baukunst der Bayerischen Bauordnung sein, da das moderne Bauen den Bereich des Handwerklichen verlassen hat.[519]

Gegen die Auslegung des Art. 11 BayBO mit Hilfe der Definition des § 1 Baugestaltungsverordnung von 1936 sprechen auch die allgemeinen Grundsätze für die Auslegung von Normen. Maßgebend für die Auslegung einer Gesetzesvorschrift ist der in dieser zum Ausdruck kommende objektivierte Wille des Gesetzgebers. Die Entstehungsgeschichte einer Vorschrift kommt für deren Auslegung nur in Betracht, wenn sie die Richtigkeit der nach den sonstigen Grundsätzen ermittelten Auslegung bestätigt oder Zweifel behebt, die auf dem angegebenen Weg allein nicht ausgeräumt werden können.[520] Durch die Trennung der Begriffe Regeln der Baukunst und Regeln der Technik hat der bayerische Gesetzgeber seinen Willen, den Begriffen unterschiedliche Bedeutung zuzumessen, deutlich gemacht.

---

516 *Lechner* in: *Simon/Busse*, BayBO 1998, Art. 11, Rn. 75.
517 *BayVGH*, Urteil vom 20.07.1999, VGH n. F. 52, 127 (129).
518 *BayVGH*, Urteil vom 08.11.1991, VGH n. F. 45, 47 (48).
519 *Lechner* in *Simon/Busse*, BayBO 1998, Art. 11, Rn. 75.
520 *BVerfG*, Urteil vom 21.05.1952, BVerfGE 1, 299 (312).

Eine anerkannte gestalterische Regel der Baukunst ist der Grundsatz, dass sich ein Haus dem Gelände so anpassen soll, dass das Gebäude symmetrisch und in sich ruhig und geschlossen ausgeführt erscheint.[521] Eine in sich ruhige und geschlossene Bauweise ist Bestandteil eines ästhetischen Gesamteindrucks und nicht nur eine technische Regel. Auch die in der Rechtsprechung als anerkannte Regel der Baukunst angeführten Beispiele weisen gestalterische Bezüge auf. So etwa die gestalterische Grundregel, dass Dachgauben nur bei steileren Dächern errichtet werden dürfen und sie als untergeordneter Bauteil nicht entgegen der Funktion eines Daches die Erweiterung des Hauses nach oben ermöglichen sollen.[522] Es bleibt jedoch festzuhalten, dass das Verunstaltungsverbot selbst weiterhin die eigentlichen gestalterischen Anforderungen an die bauliche Anlage stellt. Allerdings sind unter den anerkannten Regeln der Baukunst auch gestalterische Regeln zu finden.

Besondere Relevanz für diese Arbeit gewinnt der Maßstab, nach dem das Vorliegen einer anerkannten Regel der Baukunst beurteilt wird. Geht man zunächst allein von technischen Regeln aus, dann folgt es aus der Natur der Sache, dass es bei der Frage um die Anerkennung solcher Regeln nicht auf den Durchschnittsbetrachter ankommen kann. Ein Laie kann nicht etwas anerkennen, was ihm zumeist unbekannt sein wird. Vielmehr ist die Auffassung der einschlägigen, mit den Regeln befassten Fachkreise, entscheidend.[523] Diese beruht auf wissenschaftlichen Erkenntnissen und praktischen Erfahrungen sowie der Überzeugung der Mehrzahl der mit den einschlägigen Arbeiten befassten Personen, dass die Einhaltung dieser Regel der Baukunst richtig und notwendig ist. Eine einhellige Anerkennung ist nicht nötig.[524]

Diese Ausführungen sind auch auf die Anerkennung gestalterischer Elemente als Regeln der Baukunst übertragbar. Erweitert man den Anwendungsbereich der Regeln der Baukunst auch auf gestalterische Elemente, so müssen diese nach Art. 11 BayBO gleichwohl *anerkannt* sein. Eine Anerkennung kann aber nur durch den Personenkreis erfolgen, dem diese Regeln bekannt ist. Dieser Personenkreis ist auch bei gestalterischen Elementen der einschlägige Fachkreis.

---

[521] Ausführlicher Katalog von anerkannten Regeln der Baukunst, siehe *Maier*, Bauordnungsrechtliche Anforderungen, BayVBl. 1980, S .5 (9).

[522] *BayVGH*, Urteil vom 08.11.1991, VGH n. F. 45, 47 (48 f.).

[523] *BayVGH*, Urteil vom 08.11.1991, VGH n. F. 45, 47 (48); *Maier*, Bauordnungsrechtliche Anforderungen, BayVBl. 1980 S. 5 (7); *Manssen*, Stadtgestaltung durch örtliche Bauvorschriften, S. 199.

[524] *BayVGH*, Urteil vom 08.11.1991, VGH n. F. 45, 47 (48).

Dieser Beurteilungsmaßstab hat zur Folge, dass die Anforderung, die bauliche Anlage nach den Regeln der Baukunst durchzubilden, nicht deckungsgleich ist mit der des Verunstaltungsverbots. Eine bauliche Gestaltung kann gegen eine in der Fachwelt schon anerkannte Regel verstoßen, ohne zugleich damit das ästhetische Empfinden des gebildeten Durchschnittsbetrachter zu verletzen. Umgekehrt ist eine Verunstaltung ohne Verletzung von Regeln der Baukunst möglich, weil sich etwa bei baulichen Experimenten eine Regel noch nicht gebildet hat.[525] Gleichwohl sind auch diese Baugestaltungsregeln an Art. 14 GG zu messen, mit der Folge, dass bei der Auslegung des Begriffs der anerkannten Regeln der Baukunst eher Zurückhaltung geboten ist. Er muss auf einen gesicherten Kernbestand an grundlegenden bauästhetischen Ordnungsvorstellungen beschränkt bleiben.[526]

b. Umgebungsabhängiges Verunstaltungsverbot

Entsprechend dem umgebungsabhängigen Verunstaltungsverbot gemäß Art. 11 Abs. 2 S. 1 BayBO sind bauliche Anlagen mit ihrer Umgebung derart in Einklang zu bringen, dass sie das Straßen-, Orts- oder Landschaftsbild oder deren beabsichtigte Gestaltung nicht verunstalten. Beide Verunstaltungsverbote sind wegen ihrer unterschiedlichen Schutzrichtung getrennt zu behandeln, obschon eine in sich verunstaltete bauliche Anlage meist auch auf ihre Umgebung verunstaltend wirken wird.

Für die Beurteilung, ob eine bauliche Anlage verunstaltend wirkt, ist die architektonische Gestaltung dieser Anlage in Beziehung zur Umgebung zu setzen.[527] Dabei richten sich die sich aus der Umgebung für die bauliche Anlage ergebenden gestalterischen Anforderungen nach dem Eigenwert der Umgebung.[528] Im Gegensatz zum umgebungsunabhängigen Verunstaltungsverbot lassen sich damit aus der Umgebung gewisse objektive Kriterien herausfiltern, die zumindest als Anhaltspunkte für das Vorliegen einer Verunstaltung herangezogen werden können.[529]

---

[525] *BayVGH*, Urteil vom 08.11.1991, VGH n. F. 45, S. 47 (48)

[526] *BayVGH*, Urteil vom 20.07.1999, VGH n. F. 52, 127 (130).

[527] *Lechner* in *Simon/Busse*, BayBO 1998, Art. 11, Rn. 359.

[528] *VGH BW*, Urteil vom 11.12.1984, BRS 44 Nr. 114 (S. 284 f.), Werbetafel in Gewerbegebiet weniger auffällig; *OVG Lüneburg*, Urteil vom 21.08.1987, NVwZ 1988, S. 375 (376), die Umgebung eines Denkmalplatzes ist in gestalterischer Hinsicht besonders schutzwürdig.

[529] Vgl. *Manssen*, Stadtgestaltung durch örtliche Bauvorschriften, S. 200.

Eine Verunstaltung der Umgebung liegt vor, wenn die bauliche Anlage zu ihrer Umgebung in eine unvereinbaren Gegensatz treten würde, der vom gebildeten Durchschnittsbetrachter als belastend oder Unlust erregend empfunden wird, mithin sein ästhetisches Empfinden nicht nur beeinträchtigt, sondern verletzt.[530] Auch das umgebungsunabhängige Verunstaltungsverbot beschränkt sich wie die umgebungsabhängige Anforderung ihrem Wortlaut nach auf die Abwehr von Verunstaltungen. Ein über diesen Anwendungsbereich hinausgehende Regelung wurde nicht verwirklicht, obwohl der soziale Bezug des Eigentums im Beziehung zu seiner Umgebung stärker ausgeprägt ist als im Falle einer isolierten Betrachtung des Eigentums.[531] Aber auch bei den umgebungsabhängigen Gestaltungsregelungen sind die Anforderungen hinunter zu schrauben, um dem Bestimmtheitsgrundsatz zu genügen.[532] So werden die Meinungen der für ästhetische Gesichtspunkte empfänglichen Menschen eher übereinstimmen, je mehr man sich an Extreme der Wertskala von Schön und Hässlich nähert.[533]

Daraus ergibt sich, dass sich sowohl durch das umgebungsunabhängige als auch durch das umgebungsabhängige Verunstaltungsverbot nur grobe Verletzungen verhindert werden können.

Der Maßstab, der beim umgebungsunabhängigen Verunstaltungsverbot gilt, kann auf das umgebungsabhängige Verunstaltungsverbot übertragen werden.[534] Es ist die Sicht des gebildeten Durchschnittsmenschen maßgebend.[535] Stellt man die bauliche Anlage vor allem in Bezug zum Landschaftsbild, ist als Beurteilungsmaßstab auf den gebildeten, für den

---

[530] *BayVGH*, Urteil vom 30.11.1976, BRS 30 Nr. 110 (S. 220); *OVG Berlin*, Urteil vom 03.07.1981, NVwZ 1982, S. 255; *OVG Münster*, Urteil vom 06.02.1992, NVwZ 1993, S. 89 f.

[531] Vgl. *Manssen*, Stadtgestaltung durch örtliche Bauvorschriften, S. 190 ff.

[532] *Manssen*, Stadtgestaltung durch örtliche Bauvorschriften, S. 200.

[533] *Watzke*, Die Baugestaltung als Aufgabe der Baupolizei, S. 106.

[534] *Lechner* in *Simon/Busse*, BayBO 1998, Art. 11, Rn. 355; kritisch dazu *Manssen*, Stadtgestaltung durch örtliche Bauvorschriften, S. 198 ff; der das umgebungsabhängige Verunstaltungsverbot im dem Sinne auslegen will, dass damit eine Unterschreitung dessen untersagt wird, was nach allgemein akzeptierten Maßstäben von den insoweit aufgeschlossenen Betrachtern als Rücksicht auf die Umgebung verlangt wird.

[535] *BayVGH*, Urteil vom 27.10.1966, BayVBl. 1967, S. 280 (281); *OVG Berlin*, Urteil vom 03.07.1981, NVwZ 1982, S. 255; *OVG Münster*, Urteil vom 06.02.1992, NVwZ 1993, S. 89.

Gedanken des Natur- und Landschaftsschutzes aufgeschlossenen Betrachters abzustellen.[536]

Abzulehnen ist die Ansicht von *Boddinghaus*, der den Maßstab, welcher bei den anerkannten Regeln der Baukunst nach Art. 11 Abs. 1 BayBO angewendet wird, auch auf Art. 11 Abs. 2 BayBO übertragen will. Seiner Meinung nach wäre es verwunderlich, wenn es im Hinblick auf die Gestaltung des Bauwerks selbst auf die Überzeugung von fachlich vorgebildeten Kreisen ankäme, hingegen im Hinblick auf die Einfügung des Bauwerks in die Umgebung nicht.[537] Dieser Argumentation steht schon entgegen, dass es bei Art. 11 Abs. 2 BayBO nicht auf das Einfügen, sondern nur auf die Frage nach der Verunstaltung der Umgebung ankommt. Auch werden die Begriffe anerkannte Regeln der Baukunst und das umgebungsunabhängige Verunstaltungsverbot in Art. 11 Abs. 1 BayBO im Gesetzestext getrennt behandelt. Im Gegensatz zu den anerkannten Regeln der Baukunst setzt das Verbot einer Verunstaltung keine „*anerkannten*" Arten einer Verunstaltung voraus. Daher kommt es sowohl beim umgebungsunabhängigen als auch beim umgebungsabhängigen Verunstaltungsverbot allein auf die Sicht des gebildeten Durchschnittsbetrachters an.

3. Bauplanungsrechtliche Zulässigkeit

a. Im beplanten Gebieten

Das wichtigste Instrument, um auf die Stadtgestaltung planungsrechtlich Einfluss zu nehmen, ist die Aufstellung von Bebauungsplänen. Die Aufstellung von Bauleitplänen ist den Gemeinden nach § 2 Abs. 1 S. 1 BauGB als Selbstverwaltungsaufgabe übertragen und konkretisiert damit das von Art. 28 Abs. 2 S. 1 GG geschützte Recht zur örtlichen Planung als einer Angelegenheit der örtlichen Gemeinschaft.[538]

Die Gemeinde kann in dem Bebauungsplan aus städtebaulichen Gründen Festsetzungen treffen, denen geplante Vorhaben nach § 30 BauGB nicht widersprechen dürfen. Der Katalog der möglichen Festsetzung ist in § 9 Abs. 1 BauGB abschließend beschrieben. Hinsichtlich gestalterischer Anforderungen sind insbesondere die Art und das Maß der baulichen Nutzung nach § 9 Abs. 1 Nr. 1 BauGB in Verbindung mit der Baunutzungsverordnung von Bedeutung.

---

[536] *BVerwG*, Urteil vom 12.07.1956, BVerwGE 4, 57 (59).
[537] *Boeddinghaus*, Gestaltung des Ortsbilds, BauR 2001, S. 1675 (1678).
[538] *Reidt* in: *Gelzer/Bracher/Reidt*, Bauplanungsrecht, Rn. 16.

Die Art der baulichen Nutzung ist nicht notwendigerweise bedeutend für die Gestaltung der mit dem Vorhaben verbundenen baulichen Anlage. Geht aber mit der Art der baulichen Nutzung eine besondere notwendige Gestaltung der baulichen Anlage einher, kann diese schon zur Unzulässigkeit des Vorhabens führen. So stellt der in einem Wohngebiet dauerhaft abgestellte Wohnwagen eine städtebauliche Störung dar.[539]

Die Gemeinde kann durch die Festsetzung des Maßes der baulichen Nutzung Einfluss auf die Gestaltung des Stadtbildes nehmen. Die Festsetzungsmöglichkeiten zur Bestimmung des Maßes der baulichen Nutzung sind in § 16 Abs. 2 BauNVO abschließend aufgezählt. Danach wird das Maß der baulichen Nutzung im Bebauungsplan durch die Grundflächenzahl oder die Größe der Grundfläche der baulichen Anlage, die Geschossflächenzahl oder die Größe der Geschossfläche, die Baumassenzahl oder die Baumasse, die Zahl der Vollgeschosse und die Höhe der bauliche Anlage bestimmt.

Maßstab für die Beurteilung, ob ein Vorhaben den Festsetzungen eines Bebauungsplans widerspricht, kann nicht die Sicht des gebildeten Durchschnittsbetrachters sein. Die Beurteilung fachspezifischer Kriterien wie Baumasse und Geschossflächenzahl setzt eine besondere Fachkunde voraus.

b. Im unbeplanten Innenbereich

In historischen Stadtkernen fehlt es häufig an Bebauungsplänen.[540] In diesem unbeplanten Innenbereich richtet sich die Zulässigkeit neuer Vorhaben bauplanungsrechtlich nach § 34 BauGB. Zusätzlich kommt § 34 BauGB auch bei einem einfachen Bebauungsplan im Sinne des § 30 Abs. 3 BauGB ergänzend zur Anwendung. Bei Vorliegen eines einfachen Bebauungsplans darf ein Vorhaben weder den Festsetzungen dieses Bebauungsplans widersprechen noch gegen die Zulässigkeitsvoraussetzungen des § 34 BauGB verstoßen.

aa. Einfügen in die Eigenart der näheren Umgebung

Innerhalb der im Zusammenhang bebauten Ortsteile ist ein Vorhaben gemäß § 34 Abs. 1 S. 1 BauGB zulässig, wenn es sich nach Art und

---

[539] Beispiel von *Mick*, Rechtliche Möglichkeiten ästhetischer Bau- und Stadtgestaltung im unverplanten Innenbereich, DÖV 1991, S. 623 (625).

[540] *Mick*, Rechtliche Möglichkeiten ästhetischer Bau- und Stadtgestaltung im unverplanten Innenbereich, DÖV 1991, S. 623.

Maß der baulichen Nutzung, der Bauweise und der Grundstücksfläche, die überbaut werden soll, in die Eigenart der näheren Umgebung einfügt. Der Begriff des „*Einfügens*" ist ein unbestimmter Rechtsbegriff, der von der Behörde oder dem Gericht auszulegen ist.[541] Die Eigenart der näheren Umgebung wird von der vorhandenen Bebauung geprägt.[542] Fremdkörper in einer vorhandenen Bebauung sind nicht maßgeblich und bleiben unberücksichtigt.[543] Die einheitliche historische Bebauung einer Altstadt prägt städtebaulich die Eigenart der näheren Umgebung.[544]

Ein Vorhaben muss sich aber in den Rahmen der die Eigenart der näheren Umgebung prägenden Bebauung nur nach Art und Maß der baulichen Nutzung, der Bauweise und der Grundstücksfläche, die überbaut werden soll, einfügen. Ferner ist das Gebot der Rücksichtnahme auf die in der unmittelbaren Nähe zum Vorhaben vorhandene Bebauung zu berücksichtigten.[545] Andere Merkmale, wie die Materialwahl, Farbgebung oder bestimmte Konstruktionsweisen wie Fachwerk, Fensterformate fallen nach dem Gesetzeswortlaut nicht in den Anwendungsbereich des § 34 Abs. 1 BauGB.[546] Auch können Gestaltungsmerkmale, die nur durch örtliche Bauvorschriften festgesetzt werden können, nicht im Rahmen des § 34 Abs. 1 herangezogen werden.[547]

Die Art der baulichen Nutzung hat, wie oben beim Bebauungsplan festgestellt, grundsätzlich keine Bedeutung für die Gestaltung der mit dem Vorhaben verbundenen baulichen Anlage. Ausnahmsweise kann es sein, dass die Art der baulichen Nutzung eine besondere Gestaltung der baulichen Anlage erfordert.

Dagegen ergeben sich aus dem Maß der die Eigenart der näheren Umgebung prägenden Bebauung weiterreichende Vorgaben für die Gestaltung der mit dem Vorhaben verbundenen baulichen Anlage. Bei der Bestimmung des Maßes der baulichen Nutzung kann man auf die in der Baunutzungsverordnung verwandten Begriffsmerkmale als Auslegungshilfe zurückgreifen, ohne sie aber wie Festsetzungen eines Bebauungs-

---

[541] Vgl. *BGH*, Urteil vom 25.03.1999, BauR 1999, S. 1195 (1197).

[542] *Söfker* in: *Ernst/Zinkahn/Bielenberg*, BauGB, § 34 Rn. 19.

[543] *Hofherr* in: *Schlichter/Stich/Driehaus/Paetow*, Berliner Kommentar zum BauGB, § 34 Rn. 21; *Söfker* in: *Ernst/Zinkahn/Bielenberg*, BauGB, § 34 Rn. 37.

[544] Vgl. *BVerwG*, Urteil vom 22.02.1980, BauR 1980, S. 452 (454).

[545] *BVerwG*, Urteil vom 26.05.1978, BVerwGE 55, 369 (386).

[546] *Mick*, Rechtliche Möglichkeiten ästhetischer Bau- und Stadtgestaltung im unverplanten Innenbereich, DÖV 1991, S. 623 (625); vgl. auch *Söfker* in: *Ernst/Zinkahn/Bielenberg*, BauGB, § 34 Rn. 38.

[547] *Manssen*, Ortsbildschutz, NWVBl. 1992, S. 381 (383).

planes rechtssatzartig zu verwenden.[548] Es ist auf solche Maße abzustellen, die nach außen wahrnehmbar in Erscheinung treten und an Hand derer sich die vorhandenen Gebäude in der näheren Umgebung leicht in Beziehung zueinander setzen lassen.[549] Auf die Feinheiten der Berechnungsregeln der Baunutzungsverordnung kommt es bei dem Erfordernis des Einfügens nicht an.[550] Vielmehr sind prinzipiell die absoluten Größen von Grundfläche, Geschoßzahl und Höhe, bei offener Bebauung auch ihr Verhältnis zur umgebenden Freifläche, zugrunde zu legen. Mit Hilfe der Regelung sollen in ihren äußeren Proportionen unharmonische Bebauungen abgewehrt werden. Es geht damit weniger um Einheitlichkeit mit einem Zwang zur Uniformität.[551] Das Vorhaben muss sich nur im *Rahmen* der die Eigenart der näheren Umgebung prägenden Bebauung halten.[552] Dieser aus der vorhandenen Bebauung zu gewinnende Maßstab ist notwendigerweise grob und ungenau.[553] Jedenfalls fügt sich ein Vorhaben, mit dem der Dachfirstabschnitt eines Mittelreihenhauses zu Vergrößerung des Dachgeschosses um 1,60 m angehoben werden soll, nicht in eine einheitliche Reihenhauszeile ein.[554] Aber es kann sich auch ein Vorhaben, das sich nicht in jeder Hinsicht innerhalb des aus seiner Umgebung hervorgehenden Rahmens hält, in die Umgebung einfügen, wenn es weder selbst noch in Folge einer nicht auszuschließenden Vorbildwirkung geeignet ist, bodenrechtlich beachtliche Spannungen zu begründen oder vorhandene Spannungen zu erhöhen.[555] Dabei wird es bei einer Überschreitung des durch die Umgebungsbebauung vorgegebenen Rahmens hinsichtlich des Maßes der baulichen Nutzung grundsätzlich seltener zu städtebaulichen Spannungen kommen als bei einer Überschreitung des Rahmens hinsichtlich der Art der baulichen Nutzung.[556]

---

548 *Hofherr* in: *Schlichter/Stich/Driehaus/Paetow*, Berliner Kommentar zum BauGB, § 34 Rn. 21; *Söfker* in: *Ernst/Zinkahn/Bielenberg*, BauGB, § 34 Rn. 40.
549 *Hofherr* in: *Schlichter/Stich/Driehaus/Paetow*, Berliner Kommentar zum BauGB, § 34 Rn. 31.
550 *BVerwG*, Urteil vom 23.03.1994, BVerwGE 95, 277 (280); *BVerwG*; Beschluss vom 21.06.1996, BRS 58 Nr. 83 (S. 240): bei einem Dachgeschoßausbau ist es für das Einfügen nach dem Maß der baulichen Nutzung grundsätzlich unerheblich, ob der Ausbau nach landesrechtlichen Berechnungsregeln zu einem weiteren Vollgeschoss führt, ohne dass dies als solches wahrnehmbar ist.
551 *BVerwG*, Urteil vom 26.05.1978, BVerwGE 55, 369 (386).
552 Grundlegend *BVerwG*, Urteil vom 26.05.1978, BVerwGE 55, 369 (384 ff.).
553 *BVerwG*; Beschluss vom 21.06.1996, BRS 58 Nr. 83 (S. 240).
554 *OVG Hamburg*, Beschluss 29.05, BRS 64 Nr. 184 (S. 722 ff.).
555 *BVerwG*, Urteil vom 26.05.1978, BVerwGE 55, 369 (386).
556 *Bracher* in: *Gelzer/Bracher/Reidt*, Bauplanungsrecht, Rn. 2317.

Das Merkmal Bauweise nimmt durch die Unterscheidung zwischen offener und geschlossener Bauweise entsprechend § 22 Abs. 2 und 3 BauNVO auf die Gestaltung des Vorhabens Einfluss. Bei der Frage, ob sich das Vorhaben nach der Grundstücksfläche, die überbaut werden soll, in die nähere Umgebung einfügt, kommt es vor allem auf die räumlich Lage des Vorhabens innerhalb der vorhandenen Bebauung an, und weniger auf die Gestaltung des Vorhabens.[557]

Maßstab für die Beurteilung, ob sich ein Vorhaben in die nähere Umgebung einfügt, ist wie auch bei § 30 BauGB nicht die Sicht des gebildeten Durchschnittsbetrachter. Die Übereinstimmung des Vorhabens mit den einzelnen Merkmalen der Bebauung, vor allem im Hinblick auf das Maß der baulichen Nutzung, ist auf Grundlage einer exakten Bestandsaufnahme der Umgebung unter fachlichen Gesichtspunkten zu bewerten.[558] Die Bestandsaufnahme muss die die Umgebung prägenden Merkmale herausarbeiten und unter die vier Kriterien des § 34 Abs. 1 BauGB einordnen. Dieser Vorgang ist ohne fachspezifische Kenntnisse nicht zu bewältigen. Bleiben bei der Bestandsaufnahme Tatsachenfragen offen, ist die Behörde berechtigt, Sachverständige heranzuziehen, soweit dies erforderlich ist. Nach wie vor handelt es sich aber bei der Auslegung des unbestimmten Rechtsbegriffs „*einfügen*“ um eine Rechtsfrage, deren Beantwortung ausschließlich der Behörde vorbehalten ist.

---

557 *Bracher* in: *Gelzer/Bracher/Reidt*, Bauplanungsrecht, Rn. 2327: das Kriterium ist vor allem von Bedeutung bei der Frage nach der Zulässigkeit einer Hinterlandbebauung.

558 *Boeddinghaus*, Gestaltung des Ortsbilds, BauR 2001, S. 1675 (1679).

bb. Beeinträchtigung des Ortsbildes im unbeplanten Innenbereich

Durch die am 1.1.1977 in Kraft getretene Novelle zum Bundesbaugesetz[559] wurde als Zulässigkeitsmerkmal aufgenommen, dass ein Vorhaben im Sinne des § 29 BauGB das Ortsbild nicht beeinträchtigen darf. Seit die Landesgesetzgeber in den Landesbauordnungen verstärkt Vorhaben von der Baugenehmigungspflicht ausgenommen haben, hat dieses Zulässigkeitsmerkmal an Bedeutung gewonnen. In Bayern wurde beispielsweise der Katalog der genehmigungsfreien Tatbestände nach Art. 63 BayBO im Laufe der Zeit erheblich ausgeweitet.[560] Nach dem Wegfall der präventiven Kontrolle suchen die Bauaufsichtbehörden nun nach neuen Möglichkeiten, um Fehlentwicklungen aufzuhalten.

Der Rückgriff auf den Ortsbildschutz nach § 34 Abs. 1 S. 2 Halbs. 2 BauGB ist den Bauaufsichtsbehörden durch entsprechende Klauseln in den Landesbauordnungen eröffnet. Nach diesen entbindet die Genehmigungsfreistellung nicht von der Verpflichtung zur Einhaltung der Anforderungen, die durch öffentlich-rechtliche Vorschriften an die baulichen Anlagen gestellt werden.[561] Im Gegenzug wurde im Bauplanungsrecht die in § 29 BauGB verankerte Vorbehaltsklausel gestrichen.[562] Nach dieser Klausel war der Anwendungsbereich der §§ 30 bis 37 BauGB nur eröffnet, wenn ein Vorhaben einer Genehmigung, Anzeige oder Zustimmung nach den Landesbauordnungen bedurfte.[563] Der Anwendungsbereich des Zulässigkeitsmerkmals, dass das Ortsbild nicht beeinträchtigt werden darf, wird nachfolgend unter Berücksichtigung der Entscheidung des *Bundesverwaltungsgerichts* vom 11.05.2000[564] dargestellt.

Das Zulässigkeitsmerkmal hat schon aufgrund des Gesetzeswortlauts gegenüber dem Einfügenserfordernis des § 34 Abs. 1 BauGB eine

---

[559] Novelle zum Bundesbaugesetz vom 18.08.1976 (BGBl. I S. 2256).

[560] Zuletzt durch das Zweite Gesetz zur Vereinfachung und Beschleunigung baurechtlicher Verfahren vom 26.07.1997 (BayGVBl. S. 323).

[561] In Bayern: Art. 63 Absatz 6 BayBO.

[562] Gesetz zur Änderung des Baugesetzbuches und zur Neuregelung des Rechts der Raumordnung (Bau- und Raumordnungsgesetz 1998 – BauROG) vom 18.08.1997 (BGBl. I S. 2081).

[563] § 29 Abs. 1 S. 1 Halbs. 1 lautete in der Fassung des Baugesetzbuches von 1987: *„Für Vorhaben, die die Errichtung, Änderung oder Nutzungsänderung von baulichen Anlagen zum Inhalt haben und die einer bauaufsichtlichen Genehmigung oder Zustimmung bedürfen oder der Bauaufsichtsbehörde angezeigt werden müssen, gelten die §§ 30 bis 37;...“.*

[564] *BVerwG*, Urteil vom 11.05.2000, BauR 2000, S. 1848 ff.

selbständige Bedeutung hat.[565] Selbständige Bedeutung erlangt der Ortsbildschutz, wenn die Eigenart der *näheren* Umgebung des Vorhabens schon im Widerspruch zu den Planungsgrundsätzen des § 1 Abs. 5 BauGB geprägt ist, dagegen ein schutzwürdiges *Orts*bild besteht.[566] Fügt sich das Vorhaben in die nähere Umgebung ein, kann es trotzdem noch das Ortsbild beeinträchtigen und daher planungsrechtlich unzulässig sein.[567]

Das Einfügenserfordernis unterscheidet sich vom Ortsbildschutz auch durch das Bezugsobjekt. Das Vorhaben muss sich nach § 34 Abs. 1 S. 1 BauGB in die *„nähere Umgebung"* einfügen. Bei der Ortsbildbeeinträchtigung ist dagegen auf einen größeren Bereich abzustellen.[568]

(1) Schutzwürdige Bebauung

Das *Bundesverwaltungsgericht* hat im Urteil vom 11.05.2000 den Anwendungsbereich der Regelung auf besonders schutzwürdige Gebiete beschränkt. Der Ortsbildschutz nach § 34 BauGB stelle eine Inhalts- und Schrankenbestimmung der Eigentumsgarantie aus Art. 14 GG dar, welche sich hier als Baufreiheit manifestiere. Eine Beschränkung dieser Eigentumsgarantie sei daher nur bei gewichtigen Gemeinwohlbelangen möglich. Eine Bebauung werde nicht schon dann vom Ortsbildschutz erfasst, wenn sie eine gewisse Einheitlichkeit und Gleichartigkeit aufweise. Vielmehr müsse hinzukommen, dass das Ortsbild eine gewisse Wertigkeit für die Allgemeinheit hat. Es müsse einen besonderen Charakter, eine gewisse Eigenheit aufweisen, die dem Ort oder Ortsteil eine aus dem Üblichen herausragende Prägung verleihe.[569]

Im Ergebnis ist dieser im Urteil vorgenommen Beschränkung des Anwendungsbereichs des § 34 Abs. 1 S. 2 Halbs. 2 BauGB zuzustimmen. Ein historischer Stadtkern ist schutzwürdiger als ein durch Industriebauten geprägtes Ortsbild.[570] Das Gericht nimmt die Beschränkung des Anwendungsbereichs aber schon bei der Frage des Ortsbildes vor. Der Schutzbereich des § 34 Abs. 1 S. 2 Halbs. 2 muss sich aber auch auf

---

565 *BVerwG*, Beschluss vom 16.07.1990, BauR 1990, S. 688; *Söfker* in: *Ernst/Zinkahn/Bielenberg*, BauGB, § 34 Rn. 68.
566 *BVerwG*, Beschluss vom 16.07.1990, BauR 1990, S. 688.
567 *BVerwG*, Beschluss vom 16.07.1990, BauR 1990, S. 688 f.; *BVerwG*, Urteil vom 11.05.2000, BauR 2000, S. 1848 (1849); *Mick*, Rechtliche Möglichkeiten ästhetischer Bau- und Stadtgestaltung im unverplanten Innenbereich, DÖV 1991, S. 623 (626).
568 *BVerwG*, Urteil vom 11.05.2000, BauR 2000, S. 1848 (1859).
569 *BVerwG*, Urteil vom 11.05.2000, BauR 2000, S. 1848 (1849).
570 *BVerwG*, Beschluss vom 16.07.1990, BauR 1990, 688.

„normale“ Ortsbilder beziehen.[571] Richtig zu verorten wäre aber die Wertigkeit der bestehenden Bebauung bei der Frage, *ob* eine Beeinträchtigung vorliegt.[572]

(2) Städtebauliche Qualität der Beeinträchtigung

Weiter hängt der Anwendungsbereich des § 34 Abs. 1 S. 2 Halbs. 2 BauGB davon ab, welche Arten von Beeinträchtigungen verhindert werden können. Da § 34 Abs. 1 S. 2 Halbs. 2 BauGB Teil des Bauplanungsrechts ist, hängt der Umfang des Ortsbildschutzes mit der grundsätzlichen Frage zusammen, wie das Verhältnis zwischen Bauplanungsrecht und Bauordnungsrecht zu beurteilen ist. Überträgt man dies auf den Ortsbildschutz nach § 34 Abs. 1 S. 2 Halbs. 2 BauGB, so sind nur solche Beeinträchtigungen des Ortsbildes beachtlich, die *„städtebauliche Qualität“* haben.[573] Die Abgrenzung zwischen Bauplanungsrecht und Bauordnungsrecht ist aber im Einzelfall schwierig.[574]

Positiv abgegrenzt gilt der bauplanungsrechtliche Ortsbildschutz nach dem *Bundesverwaltungsgericht* nur für solche Beeinträchtigungen, die Auswirkungen auf das Erscheinungsbild eines größeren Bereichs der Gemeinde haben. Entscheidend ist, ob sich das Vorhaben in diese weite Umgebung einpasst. Bloße Beeinträchtigungen der näheren Umgebung haben keine städtebauliche Qualität.

Negativ abgegrenzt bleiben bei der Frage der Ortsbildbeeinträchtigung die ästhetische Wirkung des Vorhabens selbst oder seine Beurteilung in sonstiger baugestalterischer Hinsicht außen vor. Es ist nicht Aufgabe des § 34 Abs. 1 S. 2 Halbs. 2 BauGB, eine unschöne Gestaltung des Bauwerks zu verhindern, da auch ein schönes Bauwerk das Ortsbild beeinträchtigen kann.[575] Vielmehr dient das Bauordnungsrechts dazu, eine unschöne Gestaltung des Bauwerkes an sich zu verhindern.[576] Das kann in erster Linie durch das Verunstaltungsverbot oder durch den Erlass von Gestaltungssatzungen erreicht werden.

---

[571] *Dürr* in: *Brügelmann*, BauGB, § 34 Rn. 82.
[572] *Lechner* in *Simon/Busse*, BayBO 1998, Art. 11, Rn. 857.
[573] *BVerwG*, Urteil vom 11.05.2000, BauR 2000, S. 1848 (1849).
[574] So ausdrücklich *BVerwG*, Urteil vom 11.05.2000, BauR 2000, S. 1848 (1849).
[575] *BVerwG*, Urteil vom 11.05.2000, BauR 2000, S. 1848 (1849); vgl. schon *OVG Berlin*, 03.07.1981, BauR 1981, S. 550 (551).
[576] *BVerwG*, Urteil vom 11.05.2000, BauR 2000, S. 1848 (1849).

(3) Der unbeplante Innenbereich als Planersatz

Vom *Bundesverwaltungsgericht* wird der Anwendungsbereich des Kriteriums der Ortsbildbeeinträchtigung über die geforderte „*städtebauliche Qualität*“ hinaus noch weiter eingeschränkt. Das Ortsbild wird nur vor solchen Beeinträchtigungen geschützt, die auch durch planerische Festsetzungen verhindert werden können.[577]

Nach § 1 Abs. 1 BauGB ist es Aufgabe der Bauleitplanung, die bauliche und sonstige Nutzung der Grundstücke der Gemeinde vorzubereiten. Die Gemeinde kann dieser Aufgabe durch den Erlass eines Bebauungsplans nachkommen. Ein qualifizierter Bebauungsplan schließt die Anwendung des § 34 BauGB aus. Der Bebauungsplan hat demnach Vorrang vor der Regelung des § 34 BauGB.[578] Bleibt die Gemeinde untätig und erlässt keinen Bebauungsplan, dann greift § 34 BauGB als planersetzende Vorschrift ein. Aus dem Vorrang des Bebauungsplans folgt, dass durch § 34 Abs. 1 S. 2 Halbs. 2 BauGB die Gemeinde das Ortsbild nicht besser schützen kann als sie es durch einen Bebauungsplan hätte tun können. Ein Planersatz kann nicht mehr regeln als der Plan selbst.[579] Da das Zulässigkeitsmerkmal der Ortsbildbeeinträchtigung im Geltungsbereich eines Bebauungsplans nicht gilt, kann es keine höheren Anforderungen stellen als die nach dem Typenzwang des Baugesetzbuches zulässigen planerischen Festsetzungen eines Bebauungsplans.[580] Daher kann alles, was nach § 9 Abs. 1 BauGB und der BauNVO in einem Bebauungsplan festgesetzt werden kann, auch für die Frage relevant werden kann, ob sich ein Vorhaben in seine nähere Umgebung einfügt, ohne das Ortsbild zu beeinträchtigen.[581]

---

[577] *BVerwG*, Urteil vom 11.05.2000, BauR 2000, S. 1848 (1850).

[578] *BVerwG*, Urteil vom 11.05.2000, BauR 2000, S. 1848 (1850).

[579] *BVerwG*, Urteil vom 11.05.2000, BauR 2000, S. 1848 (1850).

[580] *BVerwG*, Urteil vom 11.05.2000, BauR 2000, S. 1848 (1850); *Mick*, Rechtliche Möglichkeiten ästhetischer Bau- und Stadtgestaltung im unverplanten Innenbereich, DÖV 1991, S. 623 (626).

[581] *BVerwG*, Urteil vom 11.05.2000, BauR 2000, S. 1848 (1850); *Mick*, Rechtliche Möglichkeiten ästhetischer Bau- und Stadtgestaltung im unverplanten Innenbereich, DÖV 1991, S. 623 (626), *Boeddinghaus*, Gestaltung des Ortsbilds, BauR 2001, S. 1675 (1680); *Lechner* in *Simon/Busse*, BayBO 1998, Art. 11, Rn. 866 ff.; *a. A. Manssen*, Ortsbildschutz, NWVBl. 1992, S. 381 (383 f), der den Anwendungsbereich des § 34 Abs. 1 S. 2 Halbs. 2 BauGB auf die in § 34 Abs. 1 S. 1 genannten Beurteilungsmerkmale beschränken will, so dass die Vorschrift nur eine maßstabslenkende, nicht aber eine maßstabserweiternde Funktion für die Entscheidung über das Einfügen nach § 34 Abs. 1 S. 1 BauGB hat.

(4) Intensität des beeinträchtigenden Eingriffs in das Ortsbild

Mit der Aussage, dass die Beeinträchtigung *„städtebauliche Qualität"* haben muss, hat man nur festgelegt, welche Gestaltungsmerkmale überhaupt eine beeinträchtigende Wirkung auf das Ortsbild haben können. Damit ist aber noch nicht geklärt, wieweit die Gestaltungsmerkmale von dem Ortsbild abweichen müssen, um eine *„Ortsbildbeeinträchtigung"* nach § 34 Abs. 1 S. 2 BauGB zu verursachen. Das Vorhaben muss das Ortsbild beeinträchtigen. Qualitativ liegt die Beeinträchtigung zwischen dem *„Berührtsein"* des Ortsbildes und dessen Verunstaltung.[582] Jede Verunstaltung ist jedoch gleichzeitig eine Beeinträchtigung des Ortsbildes.[583]

(5) Maßstab für die Beurteilung einer Ortsbildbeeinträchtigung

Bei dem Begriff der Beeinträchtigung im Sinne des § 34 Abs. 1 S. 2 Halbs. 2 BauGB handelt es sich um einen unbestimmten Rechtsbegriff, der von der Behörde auszulegen ist.[584] Der Maßstab für die Beurteilung, ob ein Vorhaben das Ortsbild beeinträchtigt, orientiert sich an dem Maßstab für das Vorliegen einer Verunstaltung. Es ist auf das ästhetische Empfinden eines für Fragen der Ortsbildgestaltung aufgeschlossenen Betrachters abzustellen.[585] Dies ist auch das Urteil des gebildeten Durchschnittsmenschen.[586]

c. Gestalterische Aspekte als öffentlicher Belang nach § 35 Abs. 3 Baugesetzbuch

Befindet sich das geplante Vorhaben in einem Gebiet, für das kein Bebauungsplan besteht und das selbst nicht einen im Zusammenhang bebauten Ortsteil im Sinne des § 34 Abs. 1 BauGB bildet, richtet sich die Zulässigkeit bauplanungsrechtlich nach § 35 BauGB. In diesem Außenbereich ist ein privilegiertes Vorhaben städtebaulich unzulässig, wenn ihm nach § 35 Abs. 1 und Abs.2 BauGB ein öffentlicher Belang entgegensteht, dagegen sind sonstige Vorhaben schon unzulässig, wenn sie einen öffentlichen Belang beeinträchtigen. Das Vorhaben darf in gestalterischer Hinsicht gemäß § 35 Abs.3 S. 1 Nr. 5 BauGB vor allem weder das Ortsbild noch das Landschaftsbild verunstalten. Diese Belange nach

---

[582] Vgl. *Lechner* in *Simon/Busse*, BayBO 1998, Art. 11, Rn. 860.
[583] *Lechner* in *Simon/Busse*, BayBO 1998, Art. 11, Rn. 861.
[584] Vgl. *Lechner* in *Simon/Busse*, BayBO 1998, Art. 11, Rn. 863.
[585] *BVerwG*, Urteil vom 18.02.1983, BVerwGE 67, 23 (33); Urteil vom 11.05.2000, BauR 2000, S. 1848 (1850).
[586] *Lechner* in *Simon/Busse*, BayBO 1998, Art. 11, Rn. 863.

§ 35 BauGB haben eine eigenständige bodenrechtliche Bedeutung und können daher neben dem landesrechtlichen Denkmalschutzrecht geprüft werden.[587] Dies wird in § 29 Abs. 2 BauGB nochmals ausgedrückt.

Auch bei den Begriffen „*Ortsbild*", „*Landschaftsbild*" und „*Verunstaltung*" handelt es sich um unbestimmte Rechtsbegriffe, die von der Behörde auszulegen sind.[588] Als Maßstab für das Vorliegen einer Verunstaltung ist auch hier die Sicht des gebildeten Durchschnittsmenschen zugrunde zu legen.[589]

4. Denkmalschutzrecht

Die Erhaltung von Denkmälern der Kunst und der Geschichte ist als kommunale Aufgabe in der Bayerischen Verfassung in Art. 141 Abs. 2 BV verankert. Stellt eine bauliche Anlage ein Einzeldenkmal nach Art. 1 Abs. 2 BayDSchG dar oder ist sie ein Teil eines Ensembles nach Art. 1 Abs. 3 BayDSchG, ist bei einer baulichen Veränderung des Objekts eine denkmalschutzrechtliche Erlaubnis nötig.[590] Der Erlaubnis bedarf es nach Art. 6 Abs. 1 S. 2 BayDSchG auch, wer in der Nähe von Baudenkmälern Anlagen errichten, verändern oder beseitigen will, wenn sich dies auf Bestand oder Erscheinungsbild eines der Baudenkmäler auswirken kann. Die denkmalschutzrechtliche Genehmigung entfällt nach Art. 6 Abs. 3 S. 1 BayDSchG, wenn eine Baugenehmigung erforderlich ist. Im Rahmen des baurechtlichen Genehmigungsverfahrens sind dann die Belange des Denkmalschutzes gemäß Art. 6 Abs. 3 S. 2 BayDSchG zu berücksichtigen. Danach ist die Genehmigung zu versagen, soweit gewichtige Gründe des Denkmalschutzes für die unveränderte Beibehaltung des bisherigen Zustandes sprechen. Im Falle des Art. 1 Abs. 1 S. 2 BayDSchG ist die Genehmigung zu versagen, soweit das Vorhaben zu einer Beeinträchtigung des Wesens, des überlieferten Erscheinungsbildes oder der künstlerischen Wirkung eines Baudenkmals führen würde und gewichtige Gründe des Denkmalschutzes für die unveränderte Beibehaltung des bisherigen Zustandes sprechen.

Eine bauliche Anlage ist nach Art. 1 Abs. 1 BayDSchG als Denkmal einzuordnen, wenn deren Erhaltung wegen ihrer geschichtlichen, künstleri-

---

[587] *Söfker* in: *Ernst/Zinkahn/Bielenberg*, BauGB, § 35 Rn. 95.

[588] *Lechner* in *Simon/Busse*, BayBO 1998, Art. 11, Rn. 881.

[589] *Lechner* in *Simon/Busse*, BayBO 1998, Art. 11, Rn. 893.

[590] In Regensburg gibt es rund 1.200 Einzeldenkmäler allein im Bereich des Altstadtensembles; Quelle: Regensburg, Wegweiser zu Denkmalschutz und Denkmalpflege; S. 8.

schen, städtebaulichen, wissenschaftlichen oder volkskundlichen Bedeutung im Interesse der Allgemeinheit liegt. Die Frage, ob die entsprechende bauliche Anlage diese Eigenschaft erfüllt, wird anhand des Wissensstandes sachverständiger Kreise bestimmt.[591] Ein Interesse der Allgemeinheit ist nicht schon dann anzunehmen, wenn ein für die Belange des Denkmalschutzes offener Durchschnittsbetrachter die Erhaltung des Bauwerks wegen seiner denkmalpflegerischen Bedeutung für wünschenswert hält. Vielmehr ist dies eine Fachfrage, die nur anhand des Wissens- und Erkenntnisstands von sachverständigen Betrachtern zu beantworten ist. Diese verfügen allein über die notwendigen Kenntnisse und Informationen, um in objektivierbarer Weise Gründe für ein über den persönlichen Bereich hinausreichendes Interesse an der Erhaltung der baulichen Anlage herauszuarbeiten.[592] Das bedeutet aber nicht, dass der Sachverständige bei der Auslegung des unbestimmten Rechtsbegriffs des Denkmals maßgebend ist, sondern die Behörde muss den Sachverhalt juristisch *„durch die Brille eines (fiktiven) Sachverständigen"* subsumieren.[593]

Anders als bei der Frage nach der Verunstaltung kommt es daher im Denkmalschutzrecht verstärkt auf den Maßstab eines sachverständigen Betrachters an. Folgerichtig ist auch bei der Beurteilung, ob eine Veränderung eine Veränderung eines Baudenkmals mit den Belangen des Denkmalschutzes unvereinbar ist, auf die Sicht eines fachkundigen Betrachters abzustellen.[594] So regelt das Denkmalschutzrecht über das Verunstaltungsverbot hinaus, dass der Denkmalwert nicht beeinträchtigt werden darf. Daher kann eine Beeinträchtigung des Denkmalwertes eines Baudenkmals nicht erst dann vorliegen, wenn durch die Veränderung eine hässlicher, das ästhetische Empfinden des Beschauers nicht bloß beeinträchtigender, sondern verletzender Zustand bewirkt wird.[595]

Im Rahmen des Baugenehmigungsverfahrens mit Bezug zum Denkmalrecht kommt damit den fachlichen Stellungnahmen und Äußerungen der Denkmalbehörden ein besonderer Stellenwert zu. Besteht das Straßen-

---

[591] *Moench*, Die Entwicklung des Denkmalschutzrechts, NVwZ 1988, S. 304 f., der dies zumindest für den Begriff des *Kultur*denkmals annimmt, vgl. auch *Boom*, Der Sachverständige im Denkmalschutz, S. 52 f.
[592] *BayVGH*, Urteil vom 21.02.1985, BayVBl. 1986, S. 399 (400).
[593] *Moench*, Die Entwicklung des Denkmalschutzrechts, NVwZ 1988, S. 304.
[594] *OVG NW*, Urteil vom 03.09.1996, BRS 58 Nr. 232 (S. 596); *OVG NW*, Urteil vom 22.01.1998, BRS 60 Nr. 212 (S 747).
[595] *OVG Lüneburg*, Urteil vom 05.09.1985, BRS 44 Nr. 124 (S. 299).

oder Ortsbild zum Teil oder vollständig aus Baudenkmälern, ist neben Art. 11 Abs. 2 BayBO auch Art. 6 BayDSchG anzuwenden.[596] Es sind daher innerhalb eines Verfahrens unterschiedliche Maßstäbe anzulegen. Für die Frage nach der verunstaltende Wirkung einer baulichen Anlage ist auf die Sicht des gebildeten Durchschnittsbetrachters abzustellen, dagegen ist bei Wirkung der baulichen Anlage auf denkmalschutzrechtliche Belange die Sicht eines Fachmannes maßgebend. In den kreisfreien Städte, die nach Art. 11 Abs. 1 S. 1 BayDSchG die Funktion der unteren Denkmalschutzbehörde im übertragen Wirkungskreis ausüben, ist ein besondere Denkmalschutzbeauftragter, der in solchen Fällen zur herangezogen wird.

5. Naturschutzrecht

Die baurechtliche Genehmigung ersetzt die naturschutzrechtliche Befreiung gemäß Art. 49 Abs. 3 S. 2 BayNatSchG sowie die Gestattung gemäß Art. 13a Abs. 2 BayNatSchG. Daher sind nach Art. 73 Abs. 1 Nr. 5 BayBO auch im baurechtlichen Genehmigungsverfahren die Belange des Naturschutzes zu berücksichtigen, insbesondere ist die Natur und Landschaft vor Eingriffen gemäß Art. 6 BayNatSchG zu schützen.

Eingriffe in Natur und Landschaft sind nach dieser Vorschrift Veränderungen der Gestalt oder Nutzung von Grundflächen, die die Leistungsfähigkeit des Naturhaushalts oder das Landschaftsbild erheblich oder nachhaltig beeinträchtigen können. Diese Formulierung geht über eine bloße Verunstaltungsabwehr hinaus, da schon eine Beeinträchtigung ausreicht.[597] Hinsichtlich des Maßstabs für die Beurteilung, ob eine derartige Beeinträchtigung vorliegt, wird wiederum auf die Figur des Durchschnittsbetrachters zurückgegriffen.[598] Eine Beeinträchtigung ist anzunehmen, wenn die Veränderung des Landschaftsbildes von einem für die Schönheiten der natürlich gewachsenen Landschaft aufgeschlossenen Durchschnittsbetrachter als nachteilig empfunden wird.[599]. Eine Beeinträchtigung liegt jedenfalls vor, wenn das Vorhaben verunstaltend ist.[600]

---

596 *Lechner* in *Simon/Busse*, BayBO 1998, Art. 11, Rn. 247.

597 *Engelhardt/Brenner/Fischer-Hüftle*, Naturschutzrecht in Bayern, Art. 6, Rn. 12.

598 *BVerwG*, Beschluss vom 11.05.1993, NVwZ-RR 1994, S. 77 (78), führt zur Begründung ähnlich wie zuvor bei dem Verunstaltungsbegriff das Bestimmtheitserfordernis an.

599 *BVerwG*, Urteil vom 27.09.1990, BVerwGE 85, 348 (359); *OVG Hamburg*, Beschluss vom 23.09.1996, DVBl. 1997, S. 845 (850) jeweils über den Maßstab für die Beurteilung, ob ein beeinträchtigender Eingriff in das Landschaftsbild im Sinne des BNatSchG vorliegt.

600 *Gassner* in: *Gassner/Bendomir-Kahlo/Schmidt-Räntsch*, BNatSchG, § 1 Rn. 55.

Die Landschaft wird durch Maßnahmen verunstaltet, die von dem Standpunkt eines gebildeten und für den Gedanken des Natur- und Landschaftsschutzes aufgeschlossenen Betrachters in der Umgebung als hässlich empfunden werden, das ästhetische Empfinden verletzen und Kritik sowie die Forderung nach Abhilfe hervorrufen.[601]

Das Naturschutzrecht wird in den Verfahren, die in den Zuständigkeitsbereich des Gestaltungsbeirates fallen, regelmäßig keine Anwendung finden. Der Tätigkeitsbereich des Gestaltungsbeirates ist nur eröffnet, wenn das geplante Vorhaben Auswirkungen auf das Stadtbild haben kann.[602] Dies setzt eine stadtnahe Lage der baulichen Anlage voraus, wodurch ein Eingriff in Natur und Landschaft grundsätzlich ausscheidet. Nur ausnahmsweise wird ein Vorhaben eine innerstädtische Grünanlage, insbesondere den Alleengürtel der Altstadt, berühren.

6. Zusammenfassung zu Kapitel E II: Überblick zu den gestalterischen Anforderungen

a. Reichweite der gestalterischen Anforderungen nach Bundes- und Landesrecht

Die gestalterischen Anforderungen nach Bundes- und Landesrecht wurden geprüft, um zu ermitteln, inwieweit die Gemeinde als Selbstverwaltungskörperschaft und in ihrer Funktion als untere Bauaufsichtsbehörde auf die Gestaltung baulicher Anlagen Einfluss nehmen kann. Der Gestaltungsbeirat wird in das Baugenehmigungsverfahren eingeschaltet und muss sich demnach an den Prüfungsumfang der Bauaufsichtsbehörde halten.

Das Bauplanungsrecht gibt den Gemeinden als Selbstverwaltungskörperschaft vor allem die Möglichkeit, gestalterische Ziele durch Festsetzungen in einem Bebauungsplan zu verwirklichen. Dabei weist insbesondere die Festsetzung des Maßes der baulichen Nutzung gestalterischen Bezug auf. Nach § 16 Abs. 2 BauNVO kann im Bebauungsplan die Grundflächenzahl oder die Größe der Grundfläche der baulichen Anlage, die Geschossflächenzahl oder die Größe der Geschossfläche, die Baumassenzahl oder die Baumasse, die Zahl der Vollgeschosse und die Höhe der bauliche Anlage bestimmt werden. Eine weitergehende

---

[601] *OVG Lüneburg*, Beschluss vom 24.05.2002, NVwZ 2003, S. 235.

[602] Vgl. § 4 Geschäftsordnung des Beirates für Stadtgestaltung der Stadt Regensburg vom 30.04.1998, Quelle: Zwischenbericht des Gestaltungsbeirates 1998-2001, S. 51 f.

Einflussnahme, mithin detaillierten Vorgabe an die Gestaltung der Bauwerke, eröffnet das Städtebaurecht nicht.

Im unbeplanten Innenbereich muss sich das Vorhaben nach seinem Maß der baulichen Nutzung in die nähere Umgebung einfügen. Dieser Rahmen ist aber grob und ungenau.[603] Ferner schützt § 34 Abs. 1 S. 2 Halbs. 2 BauGB nicht vor Beeinträchtigungen, die sich aus gestalterischen Elementen ergeben, die allein den Bauwerk anhaften. Entscheidend ist bei der Frage nach der Beeinträchtigung des Ortsbilds vielmehr, ob sich das Vorhaben in die weite Umgebung einpasst, dagegen ist die Gestaltung des Bauwerks nicht von Bedeutung.[604]

Die Gemeinde kann aber durch den Erlass von örtlichen Bauvorschriften einzelne gestalterische Anforderungen an die Gestaltung von Bauwerken vorgeben. Will die Bauaufsichtsbehörde aber über den Katalog der in den örtlichen Bauvorschriften normierten gestalterischen Vorgaben hinaus ein Bauwerk wegen Unschönheit verhindern, muss sie auf die allgemein formulierten Regelungen des Art. 11 BayBO zurückgreifen.

Daneben können sich gestalterische Anforderungen aus dem Naturschutzrecht und dem Denkmalschutzrecht an die Bauwerke ergeben, soweit diese Materien im Einzelfall durch das Vorhaben berührt werden.

b. Auslegung unbestimmter Rechtsbegriffe

Die in den Vorschriften verwendeten Formulierungen wie etwa „*verunstaltend*“, „*beeinträchtigt*“ sowie „*einfügen*“ sind unbestimmte Rechtsbegriffe. Diese sind der verwaltungsgerichtlichen Kontrolle voll unterworfen.[605] Ein Ermessen im Sinne eines gerichtsfreien Beurteilungsspielraum und einer Wertungsfreiheit steht der Behörde nicht zu.[606] Die Auslegung unbestimmter Rechtsbegriffe, also die Ermittlung ihres Sinngehaltes, ist eine Rechtsfrage.[607] Die rechtliche Bewertung bleibt ausschließlich der Behörde vorbehalten, da Gegenstand der Beweiserhebung einschließlich der Heranziehung eines Sachverständigen als Beweismittel

---

[603] *BVerwG*; Beschluss vom 21.06.1996, BRS 58 Nr. 83 (S. 240).
[604] *BVerwG*, Urteil vom 11.05.2000, BauR 2000, S. 1848 (1849).
[605] *BVerwG*, Urteil vom 28.06.1955, BVerwGE 2, 172 (176); *BVerwG*, Urteil vom 16.02.1968, DVBl. 1968, S. 507 (508) zu § 1 der Verordnung über Baugestaltung.
[606] *Lechner* in: *Simon/Busse*, BayBO 1998, Art. 11, Rn. 130.
[607] *BVerfG*, Urteil vom 01.07.1953, BVerfGE 2, 380 (395 f.); *BVerwG*, Urteil vom 22.08.1985, BVerwGE 72, 73 (77); *Stober* in: *Wolff*, Verwaltungsrecht, Bd. 1, § 31 Rn. 9.

im Sinne des Art. 26 Abs. 1 S. 2 Nr. 2 BayVwVfG nur Tatsachen sein können. Ein Sachverständiger darf im Rahmen der Heranziehung bewertend nur für die Ableitung von Erfahrungssätzen, nicht aber für die Subsumtion des Sachverhalts unter Rechtsnormen genutzt werden.[608] Aus diesem Grund ist die Heranziehung von Sachverständigen in diesem Zusammenhang problematisch.

c. Maßstab für die Beurteilung der gestalterischen Anforderungen

Die Behörde muss die Vorschriften über die gestalterischen Anforderungen an Bauwerken eigenständig auslegen. Im Rahmen der Anwendung der einzelnen Vorschriften muss sie aber unterschiedliche Maßstäbe anlegen.

Maßstab für die Beurteilung, ob die bauliche Anlage den gestalterischen Anforderungen einer Vorschrift entspricht, ist überwiegend das Empfinden des gebildeten Durchschnittsbetrachters. Dieser Maßstab wird bei der Frage nach einer Verunstaltung, einer Ortsbildbeeinträchtigung, einer Beeinträchtigung des Landschaftsbildes sowie im Rahmen des § 35 Abs. 3 BauGB angewendet.

Dagegen kommt es im Denkmalschutzrecht auf die Sicht des sachverständigen Betrachters an. Daher wird in Verfahren mit denkmalschutzrechtlichem Bezug die Stellungnahme der zuständigen Denkmalschutzbehörde angefordert. Besondere fachliche Kenntnisse bedarf es aber auch bei der Prüfung, ob ein Vorhaben den Festsetzungen eines Bebauungsplans widerspricht oder sich nach § 34 Abs. 1 S. 1 BauGB nicht in die nähere Umgebung einfügt.

Ferner wird bei der Frage, ob eine Regel der Baukunst im Sinne des Art. 11 Abs. 1 BayBO *„anerkannt“* ist, auf die Sicht des einschlägigen Fachkreises abgestellt. Dies ersetzt aber nicht die eigenständige Auslegung und Anwendung der einzelnen Vorschriften durch die Behörde. Dagegen können im Zweifel über Bestehen, Inhalt und Anerkennung einer Regel der Baukunst sachverständige Personen angehört werden.[609]

---

[608] *Seidel*, Privater Sachverstand, S. 103.
[609] *BayVGH*, Urteil vom 20.07.1999, VGH n. F. 52, 127 (130); *Koch/Molodovsky/Rahm*, BayBO, Art. 11, Ziff. 4.2.

Schon jetzt lässt sich sagen, dass der Grundsatz, dass es bei der Beurteilung gestalterischer Anforderungen auf den Maßstab des gebildeten Durchschnittsbetrachters ankommt, gegen eine Beteiligung von Sachverständigen im Baugenehmigungsverfahren spricht. Die sachverständige Meinung ist nur in Einzelfällen von Bedeutung.

Ausgehend von diesen Feststellungen ist die Heranziehung des Gestaltungsbeirates bei der Beurteilung gestalterischer Anforderungen zu untersuchen.

III. Die Heranziehung des Beirats für Stadtgestaltung bei der Beurteilung gestalterischer Anforderungen

Wie gerade gezeigt, spielen gestalterische Frage im Baugenehmigungsverfahren, abgesehen von Gestaltungssatzungen, vor allem im Rahmen des Art. 11 BayBO bei der Prüfung des Verunstaltungsverbots und der Verpflichtung, das Vorhaben nach den anerkannten Regeln der Baukunst durchzubilden, eine nennenswerte Rolle. Der Gestaltungsbeirat prüft insbesondere nicht denkmalschutzrechtliche Fragen. Aus diesem Grund wird im Folgenden untersucht, inwieweit sich die Stadt Regensburg als Bauaufsichtsbehörde bei der Prüfung gestalterischer Anforderungen sachverständigen Rates bedienen kann.

1. Die Beteiligung von Sachverständigen bei der Prüfung des Art. 11 Bayerische Bauordnung

Die Bauaufsichtsbehörde erwartet von dem Beirat für Stadtgestaltung eine gutachtliche Äußerung im Hinblick auf eine mögliche Verletzung des Verunstaltungsverbots. Maßstab und Grundlage der Beurteilung einer Verunstaltung ist dabei die sachverständige Meinung der Mitglieder des Beirates. Dies ist nicht nur ungewollte Folge, sondern gerade das erklärte Ziel der Einrichtung eines solchen Beirates. Dazu muss dem Verunstaltungsverbot aus Art. 11 BayBO ein solcher Beurteilungsmaßstab zur Verfügung stehen.

Die Auslegung eines unbestimmten Rechtsbegriffs ist nur der Behörde vorbehalten, da Gegenstand der Beweiserhebung einschließlich der Heranziehung eines Sachverständigen als Beweismittel im Sinne des Art. 26 Abs. 1 S. 2 Nr. 2 BayVwVfG nur Tatsachen sein können. Als Maßstab für die Beurteilung einer Verunstaltung wird nach ständiger

Rechtsprechung[610] das Empfinden jedes für ästhetische Eindrücke offenen Betrachters, des so genannten gebildeten Durchschnittsmenschen, zugrunde gelegt. Danach wirkt eine bauliche Anlage an sich verunstaltend oder verunstaltet das Straßen-, Orts- oder Landschaftsbild, wenn das ästhetische Empfinden des gebildeten Durchschnittsmenschen nicht bloß beeinträchtigt, sondern verletzt wird.[611] Nach diesem Beurteilungsmaßstab lässt sich das Vorliegen einer Verunstaltung nicht losgelöst von dem ästhetischen Empfinden des gebildeten Durchschnittsbetrachters durch das Gutachten eines Sach-verständigen, etwa eines Architekten, feststellen.[612] Das Vorliegen einer Verunstaltung muss vielmehr mit den einschlägigen juristischen Auslegungsregeln unter Zuhilfenahme der Kunstfigur des *„gebildeten Durchschnittsbetrachters"* festgestellt werden.[613]

Der maßgebliche Beurteilungsmaßstab ist danach das ästhetische Empfinden des gebildeten Durchschnittsmenschen und nicht etwa eines Sachverständigen. Eine Meinungsumfrage scheidet aus, da die repräsentative Befragung die notwendige Wertung durch die Behörde vorwegnehmen würde.[614] Die Gegenmeinungen, die das ästhetische Empfinden des gebildeten Durchschnittsmenschen als Beurteilungsmaßstab kritisieren, lehnen gleichwohl die Sicht eines Sachverständigengremiums als Beurteilungsmaßstab ab.[615] Demzufolge kommt es auf das Urteil des besonders sachkundigen und besonders erfahrenen Betrachters nicht an. Die Bauaufsichtsbehörde muss aufgrund eigener Sachkunde und Erfahrung unter Berücksichtigung der Figur des gebildeten Durch-

[610] *BVerwG*, Urteil vom 28.06.1955, BVerwGE 2, 171 (177); siehe oben E II 2.
[611] *BayVGH*, Urteil vom 05.05.1969, BayVBl. 1969, S. 318 f; *BayVGH*, Urteil vom 04.04.1973, BauR 1974, S. 117 (118); *OVG Münster*, Urteil vom 06.02.1992, NVwZ 1993, S. 89 f.
[612] *BayVGH*, Urteil vom 09.06.2000, BayVBl. 2001, S. 211 (212); danach hat das Gericht dem Beweisantrag, die Frage des Vorliegens einer Verunstaltung durch ein Sachverständigengutachten zu klären, nicht nachzugeben.
[613] *BayVGH*, Urteil vom 09.06.2000, BayVBl. 2001, S. 211 (212).
[614] *BVerfG*, Urteil vom 26.06.1985, NVwZ 1985, S. 819 (820); *Schweiger*, Der „gebildete Durchschnittsmensch" und der unbestimmte Rechtsbegriff, DVBl. 1968, S. 481 (489).
[615] *Manssen* ersetzt zwar den imaginären Durchschnittsbetrachter durch den reellen potentiellen Betrachter, aber auch danach handelt es sich weiterhin um eine Rechtsfrage, die nicht durch Meinungsumfragen oder Sachverständige entschieden werden kann; siehe *Manssen*, Stadtgestaltung durch örtliche Bauvorschriften, S. 186 f. Auch nach *Schweiger* muss der Richter oder der Amtsträger eine eigene Wertung durchführen bei der nicht die Sicht des Sachverständigen entscheidend ist, vgl. *Schweiger*, Der „gebildete Durchschnittsmensch" und der unbestimmte Rechtsbegriff, DVBl. 1968, S. 481 (489).

schnittsmenschen entscheiden, ob die bauliche Anlage verunstaltend ist.[616]

Trotz dieser Vorgaben wird jedenfalls die *Heranziehung* von Sachverständigen von Teilen der Literatur bei der Prüfung des Verunstaltungsverbots für zulässig erachtet.[617] Das Sachverständigengutachten einer städtischen Baukunstkommission sei in besonders gelagerten Fällen jedenfalls nicht „*überflüssig*".[618] Das Sachverständigengutachten soll dabei die Gesichtspunkte klären, nach denen der gebildete Durchschnittsmensch urteilt.[619] Die Behörde müsse sich mit dem Gutachten des Sachverständigen auseinandersetzen und entscheiden, ob die bauliche Anlage bei ihrem Anblick das Empfinden des für Belange der Gestaltung und des Natur- und Landschaftsschutzes aufgeschlossenen Durchschnittsbetrachters verletzen oder sich in die Umgebung einfügen würde.[620]

2. Die Heranziehung von Sachverständigen bei der Prüfung der Durchbildung nach den anerkannten Regeln der Baukunst

Bei der zum Verunstaltungsverbot eigenständigen Verpflichtung aus Art. 11 Abs. 1 BayBO, die bauliche Anlage nach den anerkannten Regeln der Baukunst durchzubilden, stellt sich die Lage anders dar. Eine derartige Regel ist anerkannt, wenn die auf wissenschaftlicher Erkenntnis und praktische Erfahrung beruhende Überzeugung der Mehrzahl der mit den einschlägigen Arbeiten befassten Personen besteht, dass die Einhaltung der Regeln richtig und notwendig ist.[621] Zweifel über den Inhalt der Regeln der Baukunst oder ihre allgemeine Anerkennung können durch die Anhörung sachverständiger Personen ausgeräumt werden.[622] Zu den anerkannten Regeln der Baukunst zählen dabei auch

---

616 *Lechner* in: *Simon/Busse*, BayBO 1998, Art. 11, Rn. 147.

617 *Koch/Molodovsky/Rahm*, BayBO, Art. 11, Ziff. 2; *Lechner* in: *Simon/Busse*, BayBO 1998, Art. 11, Rn. 147; *Mick*, Instrumentarium und Grenzen öffentlicher Bau- und Stadtgestaltung im Kultur- und Rechtsstaat, S. 175.

618 So — wenig überzeugend — *Lechner* in: *Simon/Busse*, BayBO 1998, Art. 11, Rn. 147.

619 *Koch/Molodovsky/Rahm*, BayBO, Art. 11, Ziff. 2.

620 *Lechner* in: *Simon/Busse*, BayBO 1998, Art. 11, Rn. 923.

621 *BayVGH*, Urteil vom 20.07.1999, VGH n. F. 52, 127 (130); *Maier*, Bauordnungsrechtliche Anforderungen, BayVBl. 1980, S. 5 (7); *Manssen*, Stadtgestaltung durch örtliche Bauvorschriften, S. 199.

622 *BayVGH*, Urteil vom 20.07.1999, VGH n. F. 52, 127 (130); *Koch/Molodovsky/Rahm*, BayBO, Art. 11, Ziff. 4.2.

gestalterische Grundsätze.[623] Aufgrund der verfassungsrechtlichen Schranken muss der Begriff der anerkannten Regeln der Baukunst bei seiner Auslegung auf einen *„gesicherten Kernbestand an grundlegenden bauästhetischen Ordnungsvorstellungen“* beschränkt werden.[624] Demnach ist bei der anlagenbezogenen Verpflichtung, die bauliche Anlage nach den anerkannten Regeln der Baukunst durchzubilden, die Heranziehung von Sachverständigen möglich. Diese dürfen der Behörde ausschließlich die anerkannten Regeln überliefern, auf denen nachfolgend der Amtsträger seine eigene Wertung vornimmt. Eine eigenständige Wertung durch die Sachverständigen ist nicht zulässig.

3. Heranziehung von Sachverständigen bei städtebaulichen und architektonischen Anforderungen

In § 1 Geschäftsordnung des Beirates ist festgelegt, dass der Beirat die Vorhaben im Hinblick auf städtebauliche, architektonische und gestalterische Qualitäten zu überprüfen und zu beurteilen hat. Nach dem einleitenden Überblick können sich städtebauliche Anforderungen vor allem aus bestehenden Bebauungsplänen und dem Verbot, das Ortsbild zu beeinträchtigen, ergeben. Maßstab für die Beurteilung einer Beeinträchtigung des Ortsbildes ist gleichwohl wieder der gebildete Durchschnittsbetrachter.[625]

4. Zusammenfassende Stellungnahme

Die Meinungen, die eine Heranziehung von Sachverständigen im Rahmen des Verunstaltungsverbots für möglich halten, überzeugen nicht.

Die Auslegung des unbestimmten Rechtsbegriffs der Verunstaltung ist eine Rechtsfrage und obliegt allein der Behörde. Bei einer umfangreichen und materiell präjudizierenden Beteiligung von Sachverständigen wird die Auslegung des Rechtsbegriffs jedoch teilweise von behördenfremden Personen vorgenommen. Daneben kann die Behörde im Rahmen des Art. 60 Abs. 4 BayBO nicht nach ihrem Belieben Sachverständige beteiligen. Sie muss das ihr eingeräumte Ermessen pflichtgemäß unter Berücksichtigung des Erforderlichkeitsgrundsatzes und des Unter-

---

[623] *BayVGH*, Urteil vom 20.07.1999, VGH n. F. 52, 127 (129); siehe oben A II 2 a bb.
[624] *BayVGH*, Urteil vom 20.07.1999, VGH n. F. 52, 127 (130).
[625] *BVerwG*, Urteil vom 18.02.1983, BVerwGE 67, 23 (33); *BVerwG*, Urteil vom 11.05.2000, BauR 2000, S. 1848 (1850).

suchungsgrundsatzes ausüben.[626] Danach ist von der Heranziehung eines Sachverständigen abzusehen, wenn dies zur Beurteilung eines Sachverhaltes nicht erforderlich ist.[627] Notwendig ist die Einschaltung von Sachverständigen und damit auch die Einschaltung des Gestaltungsbeirates auf Grundlage des Art. 60 Abs. 4 BayBO nur dann, wenn die Prüfung von gestalterischen Anforderungen im Rahmen des Baugenehmigungsverfahrens eine besondere Sachkunde erfordert. Kommt es auf eine besondere Sachkunde nicht an, ist Art. 60 Abs. 4 BayBO nicht anzuwenden, da es der Bauaufsichtsbehörde nicht an den erforderlichen Kenntnissen mangelt. Nach Art. 59 Abs. 4 S. 2 BayBO müssen den unteren Bauaufsichtsbehörden Beamte des höheren bautechnischen Verwaltungsdienstes der Fachgebiete Hochbau oder Städtebau angehören. Die Bauaufsichtsbehörde verfügt somit regelmäßig über ausreichendes Wissen, um aufgrund des Horizonts eines gebildeten Durchschnittsbetrachters zu entscheiden.[628]

Aus diesem Grund ist die Heranziehung von Sachverständigen nicht erforderlich, um die Gesichtspunkte zu klären, nach denen der gebildete Durchschnittsbetrachter urteilt. Auch ist die Umsetzung dieser Vorgehensweise in der Praxis schwer vorstellbar. Die Heranziehung von Sachverständigen mit ihrer besonderen Fachkenntnis steht dem notwendigen Hineinversetzen des Amtswalters in das Empfinden des gebildeten Durchschnittsbetrachters entgegen.

Bei der Beurteilung der Verpflichtung, die bauliche Anlage nach den anerkannten Regeln der Baukunst durchzubilden, ist die Heranziehung von Sachverständigen zwar möglich, aber nicht erforderlich. Die Bauaufsichtsbehörde verfügt auch in diesem Bereich regelmäßig über ausreichende Kenntnis.[629]

Ferner kann die Beteiligung des Gestaltungsbeirates in Einzelfällen zu einer Verzögerung der Verwirklichung des Bauvorhabens führen, da die Sitzungen des Gremiums nur alle zwei Monate stattfinden. Dies berührt den im Baugenehmigungsverfahren zu berücksichtigenden Beschleunigungsgrundsatz nach Art. 69 Abs. 1 BayBO. Bei der Frage, ob die Heranziehung eines Sachverständigen notwendig ist, muss dieser

---

[626] *Franz* in: *Simon/Busse*, BayBO 1998, Art. 60, Rn. 194; *Koch/Molodovsky/Rahm*, BayBO, Art. 60 Ziff. 9.2.

[627] *Eisenreich* in: *Jäde/Dirnberger/Bauer/Weiß*, BayBO, Art. 60 Rn. 122.

[628] Vgl. *Boeddinghaus*, Gestaltung des Ortsbilds, BauR 2001, S. 1675 (1678).

[629] Vgl. *Schweiger*, Der „gebildete Durchschnittsmensch“ und der unbestimmte Rechtsbegriff, DVBl. 1968, S. 481 (489).

Grundsatz neben dem Erforderlichkeits- und Untersuchungsgrundsatz beachtet werden.[630]

Zusammenfassend ist festzuhalten, dass Art. 60 Abs. 4 BayBO keine Rechtsgrundlage für die Errichtung und Tätigkeit des Gestaltungsbeirates darstellt. Die Heranziehung eines sachverständigen Gremiums ist mangels kognitiven Defizits der Behörde nicht erforderlich. Weiter ist die Behörde aufgrund des Beschleunigungsgrundsatzes nach Art. 69 Abs. 1 BayBO verpflichtet, nur die für das Baugenehmigungsverfahren notwendigen Sachverständigenäußerungen einzuholen.

[630] *Franz* in: *Simon/Busse*, BayBO 1998, Art. 60, Rn. 194; *Koch/Molodovsky/Rahm*, BayBO, Art. 60 Ziff. 9.2.

F. Der Geschäftsgang des Beirates für Stadtgestaltung

Die Geschäftsordnung des Beirates für Stadtgestaltung enthält Regelungen über den Geschäftsgang des Gremiums. In § 6 Abs. 3 Geschäftsordnung des Beirates ist ein Ausschluss wegen Befangenheit vorgesehen. Danach prüfen die Beiratsmitglieder *„von sich aus ihre Befangenheit in Anlehnung an Art. 49 der Gemeindeordnung für den Freistaat Bayern.“* Ferner sind die Mitglieder des Gestaltungsbeirates gemäß § 9 Geschäftsordnung des Beirates zur Geheimhaltung über die internen Beratungen und Wahrnehmungen verpflichtet. Es ist zu prüfen, ob diese Regelungen ausreichend sind.

I. Vorgaben der Bayerischen Gemeindeordnung

Die Gemeinderatsmitglieder unterliegen auch als Mitglieder der gemeindlichen Ausschüsse besonderen Bestimmungen der Bayerischen Gemeindeordnung. Nach Art. 20 Abs. 2 S. 1, 31 Abs. 2 BayGO haben die (ehrenamtlichen) Gemeinderatsmitglieder über die ihnen bei ihrer Tätigkeit bekannt gewordenen Angelegenheiten Verschwiegenheit zu bewahren. Zuwiderhandlungen gegen diese Verpflichtungen können gemäß Art. 20 Abs. 4 S. 1 BayGO mit einem Ordnungsgeld geahndet werden. Ist die Gemeinde einem Dritten aufgrund der Verletzung der Verschwiegenheit schadensersatzpflichtig, kann sie von dem Gemeinderatsmitglied Ersatz der Aufwendungen verlangen, wenn dieser grob fahrlässig oder vorsätzlich gehandelt hat, Art. 20 Abs. 4 S. 2 BayGO i. V. m. Art. 49 BayKWBG.[631] Des Weiteren gilt auch für den Geschäftsgang der vorberatenden und beschließenden Ausschüsse Art. 49 BayGO, der den Ausschluss persönlich beteiligter Gemeinderatsmitglieder von der Beratung und Abstimmung vorschreibt.[632] Schließlich dürfen Gemeinderatsmitglieder gemäß Art. 50 BayGO Ansprüche Dritter gegen die Gemeinde nur als gesetzlicher Vertreter geltend machen.

1. Ausschluss und Vertretungsverbot

Die Regelungen von Art. 49 und Art. 50 BayGO entfalten gegenüber den Mitgliedern von gesetzlich nicht geregelten Gremien keine unmittelbare

[631] Eine Haftung der Gemeinde dem Dritten gegenüber kommt nach den Grundsätzen der Amtshaftung gemäß Art. 34 Abs. 1 GG in Betracht, wenn die Verschwiegenheitspflicht eine Amtspflicht darstellt.
[632] *Masson/Samper*, BayGO, Art. 55 Rn. 2 f.

Wirkung, soweit es sich um Personen ohne Mandat handelt. Beide Vorschriften finden nur auf Gemeinderatsmitglieder Anwendung. Dies führt gerade bei gemischten Gremien aus Gemeinderatsmitgliedern und Personen ohne Mandat zu bedenklichen Ergebnissen, da die Personen ohne Mandat besser gestellt sind als die demokratisch gewählten Gemeinderatsmitglieder, obwohl sie über die gleiche Materie zu beraten haben.[633] Dies widerspricht dem Interesse einer homogenen Struktur der einzelnen Gremien der Gemeinde. Darüber hinaus sind auch bei Personen ohne Mandat als Mitglieder der gesetzlich nicht geregelten Gremien Interessenkollisionen denkbar, obwohl sie nur vorbereitende und beratende Funktionen wahrnehmen.[634] In den Geschäftsordnungen der jeweiligen Gremien sind somit Klauseln zu verankern, die sich mit dem Regelungsgehalt der Art. 49 und Art. 50 BayGO decken.

2. Verschwiegenheitspflicht und deren Verletzung

Die Pflicht zur Verschwiegenheit trifft nach Art. 20 Abs. 1 und Abs. 2 S. 1 BayGO alle ehrenamtlich tätigen Gemeindebürger. Gemeindeeinwohner und ortsfremde Personen entsprechen diesen Voraussetzungen von vornherein nicht. Für sie scheidet die unmittelbare Anwendung von Art. 20 Abs. 2 S. 1 BayGO aus. Dagegen fallen Personen ohne Mandat in den Anwendungsbereich dieser Vorschrift, wenn sie als Gemeindebürger durch die Bestellung in ein gesetzlich nicht geregeltes Gremium ein Ehrenamt ausüben.[635]. Es kommt daher darauf an, ob die Tätigkeit in einem gesetzlich nicht geregelten Gremium als ehrenamtliche Tätigkeit zu qualifizieren ist.

In der Bayerischen Gemeindeordnung fehlt eine Legaldefinition für den Begriff „*ehrenamtliche Tätigkeit*" oder „*Ehrenamt*". Anders hingegen etwa § 28 GO NW, der diese Begriffe — wenn auch wenig hilfreich — definiert. Absatz 1 der Vorschrift lautet: „*Der Einwohner ist zu einer nebenberuflichen vorübergehenden Tätigkeit für die Gemeinde verpflichtet (ehrenamtliche Tätigkeit)*". Darüber hinaus gibt § 28 Abs. 2 GO NW an: „*Der Bürger ist zur nebenberuflichen Übernahme eines auf Dauer berechneten Kreises von Verwaltungsgeschäften für die Gemeinde ver-*

---

633 Vgl. *Witte-Wegmann*, Zur rechtlichen Zulässigkeit von Beiräten auf kommunaler Ebene, Kommunalpolitische Blätter 1981, S. 732 f.

634 *Tyska*, Zur Problematik von gemeindlichen „Unterausschüssen", VR 1987, S. 73 (74 f.).

635 Ablehnend *Witte-Wegmann*, Zur rechtlichen Zulässigkeit von Beiräten auf kommunaler Ebene, Kommunalpolitische Blätter 1981, S. 732, falls die Person weder Gemeinderatsmitglied noch sachkundiger Bürger im Sinne der GO NW ist.

pflichtet (Ehrenamt)." Eine ehrenamtliche Tätigkeit ist nach allgemeiner Definition jede unentgeltliche Mitwirkung bei der Erfüllung öffentlicher Aufgaben, die aufgrund behördlicher Bestellung außerhalb eines haupt- oder nebenamtlichen Dienstverhältnisses stattfindet.[636] Neben den gesetzlich vorgesehen Ehrenämtern bleibt es der Gemeinde überlassen, kraft ihres Organisationsrechts auch andere Ehrenämter zu schaffen.[637] Gemäß einer Bekanntmachung des Bayerischen Staatsministeriums des Inneren vom 24. Juni 1982[638] können kommunale Ehrenämter, die nach Art. 19 BayGO übertragen werden, grundsätzlich auf unbestimmte Zeit verliehen werden. Eine Abberufung des Inhabers des Ehrenamtes ist nach Art. 86 BayVwVfG nur aus wichtigem Grund möglich. Zur Vermeidung einer im Hinblick auf die Verdienste des Inhabers unerwünschten Abberufung wird empfohlen, das Ehrenamt von vornherein zu befristen. Dabei soll die Befristung regelmäßig nicht unter fünf Jahren liegen, um einen effektiven Arbeitsablauf zu gewährleisten.

Beispielsweise wird die Funktion des beratenden Mitglieds in einem Sozialhilfeausschusses als ehrenamtliche Tätigkeit qualifiziert.[639] Die Tätigkeit in einem gesetzlich nicht geregelten, beratenden Gremium weist Ähnlichkeiten mit der Mitgliedschaft im Sozialhilfeausschuss auf. Beide Funktionen beschränken sich auf die Beratung der gemeindlichen Organe, obwohl der Sozialhilfeausschuss gesetzlich verankert ist. Bei dieser beratenden Tätigkeit ist das gesetzlich nicht geregelte Gremium entsprechend der zuvor genannten Definition in die Erfüllung öffentlicher Aufgaben eingeschaltet. Deren Mitglieder werden regelmäßig durch den Gemeinderat bestellt und sind außerhalb eines haupt- oder nebenamtlichen Dienstverhältnisses tätig. Ferner führt die organisatorische Fixierung des Gremiums in die Gemeindeverwaltung zu einem gefestigten Status seiner Mitglieder, welcher sich von einer einfachen Hilfstätigkeit unterscheidet und eine Qualifizierung als Ehrenamt rechtfertigt. Folgerichtig ist die Beteiligung an einem gesetzlich nicht geregelten Gremium als ehrenamtliche Tätigkeit zu werten, soweit die Gemeinde aufgrund ihres Organisationsrechts nicht weitere Voraussetzungen an die Übernahme eines Ehrenamtes knüpft.[640]

---

[636] *Henneke* in: *Knack*, VwVfG, § 81 Rn. 3; *Kopp/Ramsauer*, VwVfG, § 81 Rn. 3; *Seegmüller* in: *Obermayer*, VwVfG, § 81 Rn. 6.

[637] *Hölzl/Hien*, BayGO, Art. 19 Erl. 1.1.

[638] Bekanntmachung des Bayerischen Staatsministeriums des Inneren vom 24. Juni 1982 (MABl. S. 381); vgl. dazu auch die Ausführungen in FSt 1982, Rn. 293.

[639] *Hölzl/Hien*, BayGO, Art. 19 Erl. 1.1; *Prandl/Zimmermann/Büchner*, BayGO, Art. 19 Erl. 3; *Widtmann/Grasser*, BayGO, Art. 19 Rn. 5.

[640] So wohl *Widtmann/Grasser*, BayGO, Art. 19 Rn. 4, die die Mitgliedschaft eines Ausländers in einem von der Gemeinde geschaffenen Ausländerbeirat als Ehrenamt

Auf Gemeindebürger ist demnach Art. 20 BayGO grundsätzlich anwendbar, wenn sie in ein gesetzlich nicht geregeltes Gremium bestellt werden. Dies gilt nicht für Gemeindeeinwohner und ortsfremde Personen. Für diese Personengruppe bleibt jedoch weiterhin der Rückgriff auf die nach Art. 81 BayVwVfG subsidiären Vorschriften des Bayerischen Verwaltungsverfahrensgesetzes möglich.[641] Auch Art. 84 BayVwVfG verpflichtet den ehrenamtlich Tätigen, unabhängig von seinem Status als Gemeindebürger, zur Verschwiegenheit, wenn dieser in einem *Verwaltungsverfahren* tätig ist. Darüber hinaus ist die Person bei Übernahme seiner Aufgabe gemäß Art. 83 Abs. 2 BayVwVfG besonders zu verpflichten und die Verpflichtung ist aktenkundig zu machen.

Die Anwendung dieser Vorschriften scheitert jedoch regelmäßig an dem Erfordernis eines Verwaltungsverfahrens. Das ist nach Art. 9 BayVwVfG die nach außen wirkende Tätigkeit der Behörde, die auf die Prüfung der Voraussetzungen, die Vorbereitung und den Erlass eines Verwaltungsakts oder auf den Abschluss eines öffentlich-rechtlichen Vertrags gerichtet ist. Dabei wird zwar nicht nur die unmittelbare Mitwirkung beim Erlass von Verwaltungsakten oder beim Abschluss öffentlich-rechtlicher Verträge erfasst, sondern jede Beteiligung an einem solchen Verwaltungsverfahren von gewisser Bedeutung für seine inhaltliche Entscheidung, die als vorbereitende, beratende oder anhörende Tätigkeit der Entscheidung vorausgeht, sofern sie sich nicht in einer bloßen Hilfstätigkeit erschöpft.[642] In den seltensten Fällen jedoch werden die gesetzlich nicht geregelten Gremien in ein solches Verfahren direkt eingeschaltet. Ihre Aufgabe besteht vielmehr in der allgemeinen und grundlegenden (innerbehördlichen) Beratung der Gemeinderats und seiner Ausschüsse.

Die dargestellten Unsicherheiten bei der Anwendung gesetzlicher Verschwiegenheitsverpflichtungen sind im Hinblick auf geheimhaltungswürdige Beratungen und Entscheidungen problematisch. Dabei ist insbesondere an Beratungen und Entscheidungen im Bau- und Planungsrecht zu denken, welche häufig mit erheblichen finanziellen Auswirkungen verbunden sind. Beispielsweise hat die Frage der Bebaubarkeit eines Grundstücks einen erheblichen Einfluss auf dessen Wertentwicklung.

---

bezeichnen. In § 10 der Satzung der Stadt Regensburg für den Ausländerbeirat vom 14.April 1993 (Stadtrecht Regensburg 1.4.1.) ist dies ausdrücklich festgelegt. Die Vorschrift lautet: *„Die Tätigkeit im Ausländerbeirat ist ehrenamtlich."*.

[641] Vgl. zur Subsidiarität *Bonk/Kallerhoff* in *Stelkens/Bonk/Sachs,* VwVfG, § 81 Rn. 12.

[642] *Bonk/Kallerhoff* in *Stelkens/Bonk/Sachs,* VwVfG, § 81 Rn. 10; *Henneke* in: *Knack*, VwVfG, § 81 Rn. 4.

Daher ist es sinnvoll, in den Geschäftsordnungen der jeweiligen Gremien auch eine Verpflichtung zur Verschwiegenheit aufzunehmen. Besteht eine derartige Klausel nicht, sind die Personen ohne Mandat nicht an Angelegenheiten zu beteiligen, die der Verschwiegenheitspflicht unterliegen.[643]

Unbeschadet der Verschwiegenheitspflicht ist an dieser Stelle anzumerken, dass die Beteiligung von derartigen Gremien regelmäßig eine erhöhte Anteilnahme der Öffentlichkeit mit sich bringt. Die öffentlichen Sitzungen gesetzlich nicht geregelter Gremien genießen meist die besondere Aufmerksamkeit der Medien.[644] Werden darüber hinaus noch betroffene Gemeindeangehörige beteiligt, verstärkt sich das Interesse weiter. Dies kann zu einer öffentlichen Diskussion über einzelne Bauvorhaben führen, was einem begrenzten Rahmen von der Gemeinde auch so gewollt sein wird. Eine öffentliche Diskussion ist aber für die Realisierung umstrittener Bauvorhaben nicht mehr förderlich, wenn sie die fachliche Ebene verlässt. Im Gegenzug kann sie helfen, im Vorfeld Bedenken auszuräumen und nimmt damit eine befriedende Funktion ein.

Die Verletzung der Verschwiegenheitspflicht kann verschiedene Konsequenzen zur Folge haben. Es sind Sanktionen der Gemeinde, Verfolgung der Pflichtverletzung als Ordnungswidrigkeit oder Straftat sowie Schadensersatzansprüche nach den allgemeinen Vorschriften denkbar.

Sanktionsmöglichkeiten seitens der Gemeinde sind allein in Art. 20 Abs. 4 S. 1 BayGO vorgesehen. Die Gemeinde kann (nur) gegen ehrenamtliche Gemeinde*bürger* ein Ordnungsgeld verhängen, wenn diese ihre Verschwiegenheitspflicht verletzen. Dies ist eine disziplinarrechtliche Maßnahme, auf die das Gesetz über Ordnungswidrigkeiten nicht anwendbar ist.[645] Eine vergleichbare Regelung fehlt in den Art. 81 ff. BayVwVfG. Darüber hinaus verzichtet sowohl das Bayerische Verwaltungsverfahrensgesetz als auch die Bayerischen Gemeindeordnung auf einen Ordnungswidrigkeitentatbestand im Zusammenhang mit der ehrenamtlichen Tätigkeit. Im Bayerischen Verwaltungsverfahrensgesetz wurde die § 87 VwVfG entsprechende Vorschrift mit Gesetz vom

---

[643] Vgl. *Kirchhof* in: *von Loebell*, Gemeindeordnung für das Land Nordrhein-Westfalen, § 41 Ziffer 4 b.

[644] Die Sitzungen des Gestaltungsbeirates der Stadt Regensburg sind daher nach § 7 Abs. 1 Geschäftsordnung des Beirates nur öffentlich, sofern der Bauherr des behandelten Vorhabens nicht widerspricht.

[645] *BayVGH*, Urteil vom 29.10.1975, BayVBl. 1976, S. 498 f.

07.09.1982[646] aufgehoben. Dies hat zur Folge, dass gegen Gemeinde*einwohner* und ortsfremde Personen keine gesetzlich vorgesehenen Sanktionsmöglichkeiten außerhalb des Strafrechts bestehen. Es bleibt nur die Möglichkeit, den Inhaber des Ehrenamts nach Art. 86 BayVwVfG abzuberufen. Dem Gemeinderat selbst ist es unter rechtsstaatlichen Gesichtspunkten verwehrt, weitergehende Sanktionen im Rahmen der jeweiligen Geschäftsordnung des Gremiums zu bestimmen. Derartige Eingriffe benötigen im Hinblick auf den Vorbehalt des Gesetzes eine ausdrückliche Rechtsgrundlage, die über die allgemeine Satzungsermächtigung in Art. 23 BayGO hinausgeht.[647] Auch hier kommt es zum ungewollten Ergebnis, dass bei gemischten Gremien die Gemeinderatsmitglieder gegenüber den Personen ohne Mandat benachteiligt werden, soweit diese nicht Gemeindebürger sind.

Der Schadensersatzanspruch des Geschädigten aufgrund der Verletzung der Verschwiegenheitspflicht richtet sich nach dem allgemeinen Haftungsrecht. Es ist zwischen der Außen- und Innhaftung zu unterscheiden:

Bei der Außenhaftung gegenüber dem Dritten kommt es zunächst darauf an, in welcher Funktion das Mitglied tätig wird. Bei hoheitlichem Handeln kommt es nicht zu einer persönlichen Haftung, sondern die Gemeinde ist zu Ersatz des Schadens nach den Grundsätzen der Amtshaftung gemäß § 839 BGB i. V. m. Art. 34 GG verpflichtet. Die Amtshaftung ist aber nur möglich, soweit das Mitglied des gesetzlich nicht geregelten Gremiums als Beamter im haftungsrechtlichen Sinne tätig wird. Dies ist der Fall, wenn die Person gemäß Art. 34 S. 1 GG in Ausübung eines ihm anvertrauten öffentlichen Amtes handelt. Mit der Qualifizierung der Mitgliedschaft in einem gesetzlich geregelten Gremium als Ehrenamt ist grundsätzlich von einem öffentlichen Amt auszugehen.[648] Jedoch ist im Einzelfall zu prüfen, ob die Tätigkeit des Gremiums und damit deren Mitglieder als *hoheitlich* zu qualifizieren ist.[649] Damit kann der Anwendungsbereich

---

[646] Gesetz zur Bereinigung des Ordnungswidrigkeitenrechts (OWiBerG) vom 07.09.1982, BayGVBl. S. 722.

[647] Vgl. dazu hinsichtlich der Ahndung als Ordnungswidrigkeit § 3 OWiG, der lautet: *„Eine Handlung kann als Ordnungswidrigkeit nur geahndet werden, wenn die Möglichkeit der Ahndung gesetzlich bestimmt war, bevor die Handlung begangen wurde.*".

[648] Vgl. *Widtmann/Grasser*, BayGO, Art. 20 Rn. 10.

[649] Grundsätzlich können Verwaltungshelfer hoheitlich handeln, *Maurer*, Allgemeines Verwaltungsrecht, § 26 Rn. 13. Bei bloßer Beratung und vorbereitender Tätigkeit ist eine hoheitliche Tätigkeit aber zweifelhaft, vgl. *Seidel*, Privater Sachverstand, S. 339 ff., *Koch/Molodovsky/Rahm*, BayBO, Art. 60 Ziff. 9.6.

der Amtshaftung nach § 839 BGB i. V. m. Art. 34 GG eröffnet sein, wenn deren sonstige Voraussetzungen vorliegen.[650] Aber auch wenn das Mitglied privatrechtlich tätig wird, haftet die Gemeinde nach §§ 831, 31, 89 BGB und nicht das Mitglied persönlich.[651]

Ein Rückgriff im Rahmen der Innenhaftung ist nur mit Hilfe einer spezialgesetzlichen Regelung möglich, da Art. 34 S. 3 GG keine eigene Anspruchsgrundlage ist. Auf Gemeindeebene kann als Anspruchsgrundlage Art. 20 Abs. 4 S. 2 BayGO i. V. m. Art. 49 BayKWBG herangezogen werden, die wiederum nur für Gemeindebürger gilt. Eine entsprechende Vorschrift für Gemeindeeinwohner oder ortsfremde Personen besteht nicht.

Die Verletzung der Verschwiegenheitspflicht kann gleichzeitig den Tatbestand des § 203 StGB erfüllen. Daneben ist im Hinblick auf andere deliktische Handlungen eines Mitglieds in einem gesetzlich nicht geregelten Gremium zu berücksichtigen, dass die Inhaber eines gemeindlichen Ehrenamts Amtsträger im Sinne von § 11 Abs. 1 Nr. 2 StGB sind.[652]

Zusammenfassend muss der Geschäftsgang der gesetzlich nicht geregelten Gremien den Vorgaben der Bayerischen Gemeindeordnung entsprechen. Vor allem bei gemischten Gremien darf es nicht zu einer Benachteiligung der Gemeinderatsmitglieder gegenüber den Personen ohne Mandat kommen. Aus diesem Grund sind ausreichende Regelungen über die Verschwiegenheitspflicht, über den Ausschluss befangener Mitglieder sowie über ein Vertretungsverbot in den Geschäftsordnungen der gesetzlich nicht geregelten Gremien zu verankern.

---

[650] Dazu muss die Verschwiegenheitspflicht im Einzelfall eine dem Dritten gegenüber obliegende Amtspflicht sein, vgl. Art. 34 S. 1 GG.

[651] Siehe dazu *Bonk/Kallerhoff* in *Stelkens/Bonk/Sachs*, VwVfG, § 81 Rn. 6; *Henneke* in: *Knack*, VwVfG, Vor § 81 Rn. 7 ff.

[652] *Widtmann/Grasser*, BayGO, Art. 20 Rn. 9.

II. Einhaltung der Vorgaben durch die Geschäftsordnung des Beirates für Stadtgestaltung

Die Tätigkeit in dem Gestaltungsbeirat als gesetzlich nicht geregeltes Gremium ist die Ausübung eines Ehrenamts.[653] Eine klarstellende Vorschrift könnte in der Geschäftsordnung des Beirates aufgenommen werden.[654]

Da die Pflicht zur Verschwiegenheit nach Art. 20 Abs. 1 und Abs. 2 S. 1 BayGO nur alle ehrenamtlich tätige Gemeindebürger erfasst, kann aus der Bayerischen Gemeindeordnung keine derartige Verpflichtung für die ortsfremden Mitglieder des Gestaltungsbeirates entnommen werden. Die Stadt Regensburg beteiligt den Gestaltungsbeirat jedoch an einem Baugenehmigungsverfahren, mithin an einem Verwaltungsverfahren nach Art. 9 BayVwVfG, womit der Rückgriff auf die Art. 83 f. BayVwVfG möglich ist. Gleichzeitig entspricht die in der Geschäftsordnung aufgenommene Regelung über die Pflicht zur Verschwiegenheit im Grundsatz den oben herausgearbeiteten Vorgaben. Es wäre allenfalls noch ein Zusatz wünschenswert, dass die Pflicht zur Verschwiegenheit auch noch fortbesteht, nachdem die Mitgliedschaft im Gestaltungsbeirat beendet ist. Weitergehende Sanktionen, insbesondere die Verhängung von Bußgeldern, sind neben dem Ausschluss aus dem Gremium wegen des Vorbehalts des Gesetzes nicht möglich.

Problematischer ist hingegen die Befangenheitsnorm in § 6 Abs. 3 Geschäftsordnung des Beirates. Danach prüfen die Beiratsmitglieder „*von sich aus ihre Befangenheit in Anlehnung an Art. 49 der Gemeindeordnung für den Freistaat Bayern.*" Auf eine wörtliche Wiedergabe dieser Vorschrift wurde verzichtet. Diese Regelung entspricht nicht dem geforderten Regelungsgehalt des Art. 49 BayGO. Die Formulierung „*in Anlehnung*" ist reichlich unbestimmt und lässt viel Raum für Interpretationen über den wahren Regelungsgehalt des § 6 Abs. 3 Geschäftsordnung des Beirates. Die Vorschrift lässt im Dunkeln, ob sich der Ausschluss wegen Befangenheit sowohl auf die Beratungen als auch auf die nachfolgende schriftliche Stellungnahme, die grundsätzlich nach § 7 Abs. 5 Geschäftsordnung des Beirates von allen anwesenden Beiratsmitgliedern zu unterschreiben ist, bezieht. Darüber hinaus wird mit der Formulierung „*in Anlehnung*" nicht in erforderlicher Weise auf Art. 49 BayGO verwiesen.

---

[653] Siehe oben F I 2.

[654] Vgl. § 5 Satzung des Beirates für Stadtgestaltung der Stadt Castrop-Rauxel vom 26.06.2003, der ausdrücklich klargestellt, dass die Tätigkeit der Mitglieder des Gestaltungsbeirates ein Ehrenamt ist.

Im Sinne der sprachlichen Auslegung eröffnet diese Formulierung nur die Übertragung des Rechtsgedanken des Art. 49 BayGO auf die Mitglieder des Gestaltungsbeirates, nicht aber die mittelbare Anwendung dieser Vorschrift. Dabei liegt es in der Hand des einzelnen Mitglieds, den Regelungsgehalt dieses Rechtsgedankens festzulegen, da die Beiratsmitglieder „*von sich aus*" ihre Befangenheit prüfen. Diese Regelung entspricht daher nicht den gestellten Anforderungen, um eine Benachteiligung von Mitgliedern des Stadtrats zu vermeiden. Eine klare und weiterreichende Vorschrift könnte die Transparenz und damit auch die Akzeptanz des Gremiums fördern. Eine entsprechende Regelung über den Ausschluss von Mitgliedern müsste wie folgt lauten:[655]

> *„(1) Ein Mitglied darf nicht an der Beratung und Entscheidung über Angelegenheiten mitwirken, die ihm selbst, seinem Ehegatten, einem Verwandten oder Verschwägerten bis zum dritten Grad oder einer von ihm kraft Gesetzes oder Vollmacht vertretenen natürlichen oder juristischen Person einem unmittelbaren Vorteil oder Nachteil bringen kann. Dies gilt auch, wenn das Mitglied in der Angelegenheit in anderer als öffentlicher Eigenschaft ein Gutachten abgegeben hat oder sonst tätig geworden ist oder wenn es gegen Entgelt für jemanden beschäftigt ist, der an der Erledigung der Angelegenheit ein persönliches oder wirtschaftliches Interesse hat. Die vorstehenden Vorschriften gelten nicht, wenn das Mitglied an der Erledigung der Angelegenheit lediglich als Angehöriger eines Berufsstandes oder einer Bevölkerungsgruppe beteiligt ist, deren gemeinsame Interessen durch die Angelegenheit berührt werden.*
>
> *(2) Ist ein Mitglied aus Gründen des Absatzes 1 von der Beratung und Entscheidung ausgeschlossen, so hat es dies vor Beginn der Behandlung des entsprechenden Tagesordnungspunktes dem Vorsitzenden unter Angabe der Gründe mitzuteilen und anschließend den Sitzungsraum zu verlassen.*
>
> *(3) Ob die Voraussetzungen des Absatzes 1 vorliegen entscheidet der Gestaltungsbeirat ohne Mitwirkung des betroffenen Mitglieds."*

---

[655] Vgl. Art. 49 BayGO. Die Satzung des Beirates für Stadtgestaltung der Stadt Castrop-Rauxel vom 26.06.2003 enthält derartige Regelungen und könnte somit als Vorbild dienen, vgl. dort § 4 Abs. 3 bis 5.

Daneben kann noch auf Art. 20 Abs. 1 S. 2 und 3 BayVwVfG Rückgriff genommen werden, da der Gestaltungsbeirat in ein Verwaltungsverfahren eingeschaltet wird. Danach darf in einem Verwaltungsverfahren die Person nicht für die Behörde tätig werden, die durch die Tätigkeit oder durch die Entscheidung einen unmittelbaren Vorteil oder Nachteil erlangen kann. Unter den Begriff des Tätigwerdens kann im Einzelfall auch der von der Behörde beigezogene Sachverständige fallen.[656]

---

656 *Bonk/Schmitz* in: *Stelkens/Bonk/Sachs*, VwVfG, § 20 Rn. 25; *Kopp/Ramsauer*, VwVfG, § 20 Rn. 11.

G. Die Berufung der Mitglieder des Beirates für Stadtgestaltung

I. Die demokratische Legitimation

Bei der Berufung der Mitglieder eines gesetzlich nicht geregelten Gremiums stellt sich das Problem der demokratischen Legitimation. Die Beteiligung von nicht gewählten Personen innerhalb der Verwaltung ist an dem Maßstab des Art. 20 Abs. 2 GG zu messen. Danach geht alle *Staatsgewalt* vom Volke aus. Sie wird vom Volke in Wahlen und Abstimmungen und durch besondere Organe der Gesetzgebung, der vollziehenden Gewalt und der Rechtsprechung ausgeübt. Diese Grundentscheidung für die Volkssouveränität und die daraus folgenden Grundsätze der demokratischen Organisation und Legitimation von Staatsgewalt sind gemäß Art. 28 Abs. 1 S. 1 GG auch für die verfassungsmäßige Ordnung in den Ländern verbindlich. Die Gemeinden müssen eine Vertretung haben, die aus allgemeinen, unmittelbaren, freien, gleichen und geheimen Wahlen hervorgegangen ist. Das Volk muss einen effektiven Einfluss auf die Ausübung der Staatsgewalt durch die Organe der Gesetzgebung, der vollziehenden Gewalt und der Rechtsprechung haben.[657] Dabei unterscheidet man zwischen verschiedenen Formen demokratischer Legitimation.[658] Die personelle Legitimation setzt voraus, dass die Organe oder Amtswalter der staatlichen und kommunalen Verwaltung einer demokratischen Legitimation bedürfen, die auf die Gesamtheit der Staatsbürger zurückgeht. Diese wird durch eine unmittelbare Volkswahl oder auch durch eine ununterbrochene Legitimationskette erreicht.[659]

Die gesetzlich nicht geregelten Gremien müssen sich nach diesen Vorgaben richten, wenn sie der notwendigen demokratischen Legitimation bedürfen, weil ihre Tätigkeit als Ausübung von Staatsgewalt nach Art. 20 Abs. 2 GG zu bewerten ist.[660] Dazu zählt jedenfalls alles amtliche

---

[657] *BVerfG*, Urteil vom 31.10.1990, BVerfGE 83, 60 (71 ff.).

[658] Es werden die Formen der institutionellen, funktionellen, sachlich-inhaltlichen und der personellen Legitimation unterschieden, vgl. *BVerfG*, Urteil vom 31.10.1990, BVerfGE 83, 60 (72.); *Vomhof*, Rechtsprobleme der Einbindung von sachverständigen Gremien in das Umwelt- und Technikrecht, S. 158 f.

[659] *BVerfG*, Beschluss vom 15.02.1978, BVerfGE 47, 253 (275); *BVerfG*, Urteil vom 31.10.1990, BVerfGE 83, 60 (72 f.).

[660] *Vomhof*, Rechtsprobleme der Einbindung von sachverständigen Gremien in das Umwelt- und Technikrecht, S. 160.

Handeln mit Entscheidungscharakter.[661] Dagegen bedürfen nach der Rechtsprechung des *Bundesverfassungsgerichts* „*bloß vorbereitende und rein konsultative Tätigkeiten*" keiner demokratischen Legitimation.[662] Danach muss die Tätigkeit von Beiräten und Expertengremien, die mit beratenden Aufgaben befasst sind, ohne Mitbestimmungsbefugnisse zu haben, nicht auf das Volk zurückgeführt werden. Staatliche Herrschaft wird aber ausgeübt, wenn sich die unverbindliche, bloß beratende Teilnahme an der Verwaltung zur Mitentscheidung verdichtet.[663] Teile der Literatur legen dagegen den Begriff der Ausübung von Staatsgewalt extensiv aus.[664] Danach können Beratung und Entscheidung nicht isoliert voneinander betrachten werden. Jede Beratung ist eine Mitwirkung an der Entscheidung, mithin „*Mitentscheidung*", die der demokratischen Legitimation bedarf.[665]

Die Mitwirkung von gesetzlich nicht geregelten Gremien mit Entscheidungsbefugnissen ist schon aus den oben genannten Gründen ausgeschlossen.[666] In ihrer beratenden Funktion üben die gesetzlich nicht geregelten Gremien nach der Rechtsprechung des *Bundesverfassungsgerichts* keine Staatsgewalt aus und bedürfen somit keiner demokratischen Legitimation. Die gemeindlichen Organe sind aber im Gegensatz zu anderen öffentlichen Verwaltungsorganen durch die unmittelbare Wahl des Gemeinderats und des Oberbürgermeisters unmittelbar demokratisch legitimiert. Im Hinblick auf diese enge demokratische Legitimation der gemeindlichen Willensbildung und Entscheidungsfindung und im Hinblick auf die Stimmen in der Literatur ist es notwendig, auch Mitglieder von beratenden Gremien durch eine ununterbrochene Legitimationskette demokratisch zu legitimieren. Dazu ist es erforderlich, dass der gewählte Gemeinderat jedes Mitglied des Gremiums durch einen individuellen Akt beruft. Die praktizierte Urwahl von gesetzlich nicht geregelten Ausländerbeiräten durch die in der Gemeinde lebenden Ausländer ist daher zu Recht umstritten.[667] Bedenklich wäre es auch, Gesellschaftsgruppen ein

---

[661] *BVerfG*, Beschluss vom 15.02.1978, BVerfGE 47, 253 (273); *BVerfG*, Urteil vom 31.10.1990, BVerfGE 83, 60 (73), über die Einführung des Wahlrechts für Ausländer zu den Bezirksversammlungen in Hamburg.
[662] *BVerfG*, Urteil vom 31.10.1990, BVerfGE 83, 60 (74).
[663] *BVerfG*, Urteil vom 31.10.1990, BVerfGE 83, 60 (74).
[664] *Ehlers*, Die Grenzen der Mitbestimmung in öffentlichen Unternehmen, JZ 1987, 218 (219).
[665] *Brohm* in : Festschrift für *Ernst Forsthoff* zum 70. Geburtstag, S. 37 (44).
[666] Siehe oben C II 5.
[667] Ablehnend *Gern*, Zur Zulässigkeit von kommunalen Beiräten, VBlBW 1993, S. 127 (129). Einige Gemeindeverfassungen sehen die Urwahl durch die ausländi-

alleiniges Vorschlagsrecht für mögliche Mitglieder gesetzlich nicht geregelter Gremien einzuräumen.[668]

II. Die Berufung der Mitglieder des Beirates für Stadtgestaltung

Nach § 2 Abs. 2 Geschäftsordnung des Beirates werden die Beiratsmitglieder durch den Stadtrat der Stadt Regensburg, beziehungsweise durch dessen Bauausschuss,[669] berufen. Diese Form der Bestellung genügt den strengeren Anforderungen an die demokratische Legitimation derartiger beratender Gremien.[670] Die Berufung durch den Stadtrat oder dessen Bauausschuss gewährleistet eine ununterbrochene demokratische Legitimationskette. Dem steht das gemeinsame Vorschlagsrecht der Bayerischen Architektenkammer (Bezirkswettbewerbsausschuss Niederbayern/Oberpfalz) zusammen mit der Regensburger Architektenschaft nicht entgegen, da daraus keine Bindungswirkung für die nachfolgende Entscheidung resultiert. Das Zusammenwirken der Bayerischen Architektenkammer mit der Regensburger Architektenschaft sichert auch die Beteiligung der Vertretung aller Architekten, die Pflichtmitglieder der Bayerischen Architektenkammer sind. Dagegen gibt die Vorschrift nicht vor, wer die „*Regensburger Architektenschaft*" repräsentiert und demnach Vorschläge formulieren kann.

---

sche Bevölkerung ausdrücklich vor, vgl. Etwa § 46 a Abs. 2 S. 1 RhPfGO, § 86 HGO, § 25 Abs. 2 S. 1 BranGO.

668 In Regensburg bemühte sich der Architekturkreis Regensburg e.V. um ein alleiniges Vorschlagsrecht, welches aber nicht verwirklicht wurde.

669 Zwischenbericht des Gestaltungsbeirates 1998-2001, S. 4.

670 Siehe oben G I.

H. Weitere Gesichtspunkte bei der Beteiligung von Personen ohne Mandat

I. Funktionsvorbehalt des Art. 33 Abs. 4 Grundgesetz

Das Grundgesetz regelt die Ausübung hoheitlicher Befugnisse in Art. 33 Abs. 4 GG, der lautet: *„Die Ausübung hoheitsrechtlicher Befugnisse ist als ständige Aufgabe in der Regel Angehörigen des öffentlichen Dienstes zu übertragen, die in einem öffentlich-rechtlichen Dienst- und Treueverhältnis stehen."* Nach diesem organisatorischen Funktionsvorbehalt ist die Ausübung hoheitsrechtlicher Befugnisse als ständige Aufgabe in der Regel Beamten zu übertragen.[671] Ein Beamtenverhältnis zwischen der Gemeinde und der Person ohne Mandat wird durch die Mitgliedschaft in einem gesetzlich nicht geregelten Gremium nicht begründet. Vielmehr ist grundsätzlich von der Berufung in ein Ehrenamt auszugehen.[672]

Jedoch üben Gremien, die lediglich beratende Funktionen wahrnehmen, keine hoheitlichen Befugnisse gemäß Art. 33 Abs. 4 GG aus und können unabhängig von dem organisatorischen Funktionsvorbehalt geschaffen werden.[673] Aber auch in der Übertragung hoheitlicher Aufgaben auf Gremien mit Entscheidungsbefugnissen ist nicht von vornherein ein Verstoß gegen Art. 33 Abs. 4 GG zu sehen. Der organisatorische Funktionsvorbehalt lässt in solchen Fallgestaltungen Ausnahmen zu, in denen sachliche Gründe für eine Regelabweichung sprechen. Ein möglicher sachlicher Grund für die Übertragung hoheitlicher Befugnisse auf Private ist deren größere Sachkunde im Verhältnis zu den in Frage kommenden Beamten.[674]

II. Gebote der Sparsamkeit und Wirtschaftlichkeit

Die Haushaltswirtschaft einer Gemeinde ist gemäß Art. 61 Abs. 2 S. 1 BayGO sparsam und wirtschaftlich zu planen und zu führen. Die Gebote der Sparsamkeit und Wirtschaftlichkeit gelten sowohl für den Verwal-

---

[671] *Dollinger/Umbach* in *Umbach/Clemens*, GG I, Art. 33 Rn. 73; zur Reichweite des Art. 33 Abs. 4 GG, *Manssen*, Der Funktionsvorbehalt des Art. 33 Abs. 4 GG, ZBR 1999, S. 253 ff.

[672] Siehe oben F 2.

[673] *Dagtoglou*, Der Private in der Verwaltung, S. 72 f.

[674] *Di Fabio*, Verwaltungsentscheidung durch externen Sachverstand, VerwArch Bd. 81 (1990), S. 193 (225).

tungs- als auch für den Vermögenshaushalt.[675] Auch die Verwaltung kann sich auf ihr Recht zur Heranziehung außerbehördlichen Sachverstandes nur berufen, soweit finanzielle Beschränkungen nicht entgegenstehen.[676] Alle Tätigkeiten der Behörde sind daraufhin zu überprüfen, ob mit geringerem Aufwand der gleiche Nutzen oder mit gleichem Aufwand ein größerer Nutzen zu erzielen ist.[677]

Den Gemeinden steht bei der Umsetzung der Haushaltsgrundsätze nach Art. 61 BayGO ein weiter Spielraum zu.[678] Dies ergibt sich allein schon aus den Unsicherheiten bei der Auslegung der unbestimmten Rechtsbegriffe „*wirtschaftlich*" und „*sparsam*". Nach der Rechtsprechung des Bayerischen Verwaltungsgerichtshofs ist eine Maßnahme unwirtschaftlich, wenn zwischen dem verfolgten Zweck und den einzusetzenden Maßnahmen eine ungünstige Relation besteht. Sparsamkeit setzt voraus, dass unnötige Ausgaben vermieden werden.[679] Ein Eingriff durch die Aufsichtsbehörde ist erst möglich, wenn das gemeindliche Handeln mit den Grundsätzen vernünftigen Wirtschaftens schlechthin unvereinbar ist.[680]

Nach alledem verstößt die Einrichtung eines gesetzlich nicht geregelten Gremiums nur in extremen Ausnahmefällen gegen die Haushaltsgrundsätze der Bayerischen Gemeindeordnung. Regelmäßig wird der Zweck des Gremiums im Interesse einer verbesserten kommunalen Selbstverwaltung sein und ist damit höher zu bewerten als die eingesetzten Mittel. Können dagegen die Aufgaben des Gremiums im gleichen Maße von der Gemeindeverwaltung selbst wahrgenommen werden, ist die Einrichtung des Gremiums nicht erforderlich und ein Verstoß gegen die Haushaltsgrundsätze liegt nahe.

---

[675] *Prandl/Zimmermann/Büchner*, BayGO, Art. 61 Erl. 4.

[676] *Dagtoglou*, Der Private in der Verwaltung, S. 73.

[677] *Peine*, Grenzen der Privatisierung, DÖV 1997, S 353 (358).

[678] *OVG NW*, Beschluss vom 26.10.1990, DÖV 1991, S. 611 (612); *Hölzl/Hien*, BayGO, Art. 61 Erl. I 2; *Prandl/Zimmermann/Büchner*, BayGO, Art. 61 Erl. 4.

[679] *BayVGH*, Urteil vom 27.05.1992, BayVBl. 1992, S. 628 (630); *BayVGH*, Urteil vom 18.03.1998, BayVBl. 1998, S. 402 (403).

[680] *OVG NW*, Beschluss vom 26.10.1990, DÖV 1991, S. 611 (612); *BayVGH*, Urteil vom 27.05.1992, BayVBl. 1992, S. 628 (630); *BayVGH*, Urteil vom 18.03.1998, BayVBl. 1998, S. 402 (403).

III. Rechtspolitische Erwägungen

Neben den erörterten Rechtsproblemen tauchen im Rahmen der Diskussion über die Zulässigkeit der Beteiligung von Personen ohne Mandat in der Gemeindeverwaltung auch rechtspolitische Erwägungen auf.

1. Allgemeine Erwägungen hinsichtlich der Beteiligung von Personen ohne Mandat

Zu den Vorteilen einer Beteiligung behördenfremder Personen ist die höhere Transparenz der Behördenentscheidung zu rechnen. Gerade das durch die Beteiligung von Gemeindeangehörigen verursachte Interesse der (Gemeinde-) Öffentlichkeit zwingt die Gemeinde zur besonderen Sorgfalt bei der Begründung ihrer nachfolgenden Entscheidung. Die vorgelagerte Beteiligung der Gemeindeangehörige kann die Akzeptanz sowie das Verständnis behördlicher Entscheidungen fördern.

Nachteilig kann sich die Beteiligung von beratenden Gremien auf das Ziel einer gemeinwohlorientierten Entscheidung auswirken. So ist jeder Beteiligung besonders sachverständiger Personen die Gefahr einer einseitigen Sichtweise dieser Personen immanent. Durch die Fixierung auf den ihnen zu behandelnden Problembereich neigen die Gremien dazu, sich unter Abkoppelung vom gesamtkommunalen Geschehen ausschließlich auf eine fachspezifische Sicht der Dinge zu beschränken und den von ihnen zu betreuenden Bereich über zu bewerten.[681] Die besondere Fachkompetenz oder die spezielle Betroffenheit steht regelmäßig der Orientierung des Gremiums am Gesamtwohl entgegen.[682] Die Gefahr einer einseitigen, rein fachorientierten Sichtweise wird bei ortsfremden Sachverständigen durch den fehlenden kommunalen Bezug weiter verstärkt. Dies ist gleichwohl Folge der erstrebten Neutralität dieser Sachverständigen.

Ferner besteht die Gefahr, dass diese Gremien, die selbst nicht politisch zur Verantwortung gezogen werden können, vorgeschoben werden, um unpopuläre Entscheidungen nicht eigenverantwortlich treffen zu müssen. Die gewählten Entscheidungsträger können damit ihre eigene politische

---

[681] So *Schleberger*, Die Kommunalverfassungssysteme im Überblick, in: *Püttner*, HdbKWP, Bd. 2, S. 197 (203).

[682] *Witte-Wegmann*, Zur rechtlichen Zulässigkeit von Beiräten auf kommunaler Ebene, Kommunalpolitische Blätter 1981, S. 732 (733).

Verantwortlichkeit verwischen.[683] Dies ist im Hinblick auf die Transparenz der gemeindlichen Entscheidungsvorgänge bedenklich, da der Gemeindeangehörige erkennen muss, wen er für die Entscheidungen politisch zur Rechenschaft ziehen kann.

Ein weiteres wichtiges Argument gegen die Beteiligung Dritter, gerade bei Verwaltungsverfahren, ist die Verzögerung des Verfahrensablaufs. Durch die vorgelagerte Behandlung des Gegenstandes in einem gesetzlich nicht geregelten Gremium und der anschließenden Diskussion im Gemeinderat und/oder Ausschuss kommt es zu einer mehrfachen Erörterung desselben Themas. Eine zeitliche Verzögerung kann auch dadurch entstehen, dass die Sitzungstermine der gesetzlich geregelten Gremien regelmäßig in zeitlich weiteren Abständen stattfinden als die Sitzungen des Gemeinderats.

Daneben wird auch vorgebracht, manche Gremien füllten nur eine Alibifunktion aus, wenn sie als Ausdruck einer besonders bürgernahen kommunalen Selbstverwaltung angesehen werden, um den Forderungen nach mehr Mitwirkungsmöglichkeiten für die Gemeindeangehörigen entgegen zu kommen.[684]

Schließlich führt die Auslagerung von Aufgaben in verschiedene Gremien zu einer Zersplitterung der Willensbildung. Das einzelne Gemeinderatsmitglied wird von der Willensbildung zu der betreffenden Frage ausgeschlossen und wird damit von der eigentlichen Diskussion distanziert. Dabei kann durch die Entfernung des Gemeinderatsmitglieds von der eigentlichen Diskussion dessen Bereitschaft sinken, sich ausführlich mit der zu behandelnden Problematik zu befassen.

Diese rechtspolitischen Erwägungen werden bei der Einsetzung eines beratenden Gremiums unter der Beteiligung von Personen ohne Mandat zu beachten sein, hindern sie aber grundsätzlich nicht.

---

683 Vgl. *Witte-Wegmann*, Zur rechtlichen Zulässigkeit von Beiräten auf kommunaler Ebene, Kommunalpolitische Blätter 1981, S. 732 (733 f.).

684 *Erbguth/Paßlick*, Kommunale (Unter-)Gremien, NWVBl. 1991, S. 37.

2. Rechtspolitische Erwägungen hinsichtlich des Beirates für Stadtgestaltung

Auch bei der Besprechung des Gestaltungsbeirates können neben rechtlichen Gesichtspunkten gleichfalls rechtspolitische Erwägungen vorgebracht werden.

Zu den Vorteilen zählt, dass der Bauherr ein von der Verwaltung aus gestalterischen Gründen abgelehntes Vorhaben nach § 4 Abs. 3 Geschäftsordnung des Beirates auf seinen Antrag hin dem Gestaltungsbeirat vorgelegt wird.

Daneben kann der Gestaltungsbeirat dem Architekten Vorteile bieten, in dem er ihn bei der Durchsetzung anspruchsvollerer Architektur gegenüber dem Bauherrn unterstützt. Der Gestaltungsbeirat leistet in vielen Fällen wertvolle Überzeugungsarbeit und kann dadurch im Einzelfall durchschnittliche Vorhaben verhindern.

Viele Projekte haben durch die Mitwirkung des Gestaltungsbeirates sicherlich an Qualität gewonnen. Der Gestaltungsbeirat garantiert aufgrund seiner Zusammensetzung grundsätzlich eine qualitativ hochwertige Beratung, die häufig zu einer gestalterisch anspruchsvollen Bebauung führt. Von dieser Bebauung kann wiederum der Bauherr profitieren, der das Objekt besser vermarkten oder nutzen kann.

Nachteile entstehen durch die Beteiligung der Öffentlichkeit, die zu Situationen führen kann, in denen ein Bauherr ein Vorhaben aufgrund öffentlichen Drucks nicht mehr verwirklichen kann. Aus diesem Grund sind nicht öffentliche Sitzungen nach § 7 Abs. 1 Geschäftsordnung des Beirates vorgesehen.

Die durch die Einschaltung des Gestaltungsbeirates bedingte mediale Aufmerksamkeit fördert die Anteilnahme der Bevölkerung an den Bauvorhaben mit städtebaulichem Bezug. Dadurch nimmt die Bevölkerung zumindest indirekt an der Problemlösung teil. Der rechtlichen Problematik um die Beteiligung von Privatpersonen an dem Baugenehmigungsverfahren steht die erhöhte Transparenz des Verfahrens gegenüber. Der Druck auf die Behörde wächst und erschwert behördeninterne Absprachen. Mit der Einsetzung des Gestaltungsbeirates hat die Stadt Regensburg auch einen Beitrag zur erhöhten Transparenz des Baugenehmigungsverfahrens erbracht. Letztlich fördern die in der Öffentlichkeit ausgeführten Diskussionen über einzelne Vorhaben die Identifikation der Bevölkerung mit ihrer Stadt.

IV. Das Gutachten des Beirates im verwaltungsgerichtlichen Verfahren

Strengt der Bauherr bei Versagung der Baugenehmigung ein verwaltungsgerichtliches Verfahren an, stellt sich die Frage, ob auf das Gutachten des Gestaltungsbeirates zurückgegriffen werden kann.

Das Gutachten entfaltet jedoch gegenüber dem Gericht wie auch gegenüber der Behörde im behördlichen Verfahren keine Bindungswirkung. Das Gericht ist aufgrund der ihm obliegenden freien Beweiswürdigung gemäß § 108 Abs. 1 S. 1 VwGO verpflichtet, die Ergebnisse eines Sachverständigengutachtens nicht ohne weiteres zu übernehmen, sondern dessen Feststellungen sowie die sich daraus ergebenden Schlussfolgerungen selbstverantwortlich zu überprüfen und zu würdigen.[685] Das Gericht ist selbst in den Fällen zu einer Nachprüfung berechtigt, in denen bei der Ausfüllung des unbestimmten Rechtsbegriffs Fachkundige mit der Erstellung von Gutachten mitgewirkt haben.[686]

Die Mitglieder können als Zeugen befragt werden. Dazu sind sie aber entsprechend Art. 20 Abs. 3 BayGO von ihrer Verschwiegenheitspflicht zu entbinden, wenn eine solche Verpflichtung in der Geschäftsordnung niedergelegt ist.

---

685 *BVerwG*, Urteil vom 17.09.1987, NJW 1988, S. 925.

686 *BVerwG*, Urteil vom 22.04.1966, BVerwGE 24, 60 (63 f.), nach dem der Rechtsbegriff der Denkmalwürdigkeit im Sinne des § 1 DSchG trotz vorherige Einholung eines Gutachtens des Denkmalpflegers und des Denkmalrates durch die Denkmalbehörde verwaltungsgerichtlich voll nachprüfbar ist.

I. Zusammenfassung und Thesen

Zu A: Einführung und Darstellung des Beirates für Stadtgestaltung

1. Der Beirat für Stadtgestaltung der Stadt Regensburg, kurz Gestaltungsbeirat, soll nach dem Willen der Stadt Regensburg als dauerhaftes Sachverständigengremium zur Verbesserung des Stadtbildes beitragen. Dabei soll er den Stadtrat und seine Ausschüsse sowie den Oberbürgermeister und die Stadtverwaltung in ihrer Funktion als untere Bauaufsichtsbehörde unterstützen.

2. Der Beirat begutachtet im Rahmen des Baugenehmigungsverfahrens Vorhaben, die Auswirkungen auf das Stadtbild haben. Das Gremium besteht aus fünf Sachverständigen, die in dieser beratenden Funktion als (unselbständige) Verwaltungshelfer zu qualifizieren sind. Gleichzeit üben sie ein Ehrenamt aus.

3. Die Sachverständigen dürfen weder ihren Wohnsitz noch Arbeitsplatz in Regensburg haben. Durch seine besondere Zusammensetzung fehlt dem Gestaltungsbeirat ein wesentliches Charakteristikum sonstiger kommunaler Gremien.

Zu B: Der Beirat für Stadtgestaltung als eine Form der Beteiligung von Personen ohne Mandat

1. Die in den Gemeindeverfassungen bestehenden Vorschriften über die Beteiligung von einzelnen Personen ohne Mandat lassen sich in zwei Bereiche einteilen. Der überwiegende Teil der Regelungen verfolgt den Zweck, den Gemeindeangehörigen Mitwirkungsmöglichkeiten einzuräumen. Daneben finden sich Vorschriften, die vor allem dem Informationsbedürfnis der Gemeinde dienen. Eine klare Trennung zwischen den beiden Gruppen kann aber nicht immer erfolgen, da die Grenze fließend ist.

2. Die Bayerische Gemeindeordnung enthält keine Regelung über die Beteiligung einzelner Personen ohne Mandat. Zahlreiche andere Gemeindeverfassungen sehen vor, dass innerhalb der Ausschüsse sachkundige Bürger oder Einwohner mitwirken können. Abgesehen davon erreichen die Personen ohne Mandat keine dauerhafte Stellung in der Gemeindeverwaltung. Die bestehenden Beteiligungsrechte geben der Gemeinde nur die Möglichkeit, die Person ohne Mandat im Einzelfall

anzuhören oder hinzuzuziehen. Ferner finden sich nur vereinzelt Vorschriften, die auch die Beteiligung ortsfremder Personen zulassen.

3. Die Bayerische Gemeindeordnung sieht die Bildung sonstiger Gremien unter der Beteiligung von Personen ohne Mandat nicht vor. Dagegen gibt es in anderen Gemeindeverfassungen Ermächtigungen zur Bildung von Beiräten, die nicht den Status eines Ausschusses haben. Die Beiräte, die auf Grundlage der allgemeinen Regelungen in Sachsen und Schleswig-Holstein, gebildet werden können, dürfen sich nur aus Gemeindeangehörigen und Mitgliedern des Gemeinderats zusammensetzen. Die Mitgliedschaft ortsfremder Personen ohne Mandat ist gesetzlich nicht geregelt.

4. Der Gestaltungsbeirat ist aufgrund seiner Beteiligungsrechte und seiner Zusammensetzung ein Sonderfall. Der Gestaltungsbeirat ist ein Gremium, das ausschließlich dem Informationsbedürfnis der Ausschüsse und Stadtverwaltung dient. Ein mit dem Gestaltungsbeirat vergleichbares Gremium ist in keiner Gemeindeverfassung vorgesehen. Der Umfang der Beteiligung von Personen ohne Mandat nach den Gemeindeverfassungen beschränkt sich grundsätzlich auf die einmalige Anhörung oder Beratung. Dagegen wird der Gestaltungsbeirat als dauerhaftes Gremium in den Prüfungsprozess von Bauvorhaben verankert.

Zu C: Die Beteiligung von Personen ohne Mandat kraft Organisationshoheit

1. Die Gemeinden haben nach Art. 28 Abs. 2 S. 1 GG das Recht, alle Angelegenheiten der örtlichen Gemeinschaft im Rahmen der Gesetze in eigener Verantwortung zu regeln. Dies beinhaltet insbesondere auch die Organisationshoheit, die den Gemeinden das Recht gibt, ihre Organisation eigenverantwortlich zu gestalten. Die organisatorische Autonomie umfasst die gesamte Verwaltung, einschließlich der Organisation übertragener Aufgaben. Die Organisationshoheit wird durch mehrere Gesetzesvorbehalte begrenzt.

2. Der allgemeine Gesetzesvorbehalt einschließlich des Parlamentsvorbehalts ist zu beachten, wenn an die Personen ohne Mandat Entscheidungsbefugnisse übertragen werden. Dagegen wird eine vorbereitende und beratende Mitwirkung von diesen Vorbehalten nicht erfasst. Eine Übertragung von Entscheidungsbefugnissen verstößt aber gegen

bestehende Gesetze, da die Zuständigkeiten regelmäßig abschließend festgelegt wurden.

3. Bei der Mitwirkung von Personen ohne Mandat in der Gemeindeverwaltung sind die Vorgaben der Bayerischen Gemeindeordnung als Gesetzesvorbehalt im Sinne des Art. 28 Abs. 2 S. 1 zu beachten. Eine abschließende Regelung hat die Bayerische Gemeindeordnung hinsichtlich der äußeren Organisation der Gemeinde getroffen. Die Gemeinde kann dagegen ihre innere Organisation kraft ihrer Organisationshoheit selbst regeln, soweit die Bayerische Gemeindeordnung ausreichend Raum dazu lässt.

4. Die Bayerische Gemeindeordnung hat hinsichtlich der Entscheidungsträger eine abschließende Regelung getroffen, die den Gemeinden die Kompetenz genommen hat, einzelne Personen ohne Mandat ohnc spezielle Rechtsgrundlage am Treffen von Entscheidungen zu beteiligen. Aus diesem Grund sind die bayerischen Gemeinden nicht berechtigt, andere als die in der Bayerischen Gemeindeordnung vorgesehenen Personen in den Gemeinderat und seine Ausschüsse zu berufen. Die Berufung sachkundiger Personen würde die Änderung der Bayerischen Gemeindeordnung voraussetzen

5. Der einzelnen Person ohne Mandat darf kein mitgliedschaftsähnlicher Status in einem Ausschuss gewährt werden. Das Organisationsrecht ist insoweit durch die detaillierten Regelungen der Bayerischen Gemeindeordnung, insbesondere durch die des Art. 33 BayGO, eingeschränkt. Eine unzulässige mitgliedschaftsähnliche Beteiligung ist schon erreicht, wenn die Person ohne Mandat im Gemeinderat oder in den Ausschüssen ein Stimm-, Rede- oder Antragsrecht hat.

6. Dagegen ist es den Gemeinden gestattet, auch ohne ausdrückliche Rechtsgrundlage Personen ohne Mandat im Einzelfall kraft ihrer Organisationshoheit beratend heranzuziehen. Die Bayerische Gemeindeordnung enthält insoweit keine entgegenstehenden Regelungen. Die Hinzuziehung ist von der Beteiligung am Treffen von Entscheidungen zu unterscheiden. Die Hinzuziehung beschränkt sich auf den Einzelfall und gewährt der hinzugezogenen Person ohne Mandat keinen mitgliedschaftsähnlichen Status.

7. Die Organisationshoheit umfasst grundsätzlich auch das Recht der Gemeinden, gesetzlich nicht geregelte Gremien zu bilden. Die Bayerische Gemeindeordnung setzt den Gemeinden aber hinsichtlich der Aus-

gestaltung der Gremien Grenzen. Die Tätigkeit derartiger Gremien muss sich in der Beratung erschöpfen. Die Zuständigkeit bestehender Organe und Ausschüsse darf weder verschoben noch beeinträchtigt werden. Deshalb ist es unzulässig, dem Gremium einen organ- oder ausschussähnlichen Status zu verleihen. Es dürfen keine Organe oder Ausschüsse mit eigener Zuständigkeit gebildet werden, die nicht in der Bayerischen Gemeindeordnung vorgesehen sind. Das gesetzlich nicht geregelte Gremium muss dem Organ oder Ausschuss, für das es tätig wird, immer untergeordnet sein.

8. Die Tätigkeit des Gestaltungsbeirates berührt in unzulässiger Weise die Zuständigkeiten der in der Bayerischen Gemeindeordnung gesetzlich vorgesehenen Organe und Ausschüsse. Mit der vorgenommenen Aufgabenverteilung zwischen Stadtverwaltung und Gestaltungsbeirat wird dem Gestaltungsbeirat ein unzulässiger organähnlicher beziehungsweise ausschussähnlicher Status gewährt. Der Gestaltungsbeirat ist damit als unabhängiges, nicht weisungsgebundenes Subjekt nicht mehr der Stadtverwaltung untergeordnet. Der unmittelbare Kontakt des Gestaltungsbeirates zum Bauherrn im Rahmen der Vorstellung des Vorhabens verstärkt den Eindruck der Organähnlichkeit. In Abgrenzung zum Tätigkeitsbereich des Stadtrats und des Bauausschusses ist die Einflussnahme des Gestaltungsbeirates grundsätzlich auf eine einmalige Beratung zu beschränken.

9. Die Zusammensetzung des Gestaltungsbeirates widerspricht dem in der Bayerischen Gemeindeordnung innewohnenden Repräsentationsgedanken. Danach kann sich ein kommunales Gremium, das sich allein auf die Organisationshoheit als Teil des Selbstverwaltungsrechts stützt, nicht ausschließlich aus ortsfremden Personen zusammensetzen. Der aus dem Demokratieprinzip resultierende Repräsentationsgedanke erfordert grundsätzlich die Beteiligung von Gemeinderatsmitgliedern. Das Fehlen dieser gewählten Personen kann im Hinblick auf das Demokratieprinzip im Einzelfall nur durch die unmittelbare Beteiligung von Gemeindeangehörigen als Mitglieder des Gremiums ausgeglichen werden. Dies ist aber bei dem Gestaltungsbeirat nicht der Fall.

10. Die Zusammensetzung könnte insofern geändert werden, dass ein gemischtes Gremium aus Stadtratsmitgliedern und Sachverständigen eingerichtet wird. In Frage käme auch ein Gremium aus sachverständigen Personen, die selbst Angehörige der Stadt Regensburg sind.

Zu D: Die Beteiligung von Sachverständigen und Fachgremien aufgrund der Pflicht der Verwaltung zur sachgerechten Entscheidung

1. Die Gemeinde ist als Verwaltungsbehörde berechtigt, Sachverständige heranzuziehen, falls ihr der erforderliche Sachverstand fehlt. Diese können auch in der Form eines Gremiums beteiligt werden. Die Entscheidung über die Heranziehung außerbehördlichen Sachverstands fällt die Behörde im pflichtgemäßen Ermessen. Es sind der Untersuchungsgrundsatz und der Erforderlichkeitsgrundsatz zu beachten.

2. Die Beteiligung des Sachverständigen darf aber nicht die bestehenden gesetzlichen Zuständigkeiten verschieben. Dies darf auch nicht durch eine faktische Bindung an das Gutachten geschehen. Eine solche liegt vor, wenn der Behörde materiell die Aufgabe und damit die Letztentscheidungsverantwortung entzogen wird, da sie nur noch die von dem Dritten getroffene Entscheidung übernimmt. Die Gemeinde muss die in dem Gutachten des Sachverständigen enthaltenen Schlussfolgerungen und Feststellungen eigenverantwortlich nachprüfen.

3. Der Gestaltungsbeirat fungiert nicht als Beliehener der öffentlichen Hand, da er nicht eigenständig hoheitliche Aufgaben wahrnimmt. Vielmehr sind die Mitglieder des Gestaltungsbeirates (unselbständige) Verwaltungshelfer, da sie die Gemeinde als Sachverständige beraten.

4. Durch die Art und Weise der Beteiligung des Gestaltungsbeirates am Baugenehmigungsverfahren kommt es zu einer vollständigen materiellen Präjudizierung. Der Gestaltungsbeirat nimmt durch die Einflussnahme in der Diskussion über das Vorhaben die sachliche Weichenstellung vor und präjudiziert die nachfolgende Entscheidung des zuständigen Gemeindeorgans faktisch erheblich. Die Einschaltung von Sachverständigen rechtfertigt aber nicht die ungeprüfte Übernahme der gutachterlichen Feststellungen durch die Behörde. Die Gemeinde darf sich nicht als zuständige Bauaufsichtsbehörde durch eine Aufgabentrennung und der damit verbundenen Selbstbindung in unzulässiger Weise ihrer Letztentscheidungsverantwortung entledigen.

5. Die besondere Zusammensetzung des Gestaltungsbeirates kann sich nicht auf das Recht der Verwaltung auf sachverständige Beratung stützen. Die Stadtverwaltung ist zwar berechtigt, beratende Gremien heranzuziehen, die sich ausschließlich aus ortsfremden Sachverständigen zusammensetzen. Der Gemeinderat muss sich aber nach den Vorgaben der Bayerischen Gemeindeordnung zur Meinungs- und Willensbildung

richten. Danach kann sich der Gemeinderat nicht eines beratenden Gremiums bedienen, das sich ausschließlich aus ortsfremden Sachverständigen zusammensetzt.

6. Gremien, die sich aus ortsfremden Personen zusammensetzen, können dagegen gebildet werden, wenn sie ausschließlich für die Gemeindeverwaltung und/oder den Oberbürgermeister tätig werden. Die Bayerische Gemeindeordnung enthält insoweit keine entgegenstehenden Vorschriften. Aber derartige Gremien müssen der Gemeindeverwaltung sowie dem Oberbürgermeister untergeordnet sein und dürfen keinen ausschuss- und organähnlichen Status erhalten. Ein unabhängiges, nicht weisungsgebundenes Sachverständigengremium ist der Gemeindeverwaltung regelmäßig nicht untergeordnet.

Zu E: Der Beirat für Stadtgestaltung auf Grundlage des Art. 60 Abs. 4 Bayerische Bauordnung

1. Die bei bestimmen Vorhaben nach § 4 Abs. 1 Geschäftsordnung des Beirates vorgesehene obligatorische Beteiligung des Gestaltungsbeirates ist im Hinblick auch den Beschleunigungsgrundsatz bedenklich.

2. Der Gestaltungsbeirat wird von der Bauaufsichtsbehörde im Rahmen des Art. 60 Abs. 4 BayBO nur *zur Erfüllung ihrer Aufgaben und Befugnisse* in das Baugenehmigungsverfahren eingeschaltet. Der Tätigkeitsbereich des Gremiums wird durch den Prüfungsrahmen der Bauaufsichtsbehörde in diesem Verfahren festgelegt. Danach kann der Gestaltungsbeirat seinen Prüfungsumfang nicht selbständig bestimmen, sondern die Reichweite seiner Prüfungskompetenz richtet sich nach den allgemeinen gestalterischen Anforderungen des Bundes- und Landesrechts. Die Gemeinde ist stets verpflichtet, bei den Schlussfolgerungen, die der Gestaltungsbeirat in seinem abschließenden Gutachten formuliert, nachzuprüfen, ob für diese eine rechtliche Grundlage besteht.

3. Das umgebungsunabhängige und das umgebungsabhängige Verunstaltungsverbot nach Art. 11 Abs. 1 Var. 2 und Abs. 2 S. 1 BayBO beschränken sich schon ihrem Wortlaut nach auf die Abwehr von Verunstaltungen. Dagegen können sich aus der Verpflichtung gemäß Art. 11 Abs. 1 Var. 1 BayBO, die bauliche Anlage nach den anerkannten Regeln der Baukunst durchzubilden, Grundsätze für die Gestaltung eines Bauwerks ergeben.

4. Bei den in den Vorschriften verwendeten Formulierungen wie etwa *verunstaltend*, *beeinträchtigen* sowie *einfügen* handelt es sich um unbestimmte Rechtsbegriffe. Die Auslegung dieser unbestimmten Rechtsbegriffe ist eine Rechtsfrage. Die rechtliche Bewertung muss ausschließlich der Behörde vorbehalten bleiben, da Gegenstand der Beweiserhebung einschließlich der Heranziehung eines Sach-verständigen als Beweismittel im Sinne des Art. 26 Abs. 1 S. 2 Nr. 2 BayVwVfG nur Tatsachen sein können.

5. Die Behörde muss aber bei der Auslegung der einzelnen Vorschriften unterschiedliche Beurteilungsmaßstäbe anlegen. Maßstab für die Beurteilung, ob die bauliche Anlage den gestalterischen Anforderungen der Vorschrift entspricht, ist regelmäßig das Empfinden des gebildeten Durchschnittsbetrachters. Dieser Maßstab ist bei der Frage, ob ein Vorhaben verunstaltend wirkt, das Ortsbild oder das Landschaftsbild beeinträchtigt sowie im Rahmen des § 35 Abs. 3 BauGB anzulegen. Dagegen kommt es im Denkmalschutzrecht auf die Sicht des sachverständigen Betrachters an. Bei der Prüfung, ob ein Vorhaben den Festsetzungen eines Bebauungsplans widerspricht oder sich nach § 34 Abs. 1 S. 1 BauGB in die nähere Umgebung einfügt, ist besonderes Fachwissen nötig.

6. Eine Regel der Baukunst ist im Sinne des Art. 11 Abs. 1 BayBO *anerkannt*, wenn deren Einhaltung von dem einschlägigen Fachkreis als richtig und notwendig erachtet wird. Der unterschiedliche Beurteilungsmaßstab ersetzt aber nicht die Auslegung der Behörde, die weiterhin eigenständig die Vorschrift prüft. Die Anhörung sachverständiger Personen ist nur im Zweifel über Bestehen, Inhalt und Anerkennung einer Regel der Baukunst möglich.

7. Die Vorschrift des Art. 60 Abs. 4 BayBO ist danach als Ermächtigung für die Bildung des Gestaltungsbeirates nicht geeignet. Die Heranziehung von Sachverständigen aufgrund dieser Vorschrift muss nach pflichtgemäßem Ermessen unter Berücksichtigung des Untersuchungsgrundsatzes und Erforderlichkeitsgrundsatzes sowie des Beschleunigungsgrundsatzes erfolgen. Notwendig ist die Errichtung des Gestaltungsbeirates auf Grundlage des Art. 60 Abs. 4 BayBO nur dann, wenn die Prüfung von gestalterischen Anforderungen im Rahmen des Baugenehmigungsverfahrens eine besondere Sachkunde erfordert. Die Heranziehung von Sachverständigen ist bei der Auslegung der einschlägigen gestalterischen Anforderungen nach Bundes- und Landesrecht nicht nötig. Der für diese Vorschriften anzulegende Beurteilungsmaßstab

stellt auf das Empfinden des gebildeten Durchschnittsbetrachters ab. Die Bauaufsichtsbehörde verfügt regelmäßig über das ausreichende Wissen, um aus der Sicht eines gebildeten Durchschnittsbetrachters zu entscheiden.

8. Durch die Beschränkung der Tätigkeit des Gestaltungsbeirates auf eine einmalige Beratung könnte dieses Problem entschärft werden. Bei einer Änderung der Geschäftsordnung liegt der Tätigkeitsschwerpunkt des Gestaltungsbeirates weniger in der Beratung der Gemeindeorgane und der Stadtverwaltung als in der Beratung des Bauherrn.

Zu F: Der Geschäftsgang des Beirates für Stadtgestaltung

1. Der Geschäftsgang der gesetzlich nicht geregelten Gremien muss den Vorgaben der Bayerischen Gemeindeordnung entsprechen. Es darf vor allem bei gemischten Gremien nicht zu einer Benachteiligung der Gemeinderatsmitglieder gegenüber den Personen ohne Mandat kommen. Aus diesem Grund sind ausreichende Regelungen über die Verschwiegenheitspflicht, über den Ausschluss befangener Mitglieder sowie über ein Vertretungsverbot in den Geschäftsordnungen der gesetzlich nicht geregelten Gremien zu verankern.

2. Die Regelungen über den Ausschluss befangener Mitglieder in der Geschäftsordnung des Gestaltungsbeirates genügen nicht den Anforderungen des Art. 49 BayGO. Sie sind zu modifizieren.

Zu G: Die Berufung der Mitglieder des Beirates für Stadtgestaltung

1. Die Mitgliedschaft in einem gesetzlich nicht geregelten Gremium ist als Ehrenamt zu qualifizieren. Im Hinblick auf die enge demokratische Legitimation der gemeindlichen Willensbildung und Entscheidungsfindung ist es notwendig, auch die Mitglieder von beratenden Gremien durch eine ununterbrochene Legitimationskette demokratisch zu legitimieren. Dazu ist es erforderlich, dass der gewählte Gemeinderat jedes Mitglied des Gremiums durch einen individuellen Akt beruft.

2. Nach § 2 Abs. 2 Geschäftsordnung des Beirates werden die Beiratsmitglieder durch den Stadtrat der Stadt Regensburg, beziehungsweise durch dessen Bauausschuss, berufen. Diese Form der Bestellung ge-

nügt den Anforderungen an die demokratische Legitimation derartiger beratender Gremien.

Zu H: Weitere Gesichtspunkte bei der Beteiligung von Personen ohne Mandat

1. Gremien, die lediglich beratende Funktionen wahrnehmen, üben keine hoheitlichen Befugnisse gemäß Art. 33 Abs. 4 GG aus und können unabhängig von dem organisatorischen Funktionsvorbehalt geschaffen werden.

2. Die Einrichtung eines gesetzlich nicht geregelten Gremiums verstößt nur in extremen Ausnahmefällen gegen die Gebote der Sparsamkeit und Wirtschaftlichkeit gemäß Art. 61 Abs. 2 S. 1 BayGO. Der Zweck eines kommunalen Gremiums, die kommunale Selbstverwaltung zu verbessern, rechtfertigt regelmäßig den Einsatz von Haushaltsmitteln. Können dagegen die Aufgaben des Gremiums im gleichen Maße von der Gemeindeverwaltung selbst wahrgenommen werden, ist die Einrichtung des Gremiums nicht erforderlich und ein Verstoß gegen die Haushaltsgrundsätze ist möglich.

3. Neben den rechtlichen Gesichtspunkten einer Beteiligung von Personen ohne Mandat gibt es rechtspolitische Erwägungen. Zu den Vorteilen einer Beteiligung behördenfremder Personen ist die höhere Transparenz der Behördenentscheidung zu rechnen. Nachteilig kann sich die Beteiligung von beratenden Gremien auf das Ziel einer gemeinwohlorientierten Entscheidung auswirken. Jeder Beteiligung besonders sachverständiger Personen ist die Gefahr einer einseitigen Sichtweise dieser Personen immanent. Die besondere Fachkompetenz oder die spezielle Betroffenheit steht regelmäßig der Orientierung des Gremiums am Gesamtwohl entgegen. Ferner besteht die Gefahr, dass die Gremien, die selbst nicht politisch zur Verantwortung gezogen werden können, vorgeschoben werden, um unpopuläre Entscheidungen nicht eigenverantwortlich treffen zu müssen. Hinzu kommt eine mögliche Verzögerung des Verfahrensablaufs durch die Einschaltung eines (weiteren) Gremiums.

Regensburger Beiträge zum Staats- und Verwaltungsrecht

Herausgegeben von Gerrit Manssen

Band 1 Simone Maria Koitek: Windenergieanlagen in der Raumordnung. 2005.

Band 2 Barbara Reil: Reformüberlegungen zur Richtervorlage. Beitrag zur Funktionenverteilung zwischen Bundesverfassungsgericht und Fachgerichtsbarkeiten bei der Kontrolle des parlamentarischen Gesetzgebers. 2005.

Band 3 André Zorger: Der Beirat für Stadtgestaltung der Stadt Regensburg. Eine Untersuchung zur baurechtlichen und kommunalrechtlichen Zulässigkeit. 2005.

www.peterlang.de

Peter Lang · Europäischer Verlag der Wissenschaften

Marc Saturra

(Lokale) Agenda 21

Rechtliche Auswirkungen, Umsetzungsmöglichkeiten und -grenzen, insbesondere auf kommunaler Ebene

Frankfurt am Main, Berlin, Bern, Bruxelles, New York, Oxford, Wien, 2005.
XXIV, 191 S.
Europäische Hochschulschriften: Reihe 2, Rechtswissenschaft. Bd. 4181
ISBN 3-631-53743-3 · br. € 39.–*

Diese Studie stellt die Agenda 21 vor, die auf der Konferenz der Vereinten Nationen für Umwelt und Entwicklung im Jahre 1992 in Rio de Janeiro als politisches Aktionsprogramm beschlossen wurde. Anhand von Umfragen in Städten untersucht der Autor den Umsetzungsstand der (Lokalen) Agenda 21 auf kommunaler Ebene in Deutschland. Ausgehend von den gefundenen Ergebnissen prüft er anschließend, inwieweit das in dem Rio-Dokument angelegte Konzept der nachhaltigen Entwicklung im europäischen und deutschen Recht umgesetzt worden ist. Fragen zu dessen Verhältnis zum Umwelt(völker)-, Verfassungs-, Kommunal- und Baurecht stehen dabei im Mittelpunkt. Der Autor kommt zu dem Ergebnis, dass das Nachhaltigkeitsprinzip in zahlreichen Normen seinen Niederschlag gefunden hat, eine weitergehende rechtliche Ausgestaltung aber wünschenswert ist.

Aus dem Inhalt: Inhalt und Ziele von Agenda 21 und Lokaler Agenda · Umsetzungsstand der (Lokalen) Agenda 21 · Rechtliche Auswirkungen der Agenda 21: Nachhaltigkeit im Umweltrecht – Partizipation nach dem Verfassungsrecht – Nachhaltiges Städtebaurecht

Frankfurt am Main · Berlin · Bern · Bruxelles · New York · Oxford · Wien
Auslieferung: Verlag Peter Lang AG
Moosstr. 1, CH-2542 Pieterlen
Telefax 00 41 (0) 32 / 376 17 27

*inklusive der in Deutschland gültigen Mehrwertsteuer
Preisänderungen vorbehalten

Homepage http://www.peterlang.de